Bescherelle
école

GRAMMAIRE

ORTHOGRAPHE GRAMMATICALE

ORTHOGRAPHE D'USAGE

CONJUGAISON

VOCABULAIRE

HATIER

AVANT-PROPOS

■ *Un Bescherelle pour l'école primaire*

Dans *Bescherelle École*, les élèves du **CE2 au CM2** trouveront **toutes les règles de français** (plus de 500) qu'ils doivent maîtriser pour bien préparer leur entrée en sixième. *Bescherelle École* traite le **nouveau programme** de l'école primaire (1996) en quatre grandes parties (Grammaire, Orthographe, Conjugaison et Vocabulaire).

■ *Un Bescherelle pour maîtriser la langue*

Au primaire, priorité est donnée à l'apprentissage de l'**écriture** et de la **lecture**. Pour aider les élèves à maîtriser ces compétences, les auteurs ont structuré cet ouvrage en **séquences courtes**, qui développent chacune une seule notion. Les règles sont volontairement simples et brèves. Elles sont rédigées dans un **langage accessible** aux enfants. Tableaux, listes et résumés aident à la mémorisation.

■ *Un Bescherelle pour donner envie de lire*

Afin d'éveiller chez l'enfant le goût de la lecture, *Bescherelle École* illustre les règles, de façon originale, par des **exemples** amusants puisés dans la **littérature** de jeunesse.

Bescherelle École « privilégie la lecture sous toutes ses formes ». L'élève se trouve ainsi confronté à deux types de lecture : la « lecture critique » et la « lecture plaisir ». Il est encouragé à développer toutes les attitudes de lecture qui lui seront demandées au collège.

Enfin, grâce à la grande variété des extraits tirés de la littérature, l'élève se familiarise avec les différents registres de langue, **augmente son capital lexical**, et améliore sa compréhension de l'écrit.

■ *Bescherelle École, le premier outil de référence*

À la fin de l'école primaire, un élève doit pouvoir **consulter un ouvrage de référence** (dictionnaire, encyclopédie...). Par la **simplicité** de sa structure et de sa présentation, les utilisateurs du *Bescherelle École* **apprennent** à se servir d'un sommaire ou d'un index.

© HATIER - Paris janvier 1997 - ISSN 0990 3771 - ISBN 2-218-71508-2

MODE D'EMPLOI

Comment utiliser Bescherelle École ?

À *partir du sommaire*

Un sommaire figure au début du livre (pages 6 à 10). Le sommaire te donne les **titres de tous les chapitres** du livre et les **pages** où ces chapitres se trouvent.

Exemple :
On te demande d'apprendre ou de réviser tout ce qu'il faut savoir sur le **COD**. Regarde dans le **sommaire**. Tu y verras le chapitre : *Reconnaître un COD*.
Ouvre alors le livre à la page indiquée ; tu peux lire toute la leçon sur le COD, ou seulement les paragraphes qui parlent de ce que tu ne sais pas.

À *partir de l'index*

Un index figure à la fin du livre (pages 408 à 416). L'index répertorie tous les **mots** que tu peux avoir besoin de chercher et qui sont **expliqués** dans le livre ; les numéros qui suivent chaque mot renvoient aux **numéros des paragraphes** où les mots apparaissent.
L'index est signalé par un bandeau vert, pour que tu puisses le trouver facilement.

Exemples :
• Tu fais tes devoirs. On te demande de souligner le **COS** dans la phrase : *Le chat apporte une souris à son maître.*
Tu ne sais plus bien ce qu'est un complément d'objet second.
Regarde dans l'**index** : tu y trouves, à la **lettre C**, le mot que tu cherches (complément d'objet second) et un **numéro** qui te renvoie au **paragraphe** où le COS est défini.

• Tu ne sais plus si *appeler* prend un ou deux **p**. Tu regardes dans l'**index**, à **orthographe**, et l'index te renvoie au paragraphe où l'on t'explique quand un mot prend un ou deux **p**.

Comment se compose un chapitre de grammaire, d'orthographe grammaticale, de conjugaison ou de vocabulaire ?

Une leçon est divisée en plusieurs **paragraphes**. Chaque paragraphe est numéroté et pose une question à laquelle on répond dans la règle.

Les **règles** sont encadrées. Tu les repères tout de suite.

Chaque règle est suivie d'un **exemple** tiré de la littérature.

La rubrique **Attention** te met en garde contre les erreurs les plus fréquentes.

Le **renvoi** à d'autres paragraphes te permet de compléter tes connaissances ou de vérifier le sens d'un mot.

Chaque chapitre s'achève par un **résumé** que tu peux apprendre par cœur.

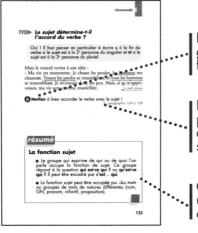

Comment se compose un chapitre d'orthographe d'usage ?

Chaque chapitre commence par proposer des **listes de mots** qui comprennent la ou les lettres qu'il faut apprendre à écrire.

Le tableau des **graphies** donne la place des lettres. Certaines lettres en effet apparaissent au début d'un mot seulement, ou à la fin...

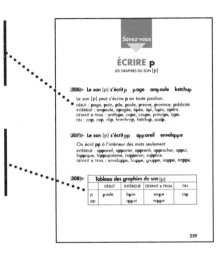

À la découverte des mots apparaît à la fin de chaque chapitre de cette partie. Tu y trouveras des **règles** d'orthographe, des remarques en liaison avec le **vocabulaire**, un peu d'histoire de la langue.

Sommaire

Grammaire

Orthographe grammaticale

Orthographe d'usage

Conjugaison

Vocabulaire

Index

GRAMMAIRE

On appelle grammaire l'ensemble des règles qu'il faut respecter pour parler et écrire correctement le français et formuler clairement ce que l'on souhaite exprimer. À l'école, l'étude de la grammaire comporte deux grandes parties :

■ l'étude de la nature des éléments qui constituent la langue (noms, adjectifs, prépositions...) ;

■ l'étude de leur fonction dans la phrase : un nom peut être sujet, complément...

RECONNAÎTRE LES TYPES DE PHRASES

Quand on raconte quelque chose, quand on pose une question ou quand on donne un ordre, on utilise des types de phrases différents.

La phrase déclarative

1▶ À quoi sert la phrase déclarative ?

La phrase déclarative permet de **raconter un événement**.

Quand Clotaire est arrivé à l'école, ce matin, nous avons été drôlement étonnés, parce qu'il avait des lunettes sur la figure. Clotaire, c'est un bon copain, qui est le dernier de la classe, et il paraît que c'est pour ça qu'on lui a mis des lunettes.

▪Le petit Nicolas et les copains

Nous sommes montés dans la voiture et nous sommes partis. Deux fois, parce que la première, nous avons oublié la valise à la maison.

▪Les vacances du petit Nicolas

La phrase déclarative permet aussi de **donner une opinion**.

- Ouais, a dit Alceste, mais moi, si mon père m'avait donné un tas d'argent pour acheter quelque chose, j'aurais préféré le millefeuille de la pâtisserie, parce que les lampes, ça s'use, tandis que les millefeuilles, c'est bon.

▪Joachim a des ennuis

Ce qui est embêtant, quand il pleut, c'est que les grands ne savent pas nous tenir et nous on est insupportables et ça fait des histoires.

▪Le petit Nicolas et les copains

2▶ *Comment reconnaître une phrase déclarative ?*

La phrase déclarative se termine par un **point**. Elle comporte **un** ou **plusieurs verbes conjugués**.

Car le mistouflon **était** poète à ses heures ⯀ Bien sûr, il ne **savait** pas écrire, mais dans son cœur, parfois, il **avait** comme de grands frissons et il **se disait** que le monde **était** beau ⯀ Alors, faire un poème, pour le mistouflon, c'**était** simplement fermer les yeux après avoir bien regardé, et écouter ensuite ce que son cœur lui **disait** en secret ⯀ Cette nuit-là, le mistouflon **fit** donc un poème, et il **avait** bien raison ⯀

▪L'année du mistouflon

❚ Dans ce texte, les verbes conjugués sont en gras. ❚

La phrase interrogative

3▶ *Comment reconnaître une phrase interrogative directe ?*

Une phrase interrogative directe se termine par un **point d'interrogation**.

Mais comment a-t-il fait pour cracher de l'eau par les oreilles⟨?⟩
L'année du mistouflon

I Je pose une question sur le moyen utilisé. **I**

Pourquoi le tapis fait-il en tapinois des croche-pieds d'un air benoît⟨?⟩
Les coups en dessous

I Je pose une question sur la raison de ce comportement. **I**

4▶ *Comment se construisent les phrases interrogatives ?*

Parfois, on ajoute simplement un **point d'interrogation** à une phrase déclarative, sans changer le sujet de place.

« Ce genre de conférence est plutôt épuisant, marmonna Oscar l'éléphant. Crénom ! **Vous savez** de combien j'ai maigri⟨?⟩ De deux cents kilos ! »
La conférence des animaux

I *Vous savez* ? **I**
  sujet verbe

On peut construire une phrase interrogative en plaçant **le sujet après le verbe**.

Avez-vous remarqué à quel point les gens et les bêtes ont en commun un petit air de famille[?]
- Euh ! pardon madame, je cherche l'avenue Delœuf-Carré ?
- Cot, cot, coatt, glousse la brave dame en guise de réponse.

Réponses bêtes à des questions idiotes

▌ *Avez-*   vous remarqué ? ▌
auxiliaire *avoir* sujet   p.p.

Toutes les femmes aiment porter de petits souliers pointus, mais une sorcière, dont les pieds sont très larges et carrés, éprouve un véritable calvaire pour se chausser.
- Pourquoi **ne portent-elles pas** de souliers confortables au bout carré ?

Sacrées sorcières

▌ *Pourquoi*   *ne portent- elles pas de souliers ?* ▌
mot interrogatif   verbe   sujet

Parfois le sujet est repris par **un pronom placé après le verbe**.

Comment **les poissons** lavent-**ils** leur linge ?

Réponses bêtes à des questions idiotes

▌ Le sujet *les poissons* est repris par le pronom *ils* placé après le verbe *lavent*. ▌

On peut enfin commencer la phrase interrogative par « **est-ce que** ».

- Quelle drôle de montre ! Elle indique le jour du mois et elle n'indique pas l'heure !
- Pourquoi indiquerait-elle l'heure ? murmura le Chapelier. **Est-ce que** ta montre à toi t'indique l'année où l'on est ?

Alice au pays des merveilles

15

Attention : N'oubliez pas d'accorder le verbe avec son sujet, même lorsque celui-ci se trouve **après le verbe**.

Mais **peut-on** me dire pourquoi
Il ne pousse pas de feuilles sur les jambes de bois ?

Innocentines

I Le verbe *(peut)* s'accorde à la 3ᵉ personne du singulier avec le sujet *on*. I

- Vent ! Toi qui vas partout, **peux-tu** me dire où est le tombeau de la Cinq fois belle ?

Contes de la Folie-Méricourt

I Le verbe *(peux)* s'accorde à la 2ᵉ personne du singulier avec le sujet *tu*. I

- **As-tu** déjà vu la Simili-Tortue ?
- Non, je ne sais même pas ce qu'est une Simili-Tortue.
- C'est ce avec quoi on fait la soupe à la Simili-Tortue.

Alice au pays des merveilles

I Le verbe *(as)* s'accorde à la 2ᵉ personne du singulier avec *tu*. I

Comment ça va,
Madame la vache,
Votre migraine **a-t-elle** un peu cessé ?

Pourquoi le concombre ne chante-t-il pas ?

I Le verbe *(a)* s'accorde à la 3ᵉ personne du singulier avec *elle*. I

5▶ *Comment choisir parmi les trois constructions interrogatives ?*

L'inversion verbe-sujet est utilisée **à l'écrit** ou, à l'oral, si l'on s'adresse à quelqu'un que l'on ne connaît pas ou peu.

- Pardonnez-moi, si je vous dérange,
Monsieur le Goéland,
Mais ne **seriez-vous** pas un ange ?
Lui demanda l'enfant.

▪ Le miroir aux alouettes

- S'il vous plaît, madame, demanda Alice assez timidement, car elle n'était pas très sûre qu'il fût très poli de parler la première, **pourriez-vous** me dire pourquoi votre chat sourit comme ça ?

▪ Alice au pays des merveilles

> Les deux autres constructions sont **plus courantes** à l'oral, lorsqu'on s'adresse à quelqu'un que l'on connaît bien.

Jojo-la-Malice pâlit et frémit de la tête aux pieds.
« **Tu n'as pas** réellement l'intention d'engloutir un enfant, non ? s'effraya-t-il.
- Bien sûr que si, assura le Crocodile. Les vêtements et tout. C'est meilleur avec les vêtements. »

▪ L'énorme crocodile

- Pour commencer, **est-ce que** tu m'accordes qu'un chien n'est pas fou ?
- Sans doute.
- Eh bien, vois-tu, un chien gronde lorsqu'il est en colère, et remue la queue lorsqu'il est content. Or, moi, je gronde quand je suis content, et je remue la queue quand je suis en colère. Donc, je suis fou.

▪ Alice au pays des merveilles

- Et ce bocal ? a demandé Maman, **qu'est-ce qu'**il y a dans ce bocal ?
- C'est King, j'ai dit à Maman en lui montrant mon têtard. Il va devenir grenouille, il viendra quand je le sifflerai, il nous dira le temps qu'il fait et il va gagner des courses !

▪ Les récrés du petit Nicolas

17

6 ▶ Qu'appelle-t-on interrogative totale et interrogative partielle ?

Certaines phrases interrogatives permettent une réponse par **oui** ou par **non** : on les appelle **interrogatives totales**. D'autres phrases interrogatives ne permettent pas une réponse par oui ou par non : on les appelle **interrogatives partielles**. Elles commencent par un mot interrogatif.

	Réponse oui ou non	Réponse autre que oui ou non
Êtes-vous déjà allés à l'étranger ?	Oui.	
Avez-vous déjà pris l'avion ?	Non.	
Quels pays connaissez-vous ?		Tous les pays d'Europe.
Quand préférez-vous voyager ?		En été.
Où aimeriez-vous partir ?		À la montagne.

7 ▶ Sur quoi porte l'interrogation partielle : sujet, COD... ?

Dans une phrase interrogative partielle, l'interrogation peut porter sur le groupe occupant la fonction **sujet**, la fonction **COD**, la fonction **COI** ou la fonction **CC**.

Où allez-vous ? Où allez-vous ?

Nous allons pisser **dans les trèfles**
Et cracher **dans les sainfoins.**

Desnos, un poète

▮ On interroge sur le lieu *(où ?)* et on répond par un CC de lieu *(dans les trèfles, dans les sainfoins).* ▮

- **Pourquoi** le tapis fait-il en tapinois des croche-pieds d'un air benoît ?
- Peut-être **parce qu'il en a assez** qu'on lui marche dessus sans avoir essuyé ses pieds.

Les coups en dessous

▮ On interroge sur le motif d'une action *(pourquoi ?)* et on répond par un CC de cause *(parce qu'il en a assez qu'on lui marche dessus).* ▮

Que veut le rhinocéros ?
Il veut **une boule en os.**
Ce n'est pas qu'il soit coquet :
c'est pour jouer au bilboquet.

Enfantasques

▮ On interroge sur ce que veut le rhinocéros *(que ?)* et on répond par un COD *(une boule en os).* ▮

- **Quand** cela sera-t-il ? s'informa le petit prince.
- Hem ! hem ! lui répondit le roi, qui consulta d'abord un gros calendrier, hem ! hem ! ce sera, vers... vers... ce sera **ce soir vers sept heures quarante** ! Et tu verras comme je suis bien obéi.

Le petit prince

▮ On interroge sur le temps *(quand ?)* et on répond par des CC de temps *(ce soir vers sept heures quarante).* ▮

19

- Et **à quoi** cela te sert-il de posséder les étoiles ?
- Ça me sert **à être riche**.
- Et **à quoi** cela te sert-il d'être riche ?
- **À acheter d'autres étoiles**, si quelqu'un en trouve.

▪Le petit prince

I On interroge sur un COI *(à quoi ?)* et on répond par un COI *(à être riche, à acheter d'autres étoiles).* **I**

8▶ *Faut-il toujours un point d'interrogation quand on pose une question ?*

Non ! **Seules les interrogatives directes** se terminent par un point d'interrogation.

Est-ce que le temps est beau [?]
Se demandait l'escargot
Car pour moi s'il faisait beau
C'est qu'il ferait vilain temps.

▪Chantefables et Chantefleurs

Les propositions subordonnées interrogatives **indirectes** ne se terminent **pas** par un **point d'interrogation**. Elles sont introduites par des conjonctions de subordination *(pourquoi, si, où...)*, des pronoms *(qui, lequel, laquelle)*, des adjectifs *(quel)*, des adverbes *(comment)*. On les trouve après des verbes comme *se demander, vouloir, savoir, dire...*

- Tu vas voir **si j'ai les mains pleines de gras**, a dit Alceste, et il les a mises sur la figure de Clotaire, et ça, ça m'a étonné, parce que d'habitude Alceste n'aime pas se battre pendant la récré : ça l'empêche de manger.

▪Les récrés du petit Nicolas

9▶ *Où placer le sujet dans l'interrogative indirecte ?*

Le sujet est le plus souvent placé **avant le verbe**.

Ce matin, on ne va pas à l'école, mais ce n'est pas chouette, parce qu'on doit aller au dispensaire se faire examiner, pour voir si **on** n'<u>est</u> pas malades et si **on** n'<u>est</u> pas fous.

▪Les récrés du petit Nicolas

I *si on n'est pas malades, si on n'est pas fous :* le sujet *on* se trouve avant le verbe *être (est).* **I**

Toutes les sorcières enlevèrent leurs gants. Je guettai les mains de celles du dernier rang. Je voulais vérifier à quoi <u>ressem-blaient</u> **leurs doigts**, et si **Grand-mère** <u>avait raison.</u> Mais oui ! Des griffes brunes se recourbaient au bout de leurs doigts.

▪Sacrées sorcières

I *à quoi ressemblaient leurs doigts :* le sujet *leurs doigts* se trouve ici après le verbe *ressembler (ressemblaient).* **I**

I *si Grand-mère avait raison :* le sujet *Grand-mère* se trouve avant le verbe *avoir (avait).* **I**

La phrase impérative

10 ▶ *À quoi sert la phrase impérative ?*

Les phrases impératives cherchent à faire agir ou réagir. On peut exprimer, grâce à elles, **différentes nuances** : donner un **ordre**, un **conseil**, ou exprimer un **souhait**.

On peut exprimer	Sens
souhait	Faites bon voyage.
demande	Passez-moi le sel, je vous prie.
invitation	Venez dîner jeudi.
ordre	Rendez-moi cela immédiatement.
interdiction	Ne traversez pas la rue.
prescription (médecin)	Prenez 2 comprimés le matin.
conseil	Relis attentivement ton énoncé.

11 ▶ *Les phrases impératives ont-elles toujours un verbe ?*

Non, on peut trouver des **impératives sans verbe**. Il s'agit le plus souvent d'affiches, de panneaux ou d'ordres brefs.

Stationnement interdit !

Attention, école !

Silence, hôpital.

La phrase exclamative

12▶ À quoi sert la phrase exclamative ?

Lorsqu'on veut exprimer la **colère**, la **surprise**, la **joie**, on place à la fin des phrases impératives ou déclaratives un point d'exclamation.

● **Le texte suivant se compose de phrases déclaratives**

Sans téléphone, ces pompiers étaient aussi sans eau. Incapables de payer leurs factures, ils avaient reçu sept avertissements de la compagnie qui, finalement, leur avait coupé l'eau.

▪ Aux fous les pompiers

❙ Pour exprimer la surprise, on pourrait ajouter un point d'exclamation à ces phrases déclaratives :
Sans téléphone, ces pompiers étaient aussi sans eau ! Incapables de payer leurs factures, ils avaient reçu sept avertissements de la compagnie qui, finalement, leur avait coupé l'eau ! ❙

● **Le texte suivant comprend des phrases impératives**

Tout le monde se bousculait pour mieux voir et mieux entendre.
- Ne poussez pas ! criait le veau ou l'âne ou le mouton ou n'importe qui. Ne poussez pas. Silence. Ne marchez donc pas sur les pieds... les plus grands derrière... Allons, desserrez-vous... Silence, on vous dit... Et si je vous flanquais une correction...
- Chut ! faisait le paon, calmons-nous un peu...

▪ Les contes rouges du chat perché

❙ Pour insister sur la colère ou l'impatience des animaux, on peut ajouter des points d'exclamation à ces phrases impératives :
Ne poussez pas ! Ne marchez donc pas sur les pieds !... Allons, desserrez-vous !... calmons-nous un peu ! ❙

Les différents types de phrases

■ Les phrases **déclaratives** permettent de donner une opinion ou de raconter un événement.

■ Les phrases **interrogatives** servent à poser une question à quelqu'un.

■ Les phrases **impératives** expriment un ordre ou un souhait.

■ Les phrases **exclamatives** indiquent que l'on est en colère, ou au contraire très content, ou bien encore très étonné.

UTILISER LA PONCTUATION

En parlant, la voix monte, descend, s'arrête.
Lorsqu'on écrit, les signes de ponctuation indiquent les montées, les descentes et les pauses de la voix.

13 ▶ À quoi sert la ponctuation ?

La ponctuation permet de lire et de comprendre un texte. Dans un dialogue, par exemple, c'est grâce à elle que l'on peut **suivre la conversation**.

● *Dialogue non ponctué*

Chaque soir quand il revenait de l'école son père lui demandait qu'est-ce que tu as fait aujourd'hui je suis allé à l'école petit imbécile tu avais fait tes devoirs oui papa petit crétin tu savais tes leçons oui papa petit malheureux au moins j'espère que tu t'es dissipé ben

● *Dialogue ponctué*

Chaque soir, quand il revenait de l'école, son père lui demandait ⟦:⟧
   deux-points

⟦«⟧ Qu'est-ce que tu as fait aujourd'hui ⟦?⟧
guillemets   point d'interrogation

⟦-⟧ Je suis allé à l'école⟦.⟧
tiret   point

- Petit imbécile $\boxed{!}$ Tu avais fait tes devoirs ?
  point d'exclamation
- Oui $\boxed{,}$ Papa.
  virgule
- Petit crétin ! Tu savais tes leçons ?
- Oui, Papa.
- Petit malheureux ! Au moins j'espère que tu t'es dissipé ?
- Ben $\boxed{...}$ »
points de suspension

Le gentil petit diable

14 ▶ Un signe de ponctuation peut-il changer le sens d'une phrase ?

Oui ! En remplaçant un signe de ponctuation par un autre signe ou en changeant un signe de place, on peut **transformer** complètement **le sens d'une phrase**.

● **Première version**

Tu admires les fleurs de la terrasse.

❙ Sens : Tu es en train d'admirer les fleurs qui se trouvent sur la terrasse. ❙

● **Deuxième version**

Tu admires les fleurs, de la terrasse.

❙ Sens : Tu es sur la terrasse et, de là, tu admires les fleurs, qui se trouvent ailleurs. ❙

● **Troisième version**

Tu admires les fleurs de la terrasse ?

❙ Sens : On te demande si tu es en train d'admirer les fleurs. ❙

15 ▶ À quoi sert le point ?

Le point indique qu'une phrase déclarative **se termine**. Le premier mot de la phrase suivante commence par une majuscule. À l'oral, lorsqu'on rencontre un point, la **voix descend** et marque une **pause importante**.

Grenouille ne se fit pas prier ⬚, et bientôt tout le mil fut mangé ⬚. Grenouille se frotta la panse ⬚, s'étira ⬚, s'allongea sur un coude ⬚, bâilla ⬚. Bien au chaud ⬚, l'estomac plein ⬚, il ne restait plus qu'à dormir ⬚.

Contes d'Afrique noire

I À chaque virgule, à chaque point, la voix doit marquer une pause. I

16 ▶ À quoi sert le point-virgule ?

• Le point-virgule marque une pause moins importante que le point. Il permet de **séparer des propositions indépendantes**. On ne met pas de majuscule après un point-virgule.

• Dans la plupart des cas, le point-virgule indique une **relation logique** entre deux événements.

Et puis après, le Bouillon a sonné la cloche et nous sommes allés en classe, pendant que M. Mouchabière raccompagnait Rufus chez lui. Il a de la chance, Rufus ⬚; on avait classe de grammaire.

Le petit Nicolas et les copains

I Ici, le point-virgule introduit une explication : Rufus a de la chance **parce qu'on** avait classe de grammaire. I

17 ▶ À quoi sert la virgule ?

> La virgule marque une pause plus courte que le point et le point-virgule ; elle permet de **séparer différents éléments de la phrase.**

Mais le lendemain matin tout le monde a vu[,] derrière les grilles[,] dans le jardin de la sorcière[,] une belle citrouille toute bleue[,] et tout près d'elle un gros rat rouge[,] assis sur son derrière[,] avec une belle casquette[,] bien coquette[,] posée sur sa tête [.]

Contes de la Folie-Méricourt

> **Virgule et énumération**
> ● Dans une énumération, les mots séparés par une virgule sont **de même nature** et **de même fonction.**

As-tu jamais vu un chat qui ait des besoins d'argent ? La preuve, c'est qu'il y a des chats de toutes les couleurs [,] des chats gris[,] bleus[,] noirs[,] verts[,] roux, etc., qu'il y a des chats à poils longs et des chats à poils courts [,] des chats avec une queue et des qui n'en ont pas, mais que je te défie de trouver un chat avec des poches.

Le chat qui parlait malgré lui

❚ *des chats de toutes les couleurs..., des chats gris..., des chats à poils longs..., des chats avec une queue* : les virgules séparent des GN, qui sont tous sujets réels de cette phrase. ❚

❚ *des chats gris, bleus, noirs, verts, roux* : les virgules séparent des adjectifs qualificatifs qui sont tous épithètes du nom *chat*. ❚

> ● Pour introduire le dernier terme de l'énumération, on remplace la virgule par la conjonction de coordination **et.**

La dernière bouteille de l'étagère était remplie de pilules vert pâle : « *Pour cochons. Contre les démangeaisons, les pieds trop sensibles, les queues sans tire-bouchon et autres cochonneries.* »

La potion magique de Georges Bouillon

Virgule et mise en relief
La virgule permet de **faire ressortir** un groupe de mots (souvent un complément circonstanciel), en le séparant du reste de la phrase.

Contemplant les tortues et les fleurs, les yeux levés au ciel, il réfléchissait à diverses questions mystérieuses, comme celle-ci, par exemple : « Si on a embarqué dans un bateau dix sacs de pommes de terre, que chaque sac contient dix demi-boisseaux de pommes de terre et qu'il y a dix pommes de terre dans chaque demi-boisseau, comment s'appelle le timonier ? »

Le chat chinois et autres contes

Dans la rue, en marchant, je voyais mon têtard dans le bocal, et il était très chouette : il bougeait beaucoup et j'étais sûr qu'il deviendrait une grenouille terrible, qui allait gagner toutes les courses.

Les récrés du petit Nicolas

Virgule et adjectif en apposition
Un adjectif mis en apposition est isolé, dans la phrase, par une ou deux virgules.

Que voyait-il au fond du pré
Ce bœuf qui restait là, **figé**,
À regarder, **halluciné**,
Un buisson d'églantines ?

Le miroir aux alouettes

I Les adjectifs *figé* et *halluciné* sont au milieu de la phrase. **I**

Grasse et onctueuse comme une méduse, tante Éponge accourut en se dandinant pour voir ce qui se passait.

James et la grosse pêche

I Les adjectifs *grasse* et *onctueuse* sont au début de la phrase. **I**

« Comment diable peut-elle tricoter avec un si grand nombre d'aiguilles ? se demanda la fillette, **intriguée**. Plus elle va, plus elle ressemble à un porc-épic ! »

De l'autre côté du miroir

I L'adjectif *intriguée* est à la fin de la phrase. **I**

18 ▶ À quoi servent les deux-points ?

On utilise les deux-points lorsque l'on veut introduire une citation, une énumération ou une explication.

● *Une citation*

Bientôt son regard tomba sur une petite boîte de verre placée sous la table ; elle l'ouvrit et y trouva un tout petit gâteau sur lequel les mots ⊡ « MANGE-MOI » étaient très joliment tracés avec des raisins de Corinthe.

Alice au pays des merveilles

● *Une énumération*

Le monstre avait des poils partout ⊡ au nez, aux pieds, au dos, aux dents, aux yeux, et ailleurs.

Le monstre poilu

● *Une explication*

L'Enfer, ce n'est pas comme chez nous. C'est même le contraire ⊡ tout ce qui est bien chez nous est mal en Enfer ; et tout ce qui est mal ici est considéré comme bien là-bas.

Le gentil petit diable

19 ▶ À quoi sert le point d'interrogation ?

Il termine une phrase interrogative directe et indique que l'on **pose une question**.

À ce moment, Alice commença à se sentir toute somnolente, et elle se mit à répéter, comme si elle rêvait : « Est-ce que les chats mangent les chauves-souris ☐? Est-ce que les chats mangent les chauves-souris ☐? » et parfois : « Est-ce que les chauves-souris mangent les chats ☐? » car, voyez-vous, comme elle était incapable de répondre à aucune des deux questions, peu importait qu'elle posât l'une ou l'autre.

■ *Alice au pays des merveilles*

Pourquoi les crocodiles pleurent-ils ☐?
Parce qu'on tire leur queue.
La chose les horripile.

■ *Enfantasques*

20 ▶ À quoi sert le point d'exclamation ?

Il termine une phrase exclamative et indique la **colère**, la **surprise**, l'**admiration**...

« Triple chose-chouette de double machinmuche de cinquante mille millions de trucs d'oseille ☐! jure le marchand en recourant aux mots les plus corsés de son répertoire. J'ai encore raté mon coup☐! »

■ *Contes de la Folie-Méricourt*

❙ Le point d'exclamation indique ici la colère. ❙

21 ▶ À quoi servent les points de suspension ?

Ils indiquent qu'une phrase est **inachevée**.

- Nous recevions une excellente éducation ; en fait, nous allions à l'école tous les jours ⟦...⟧
- Moi aussi, dit Alice. Vous n'avez pas besoin d'être si fière pour si peu.

Alice au pays des merveilles

▮ Alice interrompt la Tortue avec laquelle elle parle, et ne la laisse donc pas finir sa phrase : c'est ce qu'indiquent les points de suspension. ▮

22 ▶ À quoi servent les guillemets et le tiret ?

Les guillemets signalent le **début** et la **fin** d'un **dialogue**. Lorsqu'une nouvelle personne prend la parole, on doit **aller à la ligne** et mettre un tiret.

⟦«⟧ Vous voyez ce dé, a dit Maixent. À part qu'il est très gros, il est comme tous les dés...
⟦-⟧ Non, a dit Geoffroy, il est creux, et à l'intérieur il y a un autre dé. ⟦»⟧
Maixent a ouvert la bouche et il a regardé Geoffroy.
⟦«⟧ Qu'est-ce que tu en sais ? a demandé Maixent.
⟦-⟧ Je le sais parce que j'ai la même boîte de magie à la maison, a répondu Geoffroy ; c'est mon papa qui me l'a donnée quand j'ai fait douzième en orthographe. ⟦»⟧

Le petit Nicolas et les copains

On encadre par des guillemets des paroles que l'on cite.

L'âne poussa un soupir et toussa pour s'éclaircir la voix. Il paraissait embarrassé.
- Eh bien ! voilà, dit-il. Tout à l'heure, le jars m'a traité de bourrique... Oh ! je sais bien que c'est un de mes noms, mais il l'a dit d'une certaine façon. Et après, quand il est passé devant nous et qu'il a dit à l'un des oisons : [«] Vous êtes un âne [»], comme pour le traiter d'imbécile, vous vous rappelez ? Je voudrais savoir pourquoi, en parlant d'un idiot, l'on dit toujours : [«] C'est un âne. [»]

Les contes bleus du chat perché

23 ▶ *Comment utiliser les majuscules ?*

On met une majuscule en **début de phrase**, **après** un **point**, un point d'interrogation ou un point d'exclamation.

Je suis la mer ! Je bats les rochers. Je m'amuse à jongler avec les bateaux. Je suis la mer, qui recouvre les trois quarts du globe, qui dit mieux ? Les vagues de dix-huit mètres de haut, c'est moi, la mer !

Bulle ou la voix de l'océan

24 ▶ *À quoi servent les parenthèses ?*

Elles introduisent une indication complémentaire.

Cependant, ce flacon ne portant décidément pas l'étiquette : *poison*, Alice se hasarda à en goûter le contenu ; comme il lui parut fort agréable [(]en fait, cela rappelait à la fois la tarte aux cerises, la crème renversée, l'ananas, la dinde rôtie, le caramel, et les rôties chaudes bien beurrées[)], elle l'avala séance tenante, jusqu'à la dernière goutte.

Alice au pays des merveilles

25 ▶ *Qu'est-ce qu'un paragraphe ?*

> Un texte est constitué de paragraphes. Un paragraphe est formé d'une ou **plusieurs phrases** qui développent une **idée**. Pour présenter un paragraphe, on va **à la ligne** et on laisse un **blanc** devant le premier mot.

Qu'est-ce qui allait lui arriver maintenant ? Dès qu'on s'apercevrait dans son entourage que Gaspard était le premier chat au monde capable de parler, il était sûr et certain qu'il n'aurait plus une minute de tranquillité.

Or Gaspard, raisonnable comme presque tous les chats, n'aimait rien davantage que d'être tranquille dans la vie.

Le chat qui parlait malgré lui

résumé

Les signes de ponctuation

SIGNE	EMPLOI
Point	Marque une pause importante.
Point-virgule	Marque une pause intermédiaire.
Virgule	Marque une pause plus courte.
Deux-points	Introduisent une citation, une explication ou une énumération.
Point d'interrogation	Marque la fin d'une question.
Point d'exclamation	Termine une phrase exclamative.
Guillemets	Encadrent une citation, un dialogue.
Tiret	Signale, dans un dialogue, qu'un nouveau personnage prend la parole.

UTILISER LA FORME NÉGATIVE

*Tous les types de phrases peuvent
être soit à la forme affirmative, soit à
la forme négative.*

26 ▶ À quoi sert la négation ?

Lorsqu'on veut indiquer qu'un événement **n'a pas lieu**, ou quand on **ne partage pas** l'avis de quelqu'un, on utilise **ne... pas**, qui encadre le verbe de la phrase.

- Bonjour, dit le loup. Il **ne** <u>fait</u> **pas** chaud dehors. Ça pince, vous savez.

▎Les contes bleus du chat perché

- Je peux éteindre la lumière ? je lui ai demandé.
- Éteindre la lumière ? Ça **ne** <u>va</u> **pas**, Nicolas ?
- Ben, c'est pour jouer avec la lampe, j'ai expliqué.
- Il **n'**en <u>est</u> **pas** question, a dit Papa. Et puis je **ne** <u>peux</u> **pas** lire mon journal dans l'obscurité, figure-toi.

▎Joachim a des ennuis

Les locutions adverbiales **ne... jamais**, **ne... plus**, **ne... rien**, **ne... personne** (ou jamais ne..., personne ne..., rien ne...) servent aussi à donner une **réponse négative**. Devant **personne**, **jamais**, **rien**, il ne faut pas utiliser **pas**.

- Ah non ! disait le loup. Les parents, c'est trop raisonnable. Ils **ne** <u>comprendraient</u> **jamais** que le loup ait pu devenir bon. Les parents, je les connais.

▎Les contes bleus du chat perché

Et en effet, dès le lendemain, le petit diable n'alla **plus** à l'école. Son père l'envoya à la Grande Chaufferie Centrale, et là il fut chargé d'entretenir le feu sous une grande marmite où bouillaient une vingtaine de personnes. _Le gentil petit diable_

- Je ne veux pas de piqûre ! hurla Antoine. Si on me pique, je **ne** mangerai **plus rien.** _Le mouton noir et le loup blanc_

- Avant tout, pour pêcher, a dit notre chef, il faut du silence, sinon, les poissons ont peur et ils s'écartent ! Pas d'imprudences, je **ne** veux voir **personne** tomber dans l'eau ! _Les vacances du petit Nicolas_

Malheureusement, **personne** à Lourmarin **ne** possède de cage à mistouflon à cornes (ou même de cage à mistouflon sans cornes). _L'année du mistouflon_

27▶ *Comment construire la phrase négative aux temps simples et composés ?*

> La négation **encadre les formes simples** du verbe (présent, futur, imparfait...).

- Je **ne** suis **pas** un enfant, mais un mistouflon, répond ce coquin d'animal. Et si vous **ne** me donnez **pas** ma boisson préférée, je cracherai tout par les oreilles. _L'année du mistouflon_

❙ *Je ne suis pas un enfant* : la négation *ne... pas* encadre le verbe *être* au présent de l'indicatif *(suis).* ❙

❙ *Et si vous ne me donnez pas ma boisson préférée* : la négation *ne... pas* encadre le verbe *donner* au présent de l'indicatif *(donnez).* ❙

La négation **encadre l'auxiliaire** dans les **formes composées** du verbe (passé composé, plus-que-parfait...).

- Tu sais, maman, les choses **ne** se <u>sont</u> **pas** du tout passées comme tu crois. Le loup n'<u>a</u> **jamais** mangé la grand-mère. Tu penses bien qu'il n'allait pas se charger l'estomac juste avant de déjeuner d'une petite fille bien fraîche.

▪ Les contes bleus du chat perché

❙ *les choses ne se sont pas du tout passées* : le verbe *se passer* est au passé composé ; la négation *ne... pas* encadre l'auxiliaire *être (sont)*. ❙

❙ *Le loup n'a jamais mangé la grand-mère* : le verbe *manger* est au passé composé ; la négation *ne... jamais* encadre l'auxiliaire *avoir (a)*. ❙

28 ▶ *Comment construire les phrases impératives à la forme négative ?*

À l'oral, pour exprimer une **interdiction**, on utilise l'impératif. La négation **encadre** le verbe.

- Et **ne** <u>mange</u> **plus** de chocolat. Mange plutôt du chou.
- Du chou ? Oh, non ! protesta Georges, je n'aime pas le chou.

▪ La potion magique de Georges Bouillon

À l'écrit, on utilise le plus souvent l'infinitif. La négation se place **avant le verbe**.

*Attention ! **ne jamais** <u>dépasser</u> cette dose, sinon le cochon sautera au plafond !*

▪ La potion magique de Georges Bouillon

29 ▶ *Que signifie la locution ne... que ?*

ne... que a le même sens que l'adverbe **seulement**.

● *Phrase 1*

Les fées et les chats qui parlent, ça n'existe **que** dans les contes.

Le chat qui parlait malgré lui

❙ Les fées et les chats existent **seulement** dans les contes. ❙

● *Phrase 2*

Les fées et les chats qui parlent, ça n'existe **pas** dans les contes.

❙ On ne trouve pas de fées et de chats qui parlent dans les contes, mais on peut en trouver ailleurs. ❙

● *Phrase 3*

Les fées et les chats qui parlent, ça existe dans les contes.

❙ On trouve des fées et des chats qui parlent dans les contes, mais on peut aussi en trouver ailleurs. ❙

30 ▶ *Comment employer ni ?*

On peut coordonner deux mots ou deux propositions négatives par **ni**. La négation **ne... pas** est remplacée par **ne**.

- Quand on est rien que deux, on ne s'amuse pas bien. On ne peut pas jouer à la ronde.
- C'est vrai, on ne peut jouer **ni** à la ronde, **ni** à la paume glacée.
- **Ni** au furet, **ni** à la courotte malade.
- **Ni** à la mariée, **ni** à la balle fondue.

Les contes bleus du chat perché

La forme négative

■ Tous les types de phrases peuvent être utilisés à la **forme négative**.

■ Retenez différentes négations composées de deux mots : *ne... pas, ne... plus, ne... jamais, ne... rien...*

■ Aux **formes simples** du verbe (présent, futur, imparfait...), la négation **encadre le verbe**.

■ Aux **formes composées** du verbe (passé composé, plus-que-parfait...), la négation **encadre l'auxiliaire**.

■ Lorsque le verbe est à **l'infinitif**, la négation tout entière (*ne... pas, ne... jamais,* etc.) se place **avant le verbe**.

DISTINGUER LA NATURE
ET LA FONCTION D'UN MOT

Un mot se définit par sa nature (sa classe grammaticale) et sa fonction dans la phrase.

31 ▶ Où trouver la nature des mots ?

Le dictionnaire, avant de donner le sens de chaque mot, indique sa nature. Il utilise pour cela des **abréviations** : **n.** = nom ; **v.** = verbe ; **adj.** = adjectif qualificatif ; **adv.** = adverbe ; **pron.** = pronom.

pomme : n.   arbre : n.   rouge : adj.
écrire : v.   souvent : adv.   je : pron.

32 ▶ Un mot peut-il changer de nature ?

Quelle que soit sa position dans la phrase, qu'il soit au singulier ou au pluriel, **un mot garde toujours la même nature.**

Il y a des millions d'années que les **fleurs** fabriquent des épines. Il y a des millions d'années que les moutons mangent quand même les **fleurs**. [...] Ce n'est pas important la guerre des moutons et des **fleurs** ?

▪ Le petit prince

❚ Dans ces trois phrases, le mot *fleur* est toujours un **nom**. ❚

Ce qui **est est**, ce qui **a été** n'est plus, ce qui **sera** n'est pas encore.

Histoire du prince Pipo

❙ Dans cette phrase, le mot *être*, conjugué au présent, au passé composé et au futur, est toujours un **verbe**. ❙

33 ▶ *Un mot peut-il avoir des fonctions différentes ?*

> Un mot a toujours la **même nature**. Cependant, il peut occuper **différentes fonctions** dans la phrase.

Parfois, des crabes viennent habiter le **coquillage** vide, mais ce n'est pas très gai non plus. Un **coquillage** n'est pas né pour mener une vie de crabe.

Bulle ou la voix de l'océan

❙ Dans ces phrases, le nom *coquillage* occupe deux fonctions différentes :

Des crabes viennent habiter le <u>coquillage vide</u>.
                                      COD

Un <u>coquillage</u> n'est pas né pour mener une vie de crabe. ❙
     sujet

34 ▶ *Comment identifier la nature et la fonction d'un groupe de mots ?*

> ● Un groupe grammatical est toujours constitué de plusieurs mots qui se rassemblent autour d'un **noyau**. C'est le **noyau** du groupe qui donne au groupe sa **nature** et sa **fonction**.
>
> ● Lorsque le **noyau** du groupe est un **nom**, on appelle ce groupe **groupe nominal**. La fonction du nom noyau définit la fonction du groupe tout entier.

Il était une fois un joli petit **diable**, tout rouge, avec deux cornes noires et deux ailes de chauve-souris.

Le gentil petit diable

I Le nom *diable* est le nom noyau ; il occupe une fonction de sujet réel ; tout le groupe nominal (souligné) qui se constitue autour du nom *diable* est en fonction de sujet réel. **I**

Lorsque le **noyau** du groupe est un **adjectif**, le groupe est un **groupe adjectival**. La fonction de l'adjectif détermine la fonction du groupe tout entier.

L'éléphant de mer, quand on ne l'ennuie pas, est **heureux** comme un roi, beaucoup plus **heureux** qu'un roi, parce qu'il peut s'asseoir sur le ventre quand ça lui fait plaisir alors que le roi, même sur le trône, est toujours assis sur son derrière.

Contes pour enfants pas sages

I L'adjectif *heureux* est l'adjectif noyau ; il occupe une fonction d'attribut du sujet *éléphant de mer* ; tout le groupe adjectival (souligné) qui se constitue autour de l'adjectif *heureux* est attribut. **I**

résumé

La nature et la fonction des mots

■ La **nature** d'un mot est sa catégorie grammaticale. Le dictionnaire nous indique si tel mot est un **nom**, un **verbe**, un **adjectif qualificatif**, un **pronom** ou un **adverbe**... La nature d'un mot ne change jamais.

■ Un mot peut occuper dans la phrase des **fonctions variées** (sujet, COD, CC...).

RECONNAÎTRE UN NOM

On appelle nom une catégorie de mots qui permettent de désigner des choses, des êtres, des sentiments...

35 ▶ À quoi sert un nom ?

> Un nom désigne une **personne** *(un enfant, une sorcière)*, un **animal** *(un chien)*, un **objet concret** *(une boîte, un arbre)* ou une **notion abstraite** *(liberté, égalité)*.

Marinette ayant achevé son **portrait**, l'**âne** fut convié à le venir voir et s'empressa. Ce qu'il vit ne manqua pas de le surprendre.
- Comme on se connaît mal, dit-il avec un peu de **mélancolie**. Je n'aurais jamais cru que j'avais une **tête** de **bouledogue**.
Marinette rougit et l'**âne** poursuivit :
- C'est comme les **oreilles**, on m'a souvent répété que je les avais longues, mais au point où les voilà, je ne l'aurais pas pensé non plus.
∎ Les contes rouges du chat perché

❙ Le nom *Marinette* désigne une personne ; les noms *âne, bouledogue* désignent des animaux ; les noms *portrait, oreilles* désignent des objets concrets ; le nom *mélancolie* désigne une notion abstraite (un sentiment). ❙

36 ▶ Qu'est-ce qu'un groupe nominal ?

> Un groupe nominal est constitué d'un **nom noyau** auquel se rattachent des **déterminants** et des **adjectifs**.

Tous les dragons crachent du feu, mais comme c'était **un dragon ordinaire**, il ne parvint qu'à éternuer, comme tout le monde, et cela le mit en colère.

▪Dragon l'ordinaire

▎ un	dragon	ordinaire **▎**
déterminant	nom noyau	adjectif qualificatif

└──────────── GROUPE NOMINAL ────────────┘

37 ▶ Qu'appelle-t-on le genre et le nombre d'un nom ?

> Un nom peut être de **genre masculin** *(un lit)* ou de **genre féminin** *(une maison)*.

Je n'avais rien d'**un animal** de palais ; je n'étais ni **un cheval** de parade ni **un chat** angora, mais **une vache**, une simple vache, un vulgaire animal, laid, très laid, stupide, méprisé.

▪Mémoires d'une vache

▎Les noms *animal, cheval, chat* sont masculins ; le nom *vache* est féminin. **▎**

> Un nom peut être utilisé au **singulier** *(le lit)* ou au **pluriel** *(les lits)* : c'est ce que l'on appelle le nombre.
>
> ▷ paragraphe 178

En effet, être **une vache** ne m'a jamais semblé la huitième merveille du monde. Selon moi, nous, **les vaches**, nous traversons cette vie sans péril et sans gloire en longeant le vulgaire chemin de la médiocrité et, à vrai dire, aussi triste que cela puisse paraître, c'est aux brebis que nous ressemblons le plus.

▪Mémoires d'une vache

▎ *Une vache* est au singulier ; *les vaches*, au pluriel. **▎**

38 ▶ *Qu'est-ce qu'un nom propre ?*

Les noms propres désignent des personnes, des animaux, des lieux (villes, pays, régions…).

● *Des personnes*

Comme le nouveau ne disait rien, la maîtresse nous a dit qu'il s'appelait **Georges Mac Intosh**. « Yes, a dit le nouveau, **Dgeorges**. - Pardon, mademoiselle, a demandé **Maixent**, il s'appelle **Georges** ou **Dgeorges** ? » La maîtresse nous a expliqué qu'il s'appelait **Georges**, mais que dans sa langue, ça se prononçait **Dgeorges**. « Bon, a dit **Maixent**, on l'appellera **Jojo**. - Non, a dit **Joachim**, il faut prononcer **Djodjo**. - Taistoi, **Djoachim** », a dit **Maixent** et la maîtresse les a mis tous les deux au piquet.

▪Le petit Nicolas

❙ *Georges* est le prénom du nouvel élève, *Mac Intosh* est son nom de famille. ❙

● *Des villes, des pays*

- Où habite la femelle du Hamster ? En **Hollande** !
Pourquoi ? Parce que **Amsterdam**… ah ! ah !

▪Réponses bêtes à des questions idiotes

❙ *Hollande* est un nom de pays ; *Amsterdam* est un nom de ville. ❙

● *Les habitants d'un pays*

Ces **Gaulois**, ils avaient bien inventé un genre d'écriture, mais si eux savaient la lire, nous, on ne sait pas. Ce sont des espèces de gribouillis qui racontent sûrement des histoires de **Gaulois**.

▪Chichois et la rigolade

❙ Les *Gaulois* étaient les habitants de la Gaule. ❙

> Les noms propres commencent par une **majuscule**.

Tristram Mac Kitycat, treizième duc de Garth (une vieille famille d'Écosse), avait eu le coup de foudre pour une adorable Française, une chatte grise des Chartreux nommée Mouflette de Vaneau, baronne Flon.

Le chat qui parlait malgré lui

Attention : L'**adjectif** correspondant à un nom propre ne prend **pas de majuscule**.

Un Français, un enfant français.

39▶ Les noms propres prennent-ils la marque du pluriel ?

> Les noms propres restent au **singulier** s'ils désignent des personnes, des œuvres ou des marques.

● **Des personnes**

Mais **les MacParlan** avaient un fantôme qui était dans la famille depuis le roi Kenneth, et ils possédaient des papiers pour le prouver.

Histoires de fantômes et de revenants

● **Des marques**

Le plus content de l'histoire, c'était Frédéric. On allait pouvoir lancer les petits suisses sur les minus du Cépé (Cours préparatoire), à la cantine, dès que la surveillante tournerait le dos. Il m'apprendrait la technique. La même chose avec **les « Vache-qui-Rit »** qu'on lance au plafond du préau, qui collent et qui retombent au moment où on s'y attend le moins.

Toufdepoil

Les noms propres se mettent au **pluriel** s'ils désignent des lieux ou des habitants de villes, de régions ou de pays. Dans ce cas, ils varient aussi en genre.

● **Des lieux géographiques**

Où la Seine se jetterait-elle si elle prenait sa source dans **les Pyrénées** ?
▪Tardieu, un poète

I *Les Pyrénées* sont des montagnes ; ce nom prend donc la marque du pluriel. **I**

● **Des habitants**

Grand-mère était norvégienne, et les **Norvégiens** connaissent bien les sorcières. Avec ses sombres forêts et ses montagnes enneigées, la Norvège est le pays natal des premières sorcières.
▪Sacrées sorcières

I *Les Norvégiens* sont les habitants de la Norvège ; ce nom prend donc la marque du pluriel et du genre. **I**

40 ▶ *Qu'est-ce qu'un être animé ?*

Certains noms désignent des êtres considérés comme vivants : ce sont des êtres **animés**, humains ou animaux.

un enfant   un aviateur   un chien   un papillon

D'autres noms désignent des objets, des phénomènes, des idées : ce sont des **non-animés**.

une table   un accident   la justice   le bonheur

41 ▶ Pourquoi est-il important de distinguer les êtres animés des non-animés ?

On remplace un nom par un **pronom différent** *(qui* ou *que,* à *qui* ou à *quoi)* selon que ce nom désigne un être animé ou non animé.

La mouette
Aimait un **hibou**
Et la chouette un **caribou**

▪Fabliettes

▌ Le *hibou* et le *caribou* sont des être animés. Si l'on pose une question, par exemple, on les remplace par **qui** : **qui** la mouette aime-t-elle ? **qui** la chouette aime-t-elle ? ▌

Le diable prend **sa craie noire** et écrit sur son tableau noir. Les diablotins roulent des yeux dans tous les sens, car ils n'y voient rien. Savez-vous ce que fait un diablotin qui n'y comprend rien ? Il se gratte le **derrière**.

▏Les meilleurs contes d'Astrapi

▌ La *craie* et le *derrière* sont des êtres non animés. Si l'on pose une question, par exemple, on les remplace par **que** : **que** prend le diable ? **que** gratte le diablotin ? ▌

Chaperon Rock

Je vais porter
À ma **grand-mère**
Un pot de beurre
Et deux litres de bière

▪Chansons

▌ Une *grand-mère* est un être animé. Si l'on pose une question, par exemple, on remplacera *grand-mère* par **à qui** : **à qui** vais-je porter un pot de beurre et deux litres de bière ? ▌

- C'est vraiment contrariant, déclara le Gros Coco après un long silence, toujours sans regarder Alice, d'être traité d'œuf…, extrêmement contrariant !
- J'ai dit que vous ressembliez à un œuf, monsieur, expliqua Alice très gentiment. Et il y a des œufs qui sont fort jolis, ajouta-t-elle, dans l'espoir de transformer sa remarque en une espèce de compliment.

De l'autre côté du miroir

I Un *œuf* est un être non animé. Si l'on pose une question, par exemple, on remplacera *œuf* par **à quoi** : **à quoi** ressemble le Gros Coco ? I

Lorsque le complément circonstanciel de lieu désigne un être **animé**, on utilise la préposition **chez**. S'il s'agit d'un être **non animé**, on utilise la préposition **à**.

Je suis allé chez Alceste, un copain qui habite tout près de **chez moi**, un gros qui mange beaucoup. Je sais qu'il se lève de bonne heure parce que son petit-déjeuner lui prend du temps.

Les récrés du petit Nicolas

I Le pronom *moi* désigne le petit Nicolas, un être animé : on utilise la préposition *chez*. I

Moi, je suis bien content d'être rentré **à la maison**, mais mes copains de vacances ne sont pas ici et mes copains d'ici sont encore en vacances et moi je suis tout seul et ce n'est pas juste et je me suis mis à pleurer.

Les vacances du petit Nicolas

I Le nom *maison* est un non-animé : on utilise la préposition *à*. I

42 ▶ *Qu'est-ce qu'un nom composé ?*

> Un nom composé désigne **un seul être** ou **une seule chose**, mais il forme un **ensemble de deux ou plusieurs mots**. Ceux-ci peuvent être reliés par un trait d'union.

Je ne suis ABSOLUMENT pas **Petit-Charmant** ! Je déteste qu'on m'appelle comme ça, ça m'irrite, ça m'énerve, ça me tortillonne les oreilles de rage et puis ça me torturonge les orteils de fureur. Bref, je n'aime pas ça !
Car je suis **Petit-Féroce**, le seul, l'unique, le vrai de vrai, le terrible !

▪ Petit-Féroce champion de la jungle

43 ▶ *Un nom commun est-il toujours précédé d'un déterminant ?*

> Les noms communs sont **le plus souvent** précédés d'un déterminant.

Un <u>zèbre</u> pourtant pas très bête
s'en fut au bureau de tabac
pour acheter **des** <u>allumettes</u>.

▪ Enfantasques

▮ *un*	*zèbre* ▮
article indéfini	nom commun
▮ *des*	*allumettes* ▮
article indéfini	nom commun

> Certains noms communs sont souvent utilisés **sans déterminant** lorsqu'ils sont compléments circonstanciels de **manière** *(comment ?)*.

Delphine regarda le loup bien en face.
- Dites donc, Loup, j'avais oublié le Petit Chaperon Rouge.
Parlons-en un peu du Petit Chaperon Rouge, voulez-vous ?
Le loup baissa la tête **avec humilité**. Il ne s'attendait pas à
celle-là.

_Les contes bleus du chat perché

avec	**humilité**
préposition	nom commun

L____ CC MANIÈRE ____J

Attention : On emploie un déterminant quand ces noms sont
accompagnés d'un adjectif ou d'un complément.

- Je t'ordonne de m'interroger, se hâta de dire le roi.
- Sire… sur quoi régnez-vous ?
- Sur tout, répondit le roi, **avec une grande simplicité**.

_Le petit prince

avec	**une**	**grande**	**simplicité**
préposition	déterminant	adjectif	nom commun

L_____ CC MANIÈRE _____J

44▶ Un nom propre est-il précédé d'un déterminant ?

Les noms propres désignant des **personnes** ou des **animaux** sont **rarement** précédés d'un déterminant.

Il y avait des chats qui s'appelaient **Gaston**.
Et même un _cat_ anglais dénommé **Sir Ronron**.

_Enfantasques

Beaucoup de noms propres désignant des **pays**, des **habitants** ou des **fleuves** sont accompagnés d'un déterminant.

Moi, j'ai demandé si l'**Atlantique** c'était loin de là où nous allions, mais Papa m'a dit que si j'étudiais un peu mieux à l'école, je ne poserais pas de questions comme ça et ce n'est pas très juste, parce qu'à l'école on n'a pas de classes de pêche sous-marine ; mais je n'ai rien dit, j'ai vu que Papa n'avait pas trop envie de parler.

Les vacances du petit Nicolas

l'	*Atlantique*
déterminant	nom propre

résumé

Le nom

■ On désigne par **nom** la nature des mots qui désignent des êtres humains, des animaux, des objets concrets, des idées abstraites.

■ Les noms se répartissent en **différentes catégories**.

NOMS PROPRES	NOMS COMMUNS		
Pierre	**animés**	**non animés**	
Toulouse	le lapin	**concrets**	**abstraits**
les Français	le médecin	un crayon	la liberté

■ Le **groupe nominal** (GN) est formé d'un nom noyau, d'adjectifs et de déterminants.

■ Les noms ont un **genre** et un **nombre**. Le genre d'un nom est le masculin ou le féminin. Le nombre d'un nom est le singulier ou le pluriel.

Savez-vous

RECONNAÎTRE UN VERBE

On appelle verbe une catégorie de mots qui permettent de désigner des actions (courir, manger...) ou des états (être, devenir...). Ces mots changent de forme.

L'identification du verbe

45 ▶ Qu'exprime le verbe dans la phrase ?

Le verbe sert le plus souvent à exprimer une **action**.

Un jour, un roi **chassait** dans la forêt, et il **se perdit** entre les arbres. Il **s'approcha** par mégarde de la caverne du monstre poilu.
Deux longs bras **surgirent** d'un coin sombre pour attraper le roi.
- Ha ! **s'écria** la vilaine bête, enfin quelque chose de meilleur à manger que les souris.

▄Le monstre poilu

❚ Les verbes *chassait, se perdit, s'approcha, surgirent, s'écria* expriment les actions racontées. ❚

46 ▶ Le verbe désigne-t-il toujours une action ?

Non ! Les verbes comme *être, devenir, sembler, paraître, rester...* n'expriment pas une action ; ils permettent d'**attribuer une caractéristique** (qualité ou défaut) à un être animé ou à un objet. On appelle ces verbes **verbes d'état**.

Geoffroy s'est approché du photographe : « C'est quoi votre appareil ? » il a demandé. Le photographe a souri et il a dit : « C'est une boîte d'où va sortir un petit oiseau, bonhomme. - Il **est** <u>vieux</u> votre engin, a dit Geoffroy, mon papa il m'en a donné un avec parasoleil, objectif à courte focale, téléobjectif, et, bien sûr, des écrans... » Le photographe **a paru** <u>surpris</u>, il a cessé de sourire et il a dit à Geoffroy de retourner à sa place.

▪ Le petit Nicolas

❙ <u>*Il*</u>   <u>*est*</u>   <u>*vieux.*</u> ❙
  pronom   verbe d'état   qualité

❙ <u>*Le photographe*</u>   <u>*a paru*</u>   <u>*surpris.*</u> ❙
      nom   verbe d'état   qualité

47 ▶ Comment reconnaître le verbe ?

Le verbe est le seul élément de la phrase qui porte les **marques de la personne**. Il **change de forme** en changeant de **personne**.

Vous me copierez deux cents fois le verbe :
Je n'écoute pas. Je bats la campagne.
Je bats la campagne, **tu bats** la campagne,
Il bat la campagne à coups de bâton.

▪ Enfantasques

I *Je bats* : 1re personne du singulier du verbe *battre*
Tu bats : 2e personne du singulier du verbe *battre*
Il bat : 3e personne du singulier du verbe *battre* I

> Le verbe est le seul élément de la phrase qui porte les **marques du temps. Il change de forme** aux différents temps **(présent, passé, futur).**

Conjugaison de l'oiseau

J'écris
(à la pie)

J'écrivais
(au geai)

J'écrivis
(au courlis)   ▪La poésie comme elle s'écrit

I *J'écris* : présent de l'indicatif
J'écrivais : imparfait de l'indicatif
J'écrivis : passé simple de l'indicatif I

> Seul le verbe peut être encadré par la négation : **ne... pas, ne... plus, ne... jamais.**

Quand on est chat on **n'**est **pas** vache
on **ne** regarde **pas** passer les trains
en mâchant les pâquerettes avec entrain
on reste derrière ses moustaches
                    (quand on est chat, on est chat)
                    ▪Les animaux de tout le monde

Les formes du verbe

48 ▶ Quels éléments comprend un verbe ?

> ● Le verbe se compose de deux parties : un **radical** et une **terminaison**.
> ● Le **radical** porte le **sens** du verbe ; la **terminaison** indique la **personne** et le **temps** auxquels il est conjugué.

Je <u>cour-</u>   <u>ais</u>
  radical   terminaison

❙ *Je courais* : verbe *courir* à la 1re personne du singulier de l'imparfait de l'indicatif. ❙

Nous <u>chant-</u> <u>erons</u>
    radical   terminaison

❙ *Nous chanterons* : verbe *chanter* à la 1re personne du pluriel du futur de l'indicatif. ❙

49 ▶ Qu'est-ce que la conjugaison ?

> On appelle **conjugaison** d'un verbe l'ensemble des termi-naisons que ce verbe peut recevoir. Les terminaisons varient en fonction de la personne et du temps.
> ▷ *tableaux 461 à 478*

j'aime   j'aimerais
nous aimons nous aimerions

50 ▶ *Qu'est-ce que l'infinitif ?*

L'infinitif est la **forme non conjuguée du verbe**. C'est à l'infinitif que les verbes sont présentés dans les dictionnaires.

● *1ᵉʳ groupe*

aim-   er

radical   terminaison

● *2ᵉ groupe*

fin-   ir

radical   terminaison

● *3ᵉ groupe*

recev-   oir

radical   terminaison

rend-   re

radical   terminaison

51 ▶ *Quels sont les groupes de verbes ?*

● Selon leurs terminaisons les infinitifs se répartissent en **trois groupes**.
● Le **1ᵉʳ groupe** est constitué par des **infinitifs en -er** ; ce sont les plus fréquents.

aim**er**   détach**er**   navigu**er**

Le **2ᵉ groupe** est constitué par des **infinitifs en -ir**. Leur participe présent se termine par **-issant**.

fin**ir**, fin**issant**   obé**ir**, obé**issant**   grand**ir**, grand**issant**

Le **3ᵉ groupe** réunit les infinitifs en **-ir** dont le participe présent se termine par **-ant**, les infinitifs en **-oir** et en **-re** et le verbe **aller**.

ten**ir** (ten**ant**)   val**oir** (val**ant**)   vend**re** (vend**ant**)

52 ▶ *Quand doit-on utiliser l'infinitif ?*

Après une **préposition**.

« Et les problèmes, alors ? » a demandé Agnan, qui n'avait pas l'air content, mais nous, on n'a pas fait attention et on a commencé à **se faire** des passes et c'est drôlement chouette de **jouer** entre les bancs. Quand je serai grand, je m'achèterai une classe, rien que pour **jouer** dedans.

Le petit Nicolas

à *se faire*
préposition verbe à l'infinitif

Après un verbe **conjugué**.

Comme il regardait du côté du pré, il **vit** arriver dans la cour une petite poule blanche.
- Ne vous pressez pas, lui dit-il. Alors, non ? Vous n'avez pas entendu le signal du rassemblement ?
- J'avais un œuf à pondre, répondit-elle d'un ton sec. Vous ne **prétendez** pas m'empêcher de pondre, j'espère ?

Les contes rouges du chat perché

il vit arriver
verbe conjugué verbe à l'infinitif

Attention : Après l'auxiliaire **avoir** ou **être**, on utilise le **participe passé**.

Quand tonton Scipion est entré dans la salle à manger, elle **a** rétréci tellement il tenait de place.
J'**avais** oublié comme il était grand et bien plein.

Chichois et la rigolade

elle a rétréci
auxiliaire *avoir* participe passé de *rétrécir*

53 ▶ *Quel rôle le verbe joue-t-il ?*

> Le verbe est le **noyau de la phrase verbale** ; c'est à lui que sont reliés les autres mots ou groupes de mots.

Une jeune fille de quatre-vingt-dix-ans,
En croquant des pommes,
En croquant des pommes,
Une jeune fille de quatre-vingt-dix ans,
En croquant des pommes,
S'est cassé trois dents.

Cent comptines

Une jeune fille de quatre-vingt-dix ans	*s'est cassé*	*trois dents.*
sujet	verbe noyau	COD

Les constructions du verbe

54 ▶ *Qu'appelle-t-on verbe transitif et verbe intransitif ?*

> Certains verbes **refusent tout complément d'objet direct** : on les appelle verbes **intransitifs**.

arriver   défiler   mourir   partir   tomber

> Certains verbes **acceptent un complément d'objet direct** : on les appelle verbes **transitifs**.

manger   écouter   rencontrer   battre   regarder

Certains verbes transitifs **acceptent un COD** mais ils **ne l'exigent pas**.

Alors, Alceste m'a demandé de tenir son croissant, et il a commencé à se battre avec Maixent. Et ça, ça m'a étonné, parce qu'Alceste, d'habitude, il n'aime pas se battre, surtout quand il est en train de **manger un croissant**.

Les récrés du petit Nicolas

I Ici, le verbe transitif *manger* a un COD *(un croissant)*. I

Quand on parle de **manger**, ça donne faim à Alceste, qui est un copain qui mange tout le temps.

Les récrés du petit Nicolas

I Ici, le verbe transitif *manger* est employé sans COD. I

Certains verbes transitifs ne peuvent pas se construire sans COD ; ils **exigent un COD**.

L'histoire de la pièce est très compliquée et je n'ai pas très bien compris quand la maîtresse nous l'a racontée. Je sais qu'il y a le Petit Poucet qui **cherche** <u>ses frères</u> et il **rencontre** <u>le Chat Botté</u> et il y a le marquis de Carabas et un ogre qui veut manger les frères du Petit Poucet et le Chat Botté **aide** <u>le Petit Poucet</u> et l'ogre est vaincu et il devient gentil et je crois qu'à la fin il ne mange pas les frères du Petit Poucet et tout le monde est content et ils mangent autre chose.

Le petit Nicolas

I Le verbe *chercher* a pour COD *ses frères* ; le verbe *rencontrer* a pour COD *le Chat Botté* ; le verbe *aider* a pour COD *le Petit Poucet*. Ces verbes exigent un COD. I

Le verbe

■ On distingue les verbes d'**action** et les verbes d'**état** *(être, sembler, devenir...)*. Parmi les verbes d'action, il existe des verbes transitifs et des verbes intransitifs.

■ La forme du verbe change en fonction des temps et de la personne de son sujet.

■ Le verbe est le **noyau** de la phrase : c'est à lui que sont reliés les différents groupes de la phrase.

RECONNAÎTRE UN ADJECTIF QUALIFICATIF

L'adjectif qualificatif sert à préciser une qualité ou un défaut : beau, laid, méchant, blanc, noir...
Il faut bien distinguer les adjectifs qualificatifs des adjectifs possessifs, démonstratifs ou indéfinis...

▷ *paragraphes 70 à 74*

55 ▶ À quoi servent les adjectifs qualificatifs ?

Les adjectifs qualificatifs permettent de **décrire** un être humain, un animal ou un objet en précisant une ou plusieurs de ses caractéristiques. Ils **qualifient** un **nom** et précisent son sens.

❙ Les mots *jaune, gris* et *noir* utilisés pour caractériser la couleur des chats sont des adjectifs qualificatifs. ❙

L'emploi des adjectifs qualificatifs permet au lecteur de **se représenter avec plus de précision** ce qui est raconté, décrit ou expliqué.

● **Version 1 (sans adjectifs qualificatifs épithètes)**
Au milieu d'une forêt, dans une caverne, vivait un monstre. Il était laid ; il avait une tête directement posée sur deux pieds, ce qui l'empêchait de courir.

● **Version 2 (avec adjectifs qualificatifs)**
Au milieu d'une **sombre** forêt, dans une caverne **humide et grise**, vivait un monstre **poilu**. Il était laid ; il avait une tête **énorme**, directement posée sur deux **petits** pieds **ridicules**, ce qui l'empêchait de courir.

Le monstre poilu

56 ▶ *Comment reconnaître l'adjectif épithète ?*

Lorsque l'adjectif qualificatif se rapporte **directement** à un nom, il fait partie du **groupe nominal** auquel ce nom appartient. Il occupe la fonction **épithète**.

Qui a volé la clef des champs ?
La <u>pie</u> **voleuse** ou le <u>geai</u> **bleu** ?

Enfantasques

❙ *la <u>pie</u>*   *voleuse* ❙
nom noyau   adjectif qualificatif épithète
└──────── GROUPE NOMINAL ─────────┘

❙ *le <u>geai</u>*   *bleu* ❙
nom noyau   adjectif qualificatif épithète
└──────── GROUPE NOMINAL ─────────┘

57 ▶ **Quelle est la place de l'adjectif qualificatif épithète ?**

> La plupart des adjectifs qualificatifs en fonction d'épithète se placent **après le nom** qu'ils qualifient. Quelques adjectifs courts et très utilisés *(grand, gros, petit, beau…)* se placent normalement **avant le nom**.

J'ai vu un **gros** <u>rat</u>
Un **gros gros** <u>radar</u>
Qui courait dare-dare
Après un cobra.

▪Innocentines

> Lorsqu'un nom est accompagné de deux adjectifs ou plus, ceux-ci se placent **après** le nom, s'ils sont **coordonnés**.

Il y avait une fois trois petits pois vêtus de vert qui dormaient gentiment dans leur cosse. Leur visage bien rond respirait par les trous de leurs narines et l'on entendait leur <u>ronflement</u> **doux** et **harmonieux**.

▪Queneau, un poète

> Ils **encadrent** le nom, s'ils ne sont pas coordonnés.

un **petit** <u>oiseau</u> **gris**
avec des manchettes
chante
miaou miaou

▪Queneau, un poète

> Un adjectif de **couleur** se place **après** le nom.

J'ai croisé dimanche
tout près de Saint-Leu
une <u>souris</u> **blanche**
portant un <u>sac</u> **bleu**.

▪Enfantasques

64

58 ▶ *Un adjectif épithète change-t-il de sens si on le change de place ?*

> Un même adjectif peut **changer de sens** lorsqu'on le change de **place**.

Un seul arbitre de touche, cc n'est pas beaucoup pour surveiller tout le terrain mais Maixent court très vite, il a des jambes très longues et toutes maigres, avec de gros <u>genoux</u> **sales.**
▪ Le petit Nicolas

▪ L'adjectif *sales* placé après le nom signifie « pas propres ». ▪

Et puis, je ne mange pas TOUS les écureuils. Seulement ceux qui ont une **sale** <u>tête</u>.
▪ Janus, le chat des bois

▪ L'adjectif *sale* placé avant le nom signifie « antipathique ». ▪

59 ▶ *Comment reconnaître l'adjectif attribut ?*

> Lorsque l'adjectif qualificatif est relié au sujet de la phrase par **un verbe d'état** (*être, sembler...*), il fait partie du **groupe verbal**. Il occupe la fonction **attribut**.

que la <u>pluie</u> est **humide** et que l'eau mouille et mouille !
▪ Queneau, un poète

▪ *que la pluie*	*est*	*humide* ▪
		adjectif qualificatif attribut
⌐ GROUPE NOMINAL ⌐	⌐ GROUPE VERBAL ⌐	

60 ▶ Comment reconnaître l'adjectif mis en apposition ?

> Un adjectif qualificatif mis en apposition est **séparé du nom** (ou du pronom) qu'il qualifie par une ou deux virgules.

Il y avait une fois trois petits pois qui roulaient leur bosse sur les grands chemins. Le soir venu, **fatigués et las,** ils s'endormaient très rapidement.

Queneau, un poète

▌ Les adjectifs *fatigués et las* sont séparés du pronom *ils* par une virgule. On peut les déplacer dans la phrase :
Fatigués et las, *le soir venu, ils s'endormaient très rapidement.*
Le soir venu, ils s'endormaient très rapidement, **fatigués et las.** ▌

61 ▶ Comment accorder l'adjectif qualificatif ?

> L'adjectif qualificatif, quelle que soit sa fonction, s'accorde en **genre** (masculin ou féminin) et en **nombre** (singulier ou pluriel) avec le nom qu'il qualifie.

Et j'y vis des paroles bien **piquantes**, des paroles **sanglantes**, des paroles **horrifiques** et d'autres assez mal plaisantes à voir. Quand elles eurent fondu ensemble, nous entendîmes : hin, hin, hin, hin, his, ticque, torche, lorgne, brededin, brededac, frr, frrr, frrr, bou, bou, bou, bou, bou, bou, boub, bou, traccc, trac, trr, trr, trr, trrr, trrrrrr, on, on, on, on, ouououououon, goth, magoth, et je ne sais quels autres mots **barbares**.

Le Quart Livre

▌ *des paroles*   *bien*   *piquantes* ▌
   nom féminin pluriel   adjectif féminin pluriel

❚ *autres mots*   *barbares* ❚
  nom masculin pluriel   adjectif masculin pluriel

- La <u>salive</u> d'une sorcière est **bleue**.
- Bleue ! m'écriai-je. C'est impossible ! Aucune <u>salive</u> n'est **bleue**.
- Bleu myrtille ! précisa-t-elle.   ▪ Sacrées sorcières

❚ *La   salive   d'une sorcière   est   bleue.* ❚
  nom féminin singulier   adjectif féminin singulier

> Lorsqu'un adjectif qualifie plusieurs noms **singuliers**, il se met au **pluriel**.

Louisette et moi, on s'est regardés. Elle avait des cheveux jaunes, avec des nattes, des yeux bleus, <u>un nez et une robe rouges</u>.   ▪ Le petit Nicolas

❚ *un   nez   et   une   robe   rouges* ❚
      nom   nom   adjectif
   singulier   singulier   pluriel

> Lorsqu'un adjectif qualifie plusieurs noms, l'un **masculin**, l'autre **féminin**, il se met au **masculin pluriel**.

Maman et papa vont avoir beaucoup de peine, je reviendrai plus tard, quand ils seront très **vieux**, comme mémé, et je serai riche, j'aurai un grand avion, une grande auto et un tapis à moi, où je pourrai renverser de l'encre et ils seront drôlement **contents** de me revoir.   ▪ Le petit Nicolas

❚ *<u>Maman</u>   et   <u>papa</u>   seront   très   <u>vieux</u>   et   <u>contents</u>.* ❚
    féminin   masculin   masculin   masculin
    singulier   singulier   pluriel   pluriel

> Les noms de **fleurs** ou de **fruits** employés comme adjectifs ne s'accordent ni en genre ni en nombre, sauf *rose* et *mauve*.
>
> ▷ *paragraphe 188*

Elle a des taches de rousseur
Des <u>yeux</u> **pistache** et de grands pieds

▪Innocentines

▮ La pistache est un fruit de couleur verte ; employé ici comme adjectif, *pistache* ne s'accorde pas. ▮

Tout à coup l'orage accourt
avec ses grosses <u>bottes</u> **mauves**

▪Queneau, un poète

▮ La mauve est une plante à fleurs roses ; employé ici comme adjectif, *mauve* s'accorde : c'est une exception. ▮

résumé

L'adjectif qualificatif

■ Les adjectifs qualificatifs permettent de préciser les caractéristiques des objets, des animaux ou des personnes.

■ L'adjectif qualificatif peut être **épithète** (il fait partie du groupe nominal), **attribut** (il appartient au groupe verbal) ou **mis en apposition**.

■ L'adjectif qualificatif **s'accorde** en genre et en nombre avec le nom qu'il qualifie.

RECONNAÎTRE LES DEGRÉS
DE L'ADJECTIF

*Si l'on veut comparer deux qualités
ou deux défauts, on peut utiliser le
comparatif ou le superlatif.*

62▶ Qu'est-ce que le comparatif ?

- Un adjectif exprime les caractéristiques, qualités ou défauts, d'un être animé ou d'un objet. Pour établir des **comparaisons** entre deux êtres animés ou deux objets possédant la **même caractéristique**, on utilise les degrés de l'adjectif.

- Le comparatif de supériorité indique qu'un être ou un objet possède **davantage** une caractéristique qu'un autre.

Le cheval, qui était alors occupé de son portrait, jeta un coup d'œil sur celui du coq et fit une découverte qui l'emplit aussitôt d'amertume.
- À ce que je vois, dit-il, le coq serait **plus gros que** moi ?

▪ Les contes rouges du chat perché

Le comparatif d'infériorité sert à indiquer qu'un être ou un objet possède **moins** une caractéristique qu'un autre.

Nous sommes allés chercher des planches dans le grenier et papa a apporté ses outils. Rex, lui, il s'est mis à manger les bégonias, mais c'est **moins grave que** pour le fauteuil du salon, parce que nous avons plus de bégonias que de fauteuils.

▪ Le petit Nicolas

69

> Le comparatif d'égalité indique qu'un être ou un objet possède **autant** une caractéristique qu'un autre.

Alors, le professeur a jeté son sifflet par terre et il a donné des tas de coups de pied dessus. La dernière fois que j'ai vu quelqu'un d'**aussi fâché que** ça, c'est à l'école, quand Agnan, qui est le premier de la classe et le chouchou de la maîtresse, a su qu'il était second à la composition d'arithmétique.

Les vacances du petit Nicolas

63 ▶ Qu'est-ce que le superlatif ?

> Pour indiquer que, parmi un ensemble d'êtres animés ou d'objets, certains possèdent **plus ou moins que tous les autres** une qualité ou un défaut, on emploie le **superlatif de supériorité** *(le plus..., la plus..., les plus...)* et le **superlatif d'infériorité** *(le moins..., la moins..., les moins...)*.

- Mon pauvre cochon, fit le coq, si tu pouvais voir combien tu es laid !
Le cochon regarda le coq et l'oie avec un air peiné et soupira :
- Je comprends… oui, je comprends. Vous êtes jaloux, tous les deux. Et pourtant, est-ce qu'on a jamais rien vu de plus beau que moi ? Tenez, les parents me le disaient encore tout à l'heure. Allons, soyez sincères. Dites-le, que je suis **le plus beau**.

Les contes rouges du chat perché

Oiseau, bel oiseau joli,
Qui te prêtera sa cage ?
La plus sage,
La moins sage
Ou le roi d'Astragolie ?

La Poèmeraie

70

64 ▶ Qu'appelle-t-on comparatif et superlatif irréguliers ?

Les adjectifs **bon** et **mauvais** ne construisent pas leur comparatif de supériorité et leur superlatif avec les mots **plus** ou **moins**. Ils ont un **comparatif de supériorité** et un **superlatif irréguliers**.

	COMPARATIF DE SUPÉRIORITÉ	SUPERLATIF
bon	meilleur que	le meilleur
mauvais	pire que	le pire

A ttention : Les comparatifs d'infériorité et d'égalité de **bon** et **mauvais** sont **réguliers**.

résumé

Le comparatif et le superlatif

■ Le comparatif et le superlatif d'un adjectif permettent de comparer deux qualités ou deux défauts.

■ Le comparatif et le superlatif suivent les règles d'accord de l'adjectif qualificatif.

■ *Bon* et *mauvais* ont un comparatif de supériorité et un superlatif **irréguliers**.

Savez-vous

RECONNAÎTRE LES DÉTERMINANTS

On appelle déterminants les mots comme le, un, mon, ce... qui se placent le plus souvent devant le nom. Ces mots permettent de présenter un personnage, un animal ou un objet d'une façon particulière :

Il était une fois **une** princesse barbue qui habitait un château d'eau.
Contes de la Folie-Méricourt

I On emploie le déterminant *une* parce que l'on ne sait encore rien de la princesse. **I**

Les différents déterminants

65 ▶ Quelle est la place du déterminant dans le groupe nominal ?

Le déterminant se place presque toujours **devant** le nom commun. Le déterminant permet de savoir où commence le GN.

Aucune bête n'est aussi vile
Que Croquemi-Croque le crocodile.
Chaque samedi, il lui faut dévorer
Six petits enfants pour **son** déjeuner.
Sales bêtes

aucune	**bête**
déterminant	nom

└─── GROUPE NOMINAL ───┘

chaque	**samedi**
déterminant	nom

└─── GROUPE NOMINAL ───┘

six	**petits**	**enfants**
déterminant	adjectif qualificatif	nom

└─────── GROUPE NOMINAL ───────┘

son	**déjeuner**
déterminant	nom

└─── GROUPE NOMINAL ───┘

66 ▶ Un nom est-il toujours précédé d'un déterminant ?

● Non ! Il arrive parfois que le nom ne soit pas précédé d'un déterminant. ▷ *paragraphes 43 et 44*

● Il n'y a pas de déterminant devant certains noms **propres** comme : *Pierre, Paris...* Mais il y en a devant des mots comme : *les Alpes, la Seine...* ▷ *paragraphe 44*

● Il peut ne pas y avoir de déterminant **après** certaines **prépositions** comme : *avec, en, par...*

Par ailleurs, il n'était pas rare de croiser sur la route, même très loin de la côte, une méduse **en promenade**, un poulpe baladeur, une sirène solitaire ou un couple d'ondins **en voyage de noces.**

▪Contes de la Folie-Méricourt

Attention : Avec ces prépositions, le nom est précédé d'un **déterminant** s'il est accompagné d'un **complément** ou d'un **adjectif** qualificatif.

Puis Mr. Wonka recommença. Cette fois les mots jaillirent à toute vitesse, **avec la** force et **la** violence <u>de boulets de canon</u>. « Zoonk-zoonk-zoonk-zoonk ! »

Charlie et le grand ascenseur en verre

I *de boulets de canon* : complément de nom **I**

• Il n'y a pas non plus de déterminant **après** un **verbe d'état**, dans la fonction **attribut**.

Hélas ! La nuit d'après, Madame Sans Nom fit un rêve épouvantable ! Elle **était devenue crapaud**, au milieu d'un troupeau d'agneaux.

Contes de la Folie-Méricourt

I *Elle était devenue crapaud : crapaud* est un nom attribut du pronom *elle* ; il est donc employé sans déterminant. **I**

67 ▶ *Tableau des déterminants*

Les déterminants se divisent en deux grandes catégories : les **articles** et les **adjectifs non qualificatifs**.

ARTICLES	SINGULIER	PLURIEL
Définis	le, la, l'	les
Indéfinis	un, une	des
Partitifs	du, de, de l'	des

ADJECTIFS NON QUALIFICATIFS	SINGULIER	PLURIEL
Possessifs	mon, ton, son ma, ta, sa notre, votre, leur	mes, tes, ses nos, vos, leurs
Démonstratifs	ce, cet, cette	ces
Numéraux	un	deux, trois, quatre...
Indéfinis	aucun, chaque, nul, tout...	plusieurs, quelques...

Les articles

68 ▶ À quoi servent les articles définis et indéfinis ?

L'article indéfini **un**, **une**, **des** indique que l'on ne sait rien de la personne, de l'animal ou de l'objet dont on parle.

Lorsque le Petit Poucet abandonné dans la forêt sema des cailloux pour retrouver son chemin, il ne se doutait pas qu'**une** <u>autruche</u> le suivait et dévorait les cailloux un à un.

Contes pour enfants pas sages

❚ *une autruche* : on ne dit pas de quelle autruche il s'agit. ❚

> L'article défini **le**, **la**, **les** indique que l'on connaît la personne, l'animal ou l'objet dont il est question.

Ils étaient bien trop pauvres, **les** pompiers <u>de cette ville-là</u>, bien trop pauvres pour avoir le téléphone.

▪Aux fous les pompiers

▌ *<u>les</u> pompiers* : les pompiers *de cette ville-là,* que l'on connaît. ▌

Au-dessus de la vallée, sur une colline, il y avait **un** <u>bois</u>.
Dans **le** <u>bois</u>, il y avait **un** gros <u>arbre</u>.
Sous l'<u>arbre</u>, il y avait **un** <u>trou</u>.
Dans **le** <u>trou</u> vivaient Maître Renard, Dame Renard et leurs quatre renardeaux.

▪Fantastique Maître Renard

▌ *un bois* : c'est la première fois que l'on parle de ce bois, on ne sait pas de quel bois il s'agit.
le bois : c'est la deuxième fois que l'on en parle ; c'est le même bois que celui de la phrase précédente. ▌

- Mais alors, de qui avais-tu fait la connaissance, si ce n'était pas d'un mistouflon ? dit un enfant qui commençait à s'impatienter.
- ... Eh bien... d'**une** <u>mistouflette</u>, avoua le mistouflon en baissant la tête.
- AHHHH ! dirent les enfants.
Puis, il se fit un grand silence.
Et on discuta, et pati et coufi... et comme le lendemain était un mercredi, on décida d'aller chercher **la** <u>mistouflette</u> **du mistouflon** dans le Luberon.

▪L'année du mistouflon

▌ *une mistouflette* : c'est la première fois que le mistouflon en parle, on ne la connaît pas.
la mistouflette du mistouflon : c'est la deuxième fois que l'on en parle, et elle est déterminée par un complément de nom. ▌

76

Attention : Ne confondez pas *la, le, les* **articles**, qui se placent devant un nom, et *la, le, les* **pronoms**, qui se placent devant un verbe.

La <u>contrebasse</u> est toujours contre,
elle grogne et fait sa grosse voix.
La <u>mélodie</u> qu'elle rencontre
elle **la** sermonne et **la** rudoie.

▪Enfantasques

I *la*	*contrebasse* I
déterminant	nom
I *la*	*mélodie* I
déterminant	nom
I *la*	*sermonne* I
pronom	verbe
I *la*	*rudoie* I
pronom	verbe

69 ▶ *Qu'est-ce que l'article partitif ?*

Du, de la, de l' sont des articles **partitifs**. On les trouve devant des noms **non dénombrables**, c'est-à-dire qu'on ne peut pas compter.

Monstre blanc, voici **du** <u>flan</u>.
Monstre noir, voici des poires.

▪Jean-Yves à qui rien n'arrive

C'est l'Horrifiant Engoulesang Casse-Moloch Écrase-Roc ! Il va m'attraper, me sucer le sang, me casser le moloch, m'écraser le roc et me tailler en petits morceaux, et puis il me recrachera comme **de la** <u>fumée</u> et c'en sera fini de moi !

▪Les Minuscules

Cette fois, cependant, il n'arrivait pas seul : il amenait avec lui une famille parisienne qui se composait de trois personnes : M. Barbichou, qui avait de la barbe sur les joues ; Mme Barbichou, qui avait aussi de la barbe, mais pas beaucoup ; et le petit Paul Barbichou, qui n'avait que dix ans et <u>pas</u> **de** <u>barbe</u> du tout.

▪Contes d'ailleurs et d'autre part

Attention : Ne confondez pas *de la*, **article** partitif, et *de la*, **préposition + article** défini.

De même au ras du sol, cette chose qui passe en soulevant **de la** poussière, cette boule rapide de plumes frissonnantes, ce n'est pas l'autruche, c'est le vent.

▪Petits contes nègres pour enfants blancs

I *de la poussière* : article partitif *de la* + nom *poussière*. **I**

De tous les pays du monde, des friandises étonnantes arrivaient par avion. Cerfs-volants-lunes du Japon, pâtes fourrées d'ylang-ylang des îles Fidji, guna-pagunas frottés de ramaro de Madagascar, petits fours glacés **de la** Terre de Feu...

▪La girafe, le pélican et moi

I *de la* Terre de Feu : préposition *de* + GN *la Terre de Feu*. **I**

Les adjectifs

70 ▶ À quoi servent les adjectifs possessifs ?

L'adjectif **possessif** indique que la personne, l'animal ou l'objet dont il est question **appartient à quelqu'un**. Il marque donc une relation de **possession**.

Un escargot fumant **sa** pipe
portait **sa** maison sur **son** dos.

Enfantasques

❚ *sa pipe, sa maison, son dos* : tout cela appartient à l'escargot. ❚

Lorsque la relation de possession est **évidente**, on n'emploie pas l'adjectif possessif.

Cependant, Delphine et Marinette avaient couru à l'étable avertir le malheureux bœuf qui était justement en train d'étudier sa grammaire. En les voyant, il ferma **les** <u>yeux</u> et récita sans se tromper une fois la règle des participes, qui est pourtant très difficile.

Les contes rouges du chat perché

❚ *Il ferma <u>les</u> yeux* : il s'agit obligatoirement des yeux du bœuf. ❚

71 ▶ À quoi servent les adjectifs démonstratifs ?

Les adjectifs **démonstratifs** ce, **cette**, **ces** servent à désigner, à **montrer** une personne, un animal ou un objet.

Cas très intéressant d'hallucination : **ce** <u>ver</u> se prend pour une baguette.

Le ver, cet inconnu

Ils servent aussi à **attirer l'attention** sur quelqu'un ou quelque chose dont on a parlé.

Alors il se passa quelque chose d'étonnant : un poisson sauta hors de l'eau. Sa peau était grisâtre. Ce poisson retomba sur le dos de la baleine et il se mit à siffloter une petite chanson sans queue ni tête de poisson.

Réponses bêtes à des questions idiotes

72 ▶ *Quelles sont les formes composées de l'adjectif démonstratif ?*

En ajoutant **-ci** ou **-là**, on peut souligner la **proximité (-ci)** ou **l'éloignement (-là)** de ce dont on parle.

- Un bain par mois c'est bien suffisant pour un enfant.
C'est à **ces** moments-là que j'aimais le plus Grand-mère.

Sacrées sorcières

73 ▶ *Comment utiliser les adjectifs numéraux ?*

Les adjectifs **numéraux un, deux, trois**... servent à indiquer le **nombre** de personnes ou d'objets dont on parle. On les écrit **en chiffres**, mais on doit parfois les écrire **en lettres** (pour faire un chèque, par exemple).

50 : cinquante   2 000 : deux mille

Les adjectifs numéraux sont **invariables**, sauf **vingt** et **cent**.

▷ paragraphe 189

Attention : Les nombres composés **inférieurs à cent** s'écrivent avec un **trait d'union** : quatre-vingt-dix-neuf (sauf vingt et un, trente et un...).

74 ▶ *Quels sont les adjectifs indéfinis ?*

Les principaux adjectifs indéfinis sont **tout** (toute, tous, toutes), **quelque** (quelques), **aucun** (aucune), **chaque**, **plusieurs**, **certain** (certaine).

Si **tous** les animaux se fâchaient, ce serait une drôle d'histoire. Vous voyez ça d'ici, mes petits amis, l'armée des éléphants de terre et de mer arrivant à Paris. Quel gâchis…

Contes pour enfants pas sages

résumé

Les déterminants

■ Le plus souvent, les noms sont **précédés** d'un déterminant.

ARTICLES	EXEMPLES
définis	Je vois **le** chien de mon frère.
indéfinis	Je vois **un** chien.
partitifs	Je vois **du** verglas, là-bas.

ADJECTIFS	EXEMPLES
possessifs	**ma** voiture
démonstratifs	**cette** voiture
numéraux	**deux** voitures
indéfinis	**quelques** voitures

RECONNAÎTRE LES PRONOMS

Les pronoms servent à remplacer un nom ou un groupe nominal.
On distingue plusieurs catégories de pronoms (personnels, démonstratifs, relatifs...).

Le rôle des pronoms

75 ▶ *Quand peut-on utiliser les pronoms ?*

On utilise un pronom lorsqu'on est certain que celui à qui l'on s'adresse peut sans difficulté **savoir quelle personne, quel animal** ou **quel objet** ce pronom **représente**.

Et tout à coup la pendule fit tressaillir Donald. On eût dit qu'**elle** cédait à une petite crise de nerfs, mais c'était toujours ainsi quand **elle** s'apprêtait à sonner l'heure, et **elle** sonna dix heures. Donald compta les coups et ferma les yeux avant le dernier.
Un grand bruit épouvantable **le** réveilla en sursaut. Des pieds larges et pesants marchaient autour de **lui** et le fauteuil à bascule sous **lequel il** s'était tapi fut brusquement tiré de côté. À peine eut-**il** le temps de reculer que l'oncle Fitz se laissait tomber dans le fauteuil. **Celui-ci** se mit à plonger en avant, puis en arrière comme un cheval fou, mais une minute plus tard **tout** se calmait. Oncle Fitz et cousin Jo, assis **l'un** en face de **l'autre**, se mirent à parler très fort dans une bonne odeur de porto et de tabac.

La nuit des fantômes

I Chaque pronom en gras correspond à un personnage dont on a **déjà** parlé. I

PERSONNAGES	PRONOMS REPRÉSENTANTS
la pendule	elle, elle, elle
Donald	le, lui, il, il
le fauteuil à bascule	lequel, celui-ci
[le bruit]	tout
Oncle Fitz	l'un
cousin Jo	l'autre

Les pronoms personnels

76 ▶ À quoi servent les pronoms personnels ?

Un pronom personnel permet à celui qui parle de **désigner** une personne **sans l'appeler par son nom**.

Delphine, devenue un bel ânon, était beaucoup plus petite que sa sœur, un solide percheron qui la dépassait d'une bonne encolure.
- **Tu** as un beau poil, dit-**elle** à sa sœur, et si **tu** voyais ta crinière, **je** crois que **tu** serais contente.

Les contes bleus du chat perché

I Le pronom *tu* désigne la sœur de Delphine. Les pronoms *elle* et *je* désignent Delphine elle-même. I

Les pronoms personnels changent selon la **personne** qu'ils désignent.

Pour ce qui est de bâtir, <u>Poule</u> s'y entendait. Et flip et flap et pique et poque, en quatre coups de bec **elle** vous entrelaçait des brindilles, des brins de paille, des tiges sèches, et déjà sa case prenait forme. ▪ Contes d'Afrique noire

❙ Le pronom *elle* désigne Poule ; c'est un pronom féminin de 3ᵉ personne du singulier. ❙

Ils varient aussi selon la **fonction** qu'ils occupent.

<u>La mer</u>, vous commencez à **la** connaître, **elle** s'occupe de tant de choses à la fois qu'**elle** ne sait plus raconter les histoires. ▪ Bulle ou la voix de l'océan

❙ *la, elle, elle* désignent *la mer* ; *la* est un pronom COD ; *elle* est un pronom sujet. ❙

Observez bien <u>un barbu</u> manger, et vous verrez que, même s'**il** ouvre grand la bouche, il **lui** est difficile d'avaler du ragoût, de la glace ou de la crème au chocolat sans en laisser des traces sur sa barbe. ▪ Les deux gredins

❙ *il, lui* désignent *un barbu* ; *il* est un pronom sujet ; *lui* est un pronom COI. ❙

Et comment le gros méchant <u>lion</u> d'Afrique de la voisine du dessus a-t-**il** pu dévorer la pauvre gazelle d'Afrique avec de grands yeux du voisin du dessous ? ▪ Les meilleurs contes d'Astrapi

❙ Le pronom *il* désigne le lion ; c'est un pronom masculin singulier de 3ᵉ personne. ❙

Tableau récapitulatif

		SUJET	COD	COI	CC DE LIEU
SINGULIER	1re PERS.	je	me	me	
	2e PERS.	tu	te	te	
	3e PERS.	il, elle, on	le, la, en	lui, en, y	en, y
PLURIEL	1re PERS.	nous	nous	nous	
	2e PERS.	vous	vous	vous	
	3e PERS.	ils, elles	les	leur, en, y	en, y

78 ▶ *Quelle est la forme renforcée des pronoms personnels ?*

Lorsqu'on veut **insister** sur la personne dont on parle, on utilise la forme renforcée des pronoms personnels : **moi, toi, lui, elle, nous, vous, eux, elles** ; **à moi, pour toi**...

Nous, on regardait partout, et le monsieur courait dans le magasin en criant : « Non, non, ne touchez pas ! Ça casse ! » **Moi**, il me faisait de la peine, le monsieur. Ça doit être énervant de travailler dans un magasin où tout casse.

Les récrés du petit Nicolas

Corentin est venu, il a dit bonjour à Maman, à Papa et on s'est donné la main. Il a l'air assez chouette, pas aussi chouette que les copains de l'école, bien sûr, mais il faut dire que les **copains** de l'école, **eux**, ils sont terribles.

Le petit Nicolas et les copains

85

Dans quel ordre placer les pronoms le, la, les et lui, leur employés ensemble ?

> Les pronoms personnels COD **le**, **la**, **les** se placent **avant** les pronoms personnels COI **lui**, **leur** (le leur, le lui, la leur, la lui, les lui).

Le fauteuil s'avance au coin de la cheminée et commence son discours :
- Quand le chat Hector veut venir dormir sur mon siège, il me demande poliment la permission et me remercie quand je **la lui** donne.

▪ Les coups en dessous

80 ▶ **Quand remplacer un nom par en ?**

> Le pronom personnel **en** permet de remplacer un nom **non dénombrable** (herbe, soupe) en fonction de **COD**.
>
> ▷ paragraphe 69

- Attends, j'en connais une qui va te faire sécher, dit le lièvre. Qu'est-ce que je peux battre à grands coups sans laisser de trace ?
- J'habite à côté et j'**en** bois, dit la tortue. C'est l'<u>eau.</u>

▪ Contes d'Afrique noire

▌ j'<u>en</u> bois = je bois <u>de l'eau</u> **▌**
  COD   COD

> Le pronom personnel **en** permet aussi de remplacer un nom (objet, animal, idée) en fonction de **COI**.
>
> ▷ paragraphe 41

- Oh ! je t'en prie, excuse-moi ! s'écria de nouveau Alice, car, cette fois-ci, la Souris était toute hérissée, et la petite fille était sûre de l'avoir offensée gravement. Nous ne parlerons plus <u>de ma chatte</u>, puisque ça te déplaît.
- *Nous* n'**en** parlerons plus ! s'écria la Souris qui tremblait jusqu'au bout de la queue.

▪ Alice au pays des merveilles

▎ *nous n'<u>en</u> parlerons plus = nous ne parlerons plus <u>de ma chatte</u>* ▎
  COI   COI

Attention : On emploie **de lui** (de moi, de toi...) pour remplacer les noms COI qui représentent des **êtres humains**.

Agnan s'est mis à crier et à pleurer, il a dit que personne ne l'aimait, que c'était injuste, que tout le monde profitait **de lui**, qu'il allait mourir et se plaindre à ses parents, et tout le monde était debout, et tout le monde criait ; on rigolait bien.

▪ Le petit Nicolas et les copains

▎ *tout le monde profitait <u>de lui</u> = tout le monde profitait <u>d'Agnan</u>* ▎
  COI   COI

Le pronom personnel **en** permet enfin de remplacer un nom (objet, animal, idée) en fonction de **complément de lieu**.

Paul l'ours blanc prit un bain dans un <u>geyser</u> fumant. Il trouva cela horrible mais il **en** ressortit aussi blanc que la neige, et sa famille le regarda avec une grande admiration.

▪ La conférence des animaux

▎ *il <u>en</u> ressortit = il ressortit <u>du geyser</u>* ▎
  CC lieu   CC lieu

> Le pronom personnel **y** permet de remplacer un nom
> (objet, animal, idée) en fonction de **COI**.

La fermière eut beau mitonner <u>des pâtées délicieuses</u>, supplier
Antoine d'y goûter, le jeune porc continua obstinément à
réclamer des citrons pressés, des pamplemousses sans sucre,
des biscottes sans sel et des yoghourts à zéro pour cent de
matière grasse.   ▪Le mouton noir et le loup blanc

▌*d'y goûter = de goûter <u>aux pâtées délicieuses</u>* ▌
  COI   COI

Attention : On emploie **à lui** (à moi, à toi…) pour remplacer
les noms COI qui représentent des êtres humains.

Autrefois, près du village au bord du fleuve vivait un <u>jaguar</u>
très rusé. Quand un problème survenait dans la grande forêt,
on faisait toujours appel **à lui**.   ▪Le roi des piranhas

▌*on faisait toujours appel <u>à lui</u> = on faisait toujours appel <u>au jaguar</u>* ▌
                             COI   COI

> Le pronom personnel **y** permet de remplacer un nom en
> fonction de **complément de lieu**.

- J'ai traversé une <u>terre</u> jusqu'ici inconnue, révélait un jour
mon ami, le professeur Rouboroubo… Il y faisait tellement
chaud, tellement sec, que les vaches donnaient du lait en
poudre.   ▪Réponses bêtes à des questions idiotes

▌*il y faisait tellement chaud =*
  CC lieu

il faisait tellement chaud <u>sur cette terre inconnue</u> ▌
                                     CC lieu

Les pronoms possessifs

82 ▶ À quoi servent les pronoms possessifs ?

Les pronoms possessifs permettent de remplacer un nom en indiquant **la personne qui possède** l'objet ou l'être animé désigné par le nom.

La maîtresse s'est mise à crier, elle nous a donné des retenues, et Geoffroy a dit que si on ne retrouvait pas sa montre, il faudrait que la maîtresse aille parler à son père, et Joachim a dit qu'il faudrait qu'elle aille parler **au sien** aussi, pour le coup du coupe-papier.

▪ Joachim a des ennuis

❚ au sien = au père de Joachim ❚

Tout le monde le sait, un visage sans barbe, comme **le vôtre** ou **le mien**, se salit si on ne le lave pas régulièrement.

▪ Les deux gredins

❚ le vôtre = votre visage ❚

❚ le mien = mon visage ❚

83 ▶ Quels sont les pronoms possessifs ?

Les pronoms possessifs changent de forme selon **la** ou **les personnes qui possèdent**.

C'est moi qui possède : *le mien, la mienne, les miens, les miennes.*
C'est elle qui possède : *le sien, la sienne, les siens, les siennes.*
Ce sont eux qui possèdent : *le leur, la leur, les leurs.*

Les pronoms possessifs varient en **genre** et en **nombre**. Ils prennent le genre et le nombre de ce qui est **possédé**.

mon vélo → _le mien_
masculin singulier   masculin singulier

ma bicyclette → _la mienne_
féminin singulier   féminin singulier

Tableau récapitulatif

	Un seul objet est possédé		Des objets sont possédés	
	MASCULIN	FÉMININ	MASCULIN	FÉMININ
c'est à moi	le mien	la mienne	les miens	les miennes
c'est à toi	le tien	la tienne	les tiens	les tiennes
c'est à lui, c'est à elle	le sien	la sienne	les siens	les siennes
c'est à nous	le nôtre	la nôtre	les nôtres	les nôtres
c'est à vous	le vôtre	la vôtre	les vôtres	les vôtres
c'est à eux, c'est à elles	le leur	la leur	les leurs	les leurs

Attention :

● Les pronoms **le nôtre** et **le vôtre** prennent un accent circonflexe, alors que les adjectifs **notre** et **votre** s'écrivent sans accent.

● **Leur** ne change pas de forme au féminin : **le leur, la leur**.

Les pronoms démonstratifs

84 ▶ À quoi sert le pronom démonstratif ?

Les pronoms démonstratifs permettent de désigner sans les nommer un objet, une personne ou un événement en les distinguant **comme si on les montrait** du doigt.

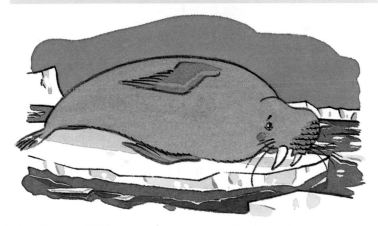

Celui-là c'est l'éléphant de mer, mais il n'en sait rien.

Contes pour enfants pas sages

Son grand projet c'est de retourner chez les chevaux pour leur dire : « Il faut que **cela** change » et les chevaux demanderont : « Qu'est-ce qui doit changer ? » et lui, il répondra : « C'est notre vie qui doit changer, elle est trop misérable, nous sommes trop malheureux, **cela** ne peut pas durer. » Mais les plus gros chevaux, les mieux nourris, **ceux** qui traînent les corbillards des grands de ce monde, les carrosses des rois et qui portent sur la tête un grand chapeau de paille de riz, voudront l'empêcher de parler [...]

Contes pour enfants pas sages

> Certains pronoms démonstratifs **changent de forme** selon le **genre** et le **nombre** du **nom qu'ils remplacent** *(celui, ceux, celle, celles, celui-ci, celle-ci...).*

As-tu déjà réuni en tas toutes les bulles de l'océan Indien pour affirmer que **celle-ci** est la plus belle ?
▬ Bulle ou la voix de l'océan

I *celle-ci*	=	*cette bulle* **I**
féminin singulier		féminin singulier

> D'autres pronoms démonstratifs *(ce, c', ceci, cela, ça)* ne remplacent pas un nom mais représentent un événement, une opinion... Ils **ne changent pas de forme.**

- Bien. Nous allons passer au jeu suivant. Tout le monde face à la mer. Au signal, vous allez tous à l'eau ! Prêts ? Partez !
Ça, ça nous plaisait bien, ce qu'il y a de mieux à la plage, avec le sable, **c'**est la mer.
▬ Les vacances du petit Nicolas

Tableau récapitulatif

	Singulier		Pluriel		Invariable
	MASCULIN	FÉMININ	MASCULIN	FÉMININ	
Formes simples	celui	celle	ceux	celles	ce/c'
Formes composées	celui-ci celui-là	celle-ci celle-là	ceux-ci ceux-là	celles-ci celles-là	ceci cela, ça

86 ▶ À quoi servent les formes composées ?

> Les formes composées *(celui-ci, celui-là...)* permettent de distinguer deux objets selon qu'ils sont **proches** ou **éloignés**.

- Ce sont **ceux-là**, a dit le directeur, ceux dont je vous ai parlé.
- Ne vous inquiétez pas, Monsieur le Directeur, a dit le docteur, nous sommes habitués ; avec nous, ils marcheront droit. Tout va se passer dans le calme et le silence.
Et puis on a entendu des cris terribles ; c'était le Bouillon qui arrivait en traînant Agnan par le bras.
- Je crois, a dit le Bouillon, que vous devriez commencer par **celui-ci** ; il est un peu nerveux. ▪Le petit Nicolas et les copains

Les pronoms indéfinis

87 ▶ Qu'appelle-t-on pronom indéfini ?

> Les pronoms indéfinis **aucun**, **rien**, **personne** permettent de ne considérer **aucun des éléments** d'un groupe.

Il était une fois une histoire, une très, très belle histoire, mais que **personne** n'avait jamais écrite ni racontée, parce que **personne** ne la connaissait. ▪Histoire du prince Pipo

- Eh ! les gars, nous a dit Joachim en sortant de l'école, si on allait camper demain ?
- C'est quoi, camper ? a demandé Clotaire, qui nous fait bien rigoler chaque fois parce qu'il ne sait **rien** de rien. ▪Le petit Nicolas et les copains

> Le pronom indéfini **tous** (toutes, tout) permet de désigner **tous les éléments** d'un groupe.

Le Bouillon, c'est notre surveillant, et il se méfie quand il nous voit **tous** ensemble, et comme nous sommes toujours ensemble, parce qu'on est un chouette tas de copains, le Bouillon se méfie tout le temps. ▪Le petit Nicolas et les copains

> Les pronoms indéfinis **certains** (certaines), **les uns** (les unes), **les autres**, **quelques-uns** (quelqu'un, quelques-unes), **chacun** (chacune)... permettent de désigner **certains éléments** d'un groupe.

Pendant des jours, pendant des semaines, la pauvre histoire chercha en vain **quelqu'un** qui pût l'écrire ou qui voulût la raconter. Mais **aucun** ne voulait l'accepter telle quelle. **Les uns** la trouvaient trop ceci et pas assez cela. **Les autres**, au contraire, lui reprochaient d'être trop cela et pas assez ceci. **Chacun** voulait l'améliorer à sa manière, et ne cherchait qu'à la défigurer. ▪Histoire du prince Pipo

Les pronoms relatifs

88 ▶ *Qu'est-ce qu'un pronom relatif ?*

> Un pronom relatif **introduit** une proposition relative.

J'ai repéré un coin tranquille,
Où je me rends, hors de la ville.
Un endroit idéal, la clairière rêvée
Pour s'empiffrer en paix de chocolats fourrés. ▪Sales bêtes

Le premier orphelin **qui** <u>monta sur l'estrade</u> était un agneau **qui** <u>fut aussitôt adopté par un gros mouton de l'assemblée.</u> Suivit un marcassin **qu'**<u>une famille de sangliers réclama</u>, et le défilé des orphelins continua ainsi sans incident jusqu'au moment où un vieux renard prétendit adopter les deux canetons **que** <u>les petites avaient rencontrés dans la matinée.</u>

▪ Les contes bleus du chat perché

Tableau récapitulatif

Formes simples	qui, que, qu', dont, où
Formes composées **(article + quel)**	lequel, laquelle, lesquels, lesquelles auquel, à laquelle, auxquels, auxquelles duquel, de laquelle, desquels, desquelles

89 ▶ Qu'est-ce que l'antécédent du pronom relatif ?

Le mot que le pronom relatif **remplace** s'appelle **antécédent** du pronom relatif. Il est placé **avant** le pronom relatif.

1. Gaspard aimait beaucoup flairer-mordre-mâcher-mâchouiller-manger **les herbes**.
2. **Les herbes** poussent dans le fond du jardin.

→ Gaspard aimait beaucoup flairer-mordre-mâcher-mâchouiller-manger **les herbes qui** poussent dans le fond du jardin.

▪ Le chat qui parlait malgré lui

❚ Le pronom relatif *qui* évite de répéter le mot *herbes*. Le mot *herbes* est l'antécédent du pronom relatif *qui*. ❚

Les pronoms

■ On emploie un pronom pour ne pas répéter un nom ou un GN. Quel que soit le pronom utilisé, on doit être sûr que celui à qui l'on s'adresse pourra savoir de qui ou de quoi l'on parle.

■ Les pronoms **personnels** représentent les personnes qui parlent *(je, nous)*, à qui on parle *(tu, vous)* ou dont on parle *(il, elle, ils, elles)*.

■ Les pronoms **possessifs** permettent de désigner un être vivant ou un objet en indiquant en même temps à qui il appartient : *le mien, le sien...*

■ Les pronoms **démonstratifs** désignent une personne ou un objet sans utiliser son nom : *celui-ci, celle-ci...*

■ Les pronoms **indéfinis** *(chacun, tous, aucun, certains, les uns, les autres)* permettent de désigner tous les éléments, certains des éléments ou aucun des éléments d'un groupe.

■ Les pronoms **relatifs** *(qui, que, où...)* permettent de ne pas répéter le nom de l'antécédent qu'ils remplacent.

DISTINGUER LES PRÉPOSITIONS DES CONJONCTIONS DE COORDINATION

Les conjonctions de coordination et les prépositions ont dans la phrase des rôles très différents.

90 ▶ À quoi servent les prépositions ?

Les prépositions (**avec**, **pour**, **à**, **de**…) servent à relier un nom ou un groupe nominal au reste de la phrase.

Delphine, l'aînée, et Marinette, la plus blonde, jouaient **dans** la cuisine **à** pigeon vole, **aux** osselets, **au** pendu, **à** la poupée et **à** loup-y-es-tu.

⎸Les contes rouges du chat perché

Une préposition peut changer le **sens** de la phrase.

- Et qu'est-ce qu'on va faire **avec** nos têtards ? a demandé Clotaire.

⎸Les récrés du petit Nicolas

❙ → Et qu'est-ce qu'on va faire **sans** nos têtards ? **❙**

> Les prépositions indiquent la **fonction** que le nom ou le groupe qu'elles introduisent occupe dans la phrase.

C'est l'anniversaire de ma maman et j'ai décidé de lui acheter un cadeau comme toutes les années **depuis** l'année dernière, parce qu'avant j'étais trop petit.

J'ai pris les sous qu'il y avait **dans** ma tirelire et il y en avait beaucoup, heureusement, parce que, par hasard, maman m'a donné de l'argent hier.

Le petit Nicolas

I *Depuis* indique **quand** se passe ce que Nicolas raconte ; *dans* indique **où** se trouve l'argent. I

91 ▶ *Quelles sont les principales prépositions ?*

> Les prépositions peuvent compter un ou plusieurs mots.

à – dans – de – pour – sans
à cause de – grâce à – loin de

> Certaines prépositions ont un sens précis, limité ; d'autres ont de nombreux sens différents.

Lotion insecticide **pour** moutons. Soigne les toisons malades, débarrasse des tiques et des puces. Mélanger une cuillerée **dans** cinq litres d'eau, et en arroser la toison.

Attention ! ne pas dépasser la dose prescrite, sinon le mouton se retrouvera tout nu.

La potion magique de Georges Bouillon

I La préposition *pour* indique le but ; la préposition *dans* indique le lieu. I

Tableau récapitulatif

PRÉPOSITION	INTRODUIT DES COMPLÉMENTS EXPRIMANT
à	la fonction : *une tasse à café* la qualité : *une veste à carreaux* le lieu : *à Montpellier, au café* le temps : *à dix heures*
après	le temps : *après le dîner*
avant	le temps : *avant midi*
avec	la manière : *avec douceur* le moyen : *avec un crayon de couleur* l'accompagnement : *avec Gabriel*
chez	le lieu : *chez le coiffeur*
dans	le lieu : *dans le salon* le temps : *dans trois jours*
de	la cause : *vert de peur* le contenu : *une assiette de soupe* la manière : *de bonne humeur* la matière : *une boule de cristal* le lieu : *de la plage, du village* la possession : *le camion de papa* le temps : *de cinq à six heures*
depuis	le temps : *depuis un mois*
derrière	le lieu : *derrière le lit*
dès	le temps : *dès le coucher du soleil*
devant	le lieu : *devant la fenêtre*

PRÉPOSITION	INTRODUIT DES COMPLÉMENTS EXPRIMANT
en	la manière : *en avion* la matière : *un sol en marbre* le lieu : *en Bretagne* le temps : *en trois secondes*
entre	le lieu : *entre les deux fauteuils* le temps : *entre cinq et six heures*
malgré	la concession : *malgré ce malentendu*
par	l'agent : *Il a été surpris par la pluie.* le lieu : *par là-bas* la manière : *par hasard* le moyen : *par avion*
parmi	le lieu : *parmi les enfants*
pendant	le temps : *pendant les vacances*
pour	le but : *pour courir plus vite* le temps : *pour la semaine prochaine*
sans	l'accompagnement : *sans ses parents* la manière : *sans barbe* le moyen : *sans marteau*
sauf	l'exclusion : *sauf Gabriel*
sous	le lieu : *sous un tas de feuilles mortes*
sur	le lieu : *sur la terrasse*
vers	le lieu : *vers le carrefour* le temps : *vers le milieu de la nuit*

PRÉPOSITION	INTRODUIT DES COMPLÉMENTS EXPRIMANT
à cause de	la cause : *à cause du mauvais temps*
à condition de	la condition : *à condition de vouloir*
à la manière de	la comparaison : *écrire une fable à la manière de La Fontaine*
à travers	le lieu : *à travers champs* le temps : *à travers les siècles*
afin de	le but : *afin de vous satisfaire*
au-delà de	le lieu : *au-delà de la vallée* le temps : *au-delà de l'été*
au-dessous de	le lieu : *au-dessous de l'arbre*
au-dessus de	le lieu : *au-dessus du garage*
de manière à	le but, la conséquence : *de manière à éviter les embouteillages*
dans l'intention de	le but : *dans l'intention de vous plaire*
en raison de	la cause : *en raison de la tempête*
en face de	le lieu : *en face de la boulangerie*
grâce à	la cause : *grâce à ton aide*
jusqu'à	le lieu : *jusqu'à la Lune* le temps : *jusqu'à notre retour*
loin de	le lieu : *loin de toi, loin des maisons*
près de	le lieu : *près de toi, près des maisons*

92 ▶ Quels éléments de la phrase les prépositions relient-elles?

Une préposition peut relier un **GN** au **verbe** de la phrase.

Si tu vas **dans** les bois,
Prends garde **au** léopard.
Il miaule **à** mi-voix
Et vient **de** nulle part.

Chantefables et Chantefleurs

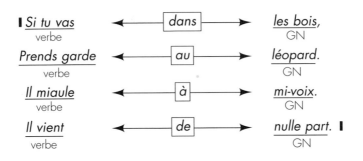

Elle peut aussi relier un **GN** à un autre **nom** ou à un **adjectif**.

Là où on a discuté, c'est quand Agnan a demandé qu'on lui donne un sifflet. Le seul qui en avait un, c'était Rufus, dont le papa est agent **de** police.
« Je ne peux pas le prêter, mon sifflet **à** roulette, a dit Rufus, c'est un souvenir **de** famille. »

Le petit Nicolas

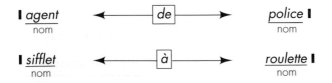

102

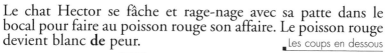

Le chat Hector se fâche et rage-nage avec sa patte dans le bocal pour faire au poisson rouge son affaire. Le poisson rouge devient blanc **de** peur. *Les coups en dessous*

I *blanc* ◄————— de ————► *peur* **I**
   adjectif   adjectif

> Elle peut enfin relier un **verbe** au **verbe** de la phrase.

- C'est un de mes amis... un Chat du comté de Chester. Permettez-moi **de** vous le présenter.
- Je n'aime pas du tout sa mine, déclara le Roi. Néanmoins, je l'autorise **à** me baiser la main, s'il le désire.
- J'aime mieux pas, riposta le Chat. *Alice au pays des merveilles*

I *Permettez-moi* ◄————— de ————► *vous le présenter.* **I**
  verbe   verbe

I *Je l'autorise* ◄————— à ————► *me baiser la main.* **I**
  verbe   verbe

93 ► À quoi servent les conjonctions de coordination ?

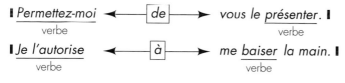

> Les conjonctions de coordination **mais, ou, et, ni** relient des **mots** qui occupent la **même fonction** (sujet, COD...).

Je voulais aller très loin, très loin, là où papa et maman ne me trouveraient pas, en Chine ou à Arcachon où nous avons passé les vacances l'année dernière et c'est drôlement loin de chez nous, il y a la mer et des huîtres. *Le petit Nicolas*

I *papa et maman* : sujets coordonnés par *et* **I**
I *en Chine ou à Arcachon* : CC de lieu coordonnés par *ou* **I**

> Les conjonctions de coordination **mais, ou, et, or, ni, car**
> servent à relier des **propositions**.

Moi, j'aime bien la pluie quand elle est très forte, parce qu'alors je ne vais pas à l'école **et** je reste à la maison **et** je joue au train électrique. **Mais** aujourd'hui, il ne pleuvait pas assez **et** j'ai dû aller en classe.

Le petit Nicolas et les copains

▮ *parce qu'alors je ne vais pas à l'école et je reste à la maison et je joue au train électrique* : *et* coordonne trois propositions subordonnées de cause. ▮

▮ *Mais aujourd'hui, il ne pleuvait pas assez et j'ai dû aller en classe* : *mais* coordonne cette phrase à la phrase précédente ; *et* coordonne deux propositions indépendantes. ▮

94 ▶ *Quel est le sens des conjonctions de coordination ?*

CONJONCTIONS	PRINCIPAUX SENS
car	cause : *Il reste au lit ce matin **car** il est en vacances.*
et	addition : *Paul **et** Marc sont là.*
mais	opposition : *Maxime serait bien sorti, **mais** il a la grippe.*
ni	négation : *Anne n'avait jamais été **ni** malade **ni** absente.*
ou	alternative : *Choisis : le camion **ou** le train.*
or	objection : *Elles avaient dit qu'elles viendraient, **or** personne ne les a vues.*

104

95 ▶ Comment distinguer les prépositions et les conjonctions de coordination ?

> Les prépositions relient deux mots qui ont des fonctions **différentes**. Les conjonctions de coordination relient deux mots qui ont la **même fonction**.

C'est ainsi que je pus observer le terrible rire **des** crocodiles : le rire qui tue, qui tue les crocodiles. **Car** plus ils riaient **et** plus ils ouvraient la gueule. Ils l'ouvrirent comme ça jusqu'à la queue et chaque crocodile, au dernier éclat de rire se sépara en deux.

Réponses bêtes à des questions idiotes

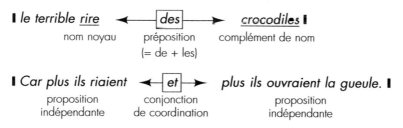

I *le terrible* <u>rire</u> ◀—— *des* ——▶ <u>crocodiles</u> I
    nom noyau   préposition   complément de nom
               (= de + les)

I *Car plus ils riaient* ◀—— *et* ——▶ *plus ils ouvraient la gueule.* I
    proposition   conjonction   proposition
    indépendante de coordination   indépendante

résumé

Les prépositions et les conjonctions de coordination

■ Les prépositions relient des mots qui ont des **fonctions différentes**.

■ Les conjonctions de coordination relient des mots ou des propositions de **même fonction**.

RECONNAÎTRE UN ADVERBE

Les adverbes sont des mots invariables qui permettent de préciser dans quelles circonstances se déroule une action.

Rôle et formation des adverbes

96 ▶ À quoi servent les adverbes ?

Les adverbes précisent les **circonstances** de lieu, de temps ou de manière dans lesquelles se déroule l'**action** présentée par le **verbe**.

[Alice] était si troublée qu'elle en oublia combien elle avait grandi pendant les quelques dernières minutes, et elle se leva d'un bond, si **brusquement** qu'elle renversa le banc des jurés avec le bas de sa jupe. Les jurés dégringolèrent sur la tête des assistants placés **au-dessous**, puis ils restèrent étalés les quatre fers en l'air, lui rappelant **beaucoup** les poissons rouges d'un bocal qu'elle avait renversé par accident huit jours **auparavant**.

▪ Alice au pays des merveilles

▌ Les adverbes *brusquement, beaucoup* indiquent la manière ; l'adverbe *au-dessous* indique le lieu ; l'adverbe *auparavant* indique le temps. ▌

Les adverbes indiquent le **degré** d'une **qualité** ou d'un **défaut**.

Quand une histoire est **vraiment** <u>belle</u>, on la retient ! Si je l'ai oubliée, c'est qu'elle n'était pas **si** <u>belle</u> que ça !
- Si, si, je suis **très** <u>belle</u> ! cria l'histoire de toutes ses forces.

Histoire du prince Pipo

I Les adverbes *vraiment, si, très* indiquent le degré de ***belle***. **I**

Les adverbes donnent des informations sur ce que **pense celui qui parle**.

Heureusement, je sais bien lire l'heure, pas comme l'année dernière quand j'étais petit et j'aurais été obligé tout le temps de demander aux gens quelle heure il est à ma montre, ce qui n'aurait pas été facile.

Les récrés du petit Nicolas

I L'adverbe *heureusement* exprime la joie de celui qui parle. **I**

97 ▶ *Sur quoi portent les adverbes ?*

Ils peuvent modifier le **sens** d'un verbe, d'un adjectif qualificatif ou d'un autre adverbe.

- Seulement, comme personne ne m'attendait à la gare, j'ai préféré laisser ma valise à la consigne ; elle est **très** <u>lourde</u>. J'ai pensé, gendre, que vous pourriez aller la chercher... Papa a regardé Mémé, et il est ressorti sans rien dire. Quand il est revenu, il avait l'air **un peu** <u>fatigué</u>. C'est que la valise de Mémé était **très** <u>lourde</u> et **très** <u>grosse</u>, et Papa devait la porter avec les deux mains.

Joachim a des ennuis

I L'adverbe *très* modifie les **adjectifs** *lourde* et *grosse* ; *un peu* modifie l'**adjectif** *fatigué*. **I**

- Ça va durer longtemps, votre petite conversation ? a crié le professeur de gymnastique, qui ne bougeait plus les bras parce qu'il les avait croisés. Ce qui <u>bougeait</u> **drôlement**, c'étaient ses trous de nez, mais je ne crois pas que c'est en faisant ça qu'on aura des muscles.

Les vacances du petit Nicolas

I L'adverbe *drôlement* modifie le **verbe** *bougeait*. **I**

Il n'avait jamais rencontré de sorcière de sa vie, mais il pensait que dans ce cas-là, il n'y avait que deux choses à faire : un, avoir peur ; deux, s'enfuir **le plus** <u>vite</u> possible.

Le chevalier désastreux

I L'adverbe *le plus* modifie l'**adverbe** *vite*. **I**

98 ▶ Sous quelles formes se présentent les adverbes ?

Les adverbes se présentent sous trois formes différentes : des mots simples, des groupes de mots, des mots terminés par -ment.

● **Des mots simples**
hier   ici   maintenant

● **Des groupes de mots**
tout à coup
au fur et à mesure
ne... pas
jusque-là

● **Des mots terminés par -ment**
lentement

99 ▶ **Comment se forment les adverbes en -ment ?**

La plupart des adverbes terminés par **-ment** se forment en ajoutant **-ment** au **féminin de l'adjectif**.

courag**euse** ⇝ courag**eusement**
clair**e** ⇝ clair**ement**
gai**e** ⇝ gai**ement**

Exceptions : jol**ie** ⇝ jol**iment**   vra**ie** ⇝ vra**iment**

Les adjectifs terminés par **-ent** forment leurs adverbes en **-emment**.

prud**ent** ⇝ prud**emment**
impati**ent** ⇝ impati**emment**

Exception : l**ent** ⇝ l**entement**

Les adjectifs terminés par **-ant** forment leurs adverbes en **-amment**.

brill**ant** ⇝ brill**amment**
sav**ant** ⇝ sav**amment**

Le sens des adverbes

100 ▶ *Quels sont les différents adverbes ?*

Adverbes de lieu	ailleurs - autour - avant - dedans - dehors - derrière - dessous - dessus - devant - ici - là - loin - partout - près
Adverbes de temps	alors - après - après-demain - aujourd'hui - aussitôt - avant - avant-hier - bientôt - déjà - demain - depuis - encore - enfin - ensuite - hier - jamais - longtemps - maintenant - parfois - puis - quelquefois - soudain - souvent - tard - tôt - toujours
Adverbes de manière	ainsi - bien - comme - debout - ensemble - exprès - gratis - mal - mieux - plutôt - vite - *et les adverbes en - ment :* rapidement - doucement...
Adverbes de quantité	assez - aussi - autant - beaucoup - moins - peu - plus - presque - tout - très
Adverbes d'affirmation et de négation	oui - peut-être - ne... pas - ne... plus - ne... rien - ne... jamais - non - si - vraiment

101 ▶ *Qu'est-ce qu'un adverbe de lieu ?*

Les adverbes comme : *ici, là, là-bas, ailleurs, loin, dessus, dessous, devant, derrière...* précisent l'**endroit** où se déroule une action. Ils sont directement reliés au verbe.

Le pic-vert est très délicat.
Il frappe quatre coups de bec.
Le ver répond qu'il n'est pas **là**.
Le pic s'entête et d'un coup sec
gobe le ver qui n'est pas **là**.

Enfantasques

I *le   ver   n'est   pas   là* I
               verbe   adverbe

Devant, à côté de la maîtresse, il y avait Agnan. C'est le premier de la classe et le chouchou de la maîtresse. Nous, on ne l'aime pas trop, mais on ne tape pas beaucoup **dessus** à cause de ses lunettes.

Les récrés du petit Nicolas

I *Devant ,   il y avait   Agnan.* I
adverbe   verbe

I *On ne tape pas beaucoup dessus.* I
      verbe   adverbe

🅐**ttention** : **devant**, **derrière** sont aussi des prépositions.

Le patron du bateau n'a pas hissé les voiles, comme l'avait demandé M. Lanternau, parce qu'il n'y avait pas de voiles sur le bateau. Il y avait un moteur qui faisait potpotpot et qui sentait comme l'autobus qui passe **devant la maison**, chez nous.

Les vacances du petit Nicolas

I *l'autobus qui passe* ← 🔲*devant* → *la maison* I
             verbe   préposition   groupe nominal

Qu'est-ce qu'un adverbe de temps ?

Les adverbes comme : *hier, demain, longtemps, la veille, le lendemain...* précisent la **période** où se déroule une action, ou la **durée** de cette action.

Ce qu'elle avait de bien, ma montre, c'est qu'elle avait une grande aiguille qui tournait plus vite que les deux autres qu'on ne voit pas bouger à moins de regarder bien et **longtemps.**

Les récrés du petit Nicolas

Tableaux des emplois des adverbes de temps

Action dans le passé	Action dans l'avenir
hier, avant-hier	demain, après-demain
la veille	le lendemain
récemment	sous peu
dernièrement	prochainement
autrefois, jadis	bientôt
jusqu'ici	dorénavant
auparavant	désormais

Action courte et brutale	Action qui dure ou se répète
soudain	longtemps
tout à coup	d'habitude
brusquement	habituellement
subitement	régulièrement
aussitôt	progressivement
tout de suite	par moments

103 ▶ *Qu'est-ce qu'un adverbe de manière ?*

Les adverbes de manière comme : *doucement, gentiment, rapidement, courageusement...* indiquent **de quelle manière** se déroule une action.

Le caniche nommé Mac Niche disait toujours :
- Un couple d'homme et de femme bien dressés dans une maison, ça réchauffe et ça tient compagnie.
Si on s'occupe un peu d'eux, si on les dresse **gentiment**, si on les récompense **régulièrement** et les élève **convenablement**, ils sont très faciles à vivre.

▪ Les animaux très sagaces

▌ *Gentiment, régulièrement* et *convenablement* sont des adverbes de manière : grâce à eux, on sait comment les animaux doivent dresser, récompenser, élever des êtres humains. Si on supprimait ces adverbes, on ne saurait pas comment les dresser, les récompenser et les élever :

➙ *Si on s'occupe un peu d'eux, si on les dresse, si on les récompense et les élève, ils sont très faciles à vivre.* ▌

104 ▶ *L'adverbe tout est-il invariable ?*

Non ! **Tout** est le seul adverbe dont la forme varie. Devant un adjectif qualificatif **féminin singulier** ou **pluriel** commençant par une **consonne**, **tout** s'écrit **toute** ou **toutes**.

Ce soir, la lune brille **toute** <u>claire</u> dans la nuit. Quand elle est grosse comme ça, Louis Bernard dit que c'est parce qu'elle a trop mangé de soupe au pistou.

▪ L'année du mistouflon

Puis, se penchant vers les Pâquerettes qui s'apprêtaient à recommencer, elle murmura :
- Si vous ne vous taisez pas tout de suite, je vais vous cueillir ! Il y eut un silence immédiat, et plusieurs Pâquerettes roses devinrent **toutes** <u>blanches</u>.

▪ De l'autre côté du miroir

Dans les autres cas, **tout** est **invariable**.

- Pardon, monsieur, a demandé Papa, le quai numéro 11, s'il vous plaît ?
- Vous le trouverez entre le quai numéro 10 et le quai numéro 12, a répondu le monsieur. Du moins, il était là-bas la dernière fois que j'y suis passé.
- Dites donc, vous… a dit Papa ; mais Maman a dit qu'il ne fallait pas s'énerver ni se disputer, qu'on trouverait bien le quai **tout** <u>seuls</u>.

▪ Les vacances du petit Nicolas

- Tumbly, corrigea le chevalier, messire Tumbly.
- Oh, pardon, s'excusa le dragon, messire Tumbly, si ça peut vous faire plaisir ! Mais vous ressemblez si peu à un chevalier. D'habitude, ils sont **tout** <u>emballés</u>, ce qui est pratique pour la cuisine. Ils cuisent dans leur armure comme dans un four : c'est absolument délicieux.

▪ Le chevalier désastreux

- Il faut punir les enfants, lui dit-elle, ils ont démonté la pendule du salon, le moulin à café de Maria, le piano à queue, la suspension de la salle à manger, le poste de T.S.F., et si on les laisse faire, ils vont démonter la maison **tout** <u>entière</u>.

▪ La maison qui s'envole

A **ttention :** Il ne faut pas confondre **tout adverbe** *(= complète-ment)* et **tout pronom indéfini**.

Nous, on regardait partout, et le monsieur courait dans le magasin en criant : « Non, non, ne touchez pas ! Ça casse ! » Moi, il me faisait de la peine, le monsieur. Ça doit être énervant de travailler dans un magasin où **tout** casse.

Les récrés du petit Nicolas

I Ici, *tout* ne peut être remplacé par *complètement*. *Tout* est un pronom indéfini qui désigne les objets du magasin. **I**

résumé

Les adverbes

■ Les adverbes sont des mots invariables qui servent à **modifier** le **sens** d'un verbe, d'un adjectif ou d'un autre adverbe.

■ Les adverbes se présentent sous la forme de mots simples *(hier)*, de groupes de mots *(tout à coup)* ou de mots terminés par -ment *(joyeusement)*.

RECONNAÎTRE UNE PHRASE

Une phrase dit quelque chose de quelqu'un ou de quelque chose.

105 ▶ Qu'est-ce qu'une phrase ?

> Une phrase répond aux deux questions suivantes :
> • **de qui** ou **de quoi parle-t-on ?**
> • **qu'est-ce qu'on en dit ?**

la truite avant d'enjamber
le pont enlève sa chemise
et plonge dans la Tamise

▪ Les animaux de tout le monde

I De quoi parle-t-on ? De la truite.
Qu'est-ce qu'on en dit ? On dit qu'elle enlève sa chemise et plonge dans la Tamise. **I**

106 ▶ Quelles sont les deux parties de la phrase ?

> Une première partie de la phrase nous dit **de quelle personne, de quel objet** ou **de quelle idée on parle**.

L'araignée à moustaches
Porte de belles lunettes
Et joue de la clarinette
Du tambour de la trompette

▪ Le rire en poésie

I De quoi parle-t-on ? De l'araignée à moustaches. **I**

> Une deuxième partie de la phrase répond à la question :
> qu'est-ce qu'on dit de la personne, de l'objet ou de l'idée
> dont on parle ? Elle indique **comment ils sont**, ou **ce qu'ils
> font**, ou **ce qui leur arrive**.

Il y a de cela bien longtemps, les animaux n'avaient ni plume
ni poil sur la peau. Ils étaient tout nus, tout gris et pas très
jolis.
▪Benoît le diplodocus

I Qu'est-ce qu'on dit des animaux ? On dit comment ils étaient :
ils *n'avaient ni plume ni poil sur la peau, ils étaient tout nus, tout
gris et pas très jolis.* **I**

107 ▶ *Dans quelle partie de la phrase se trouve le verbe ?*

> Le **verbe** se trouve dans la partie de la phrase qui répond
> à la question : **qu'est-ce qu'on en dit** ?

- C'est un comble ! disait la sorcière de la rue Dépreuve. Le
gamin de la poissonnière m'a attaché une sardine fraîche dans
le dos, et il m'a demandé ensuite de lui prêter ma canne à
pêche !
▪Les sorcières sont NRV

I Le gamin   *m'a attaché une sardine dans le dos.* **I**
                               verbe
└DE QUOI PARLE-T-ON ?┘ └——————— QU'EN DIT-ON ? ———————┘

I ll   *m'a demandé de lui prêter ma canne à pêche.* **I**
  DE QUOI   verbe
└PARLE-T-ON ?┘ └——————————QU'EN DIT-ON ?———————┘

117

La plupart des phrases comportent un verbe, qui exprime une action ou un état. Mais certaines phrases peuvent être complètes **sans** comporter de **verbe**.

● *Une publicité*

Sac à dos Cheyenne 50 : la commode à bretelles de Décathlon.
└ DE QUOI PARLE-T-ON ?┘ └──────── QU'EN DIT-ON ?──────┘

● *Un titre*

           Pas si fous   ces Romains !
       └─QU'EN DIT-ON ? ─┘   └─DE QUOI PARLE-T-ON ?─┘

résumé

La phrase

■ Pour qu'une phrase ait un sens, il faut :
- indiquer de qui ou de quoi l'on parle ;
- dire quelque chose à propos de cette personne, de cet objet ou de cette idée.

■ La plupart des phrases ont un verbe, mais une phrase peut être complète sans comporter de verbe.

RECONNAÎTRE LA FONCTION SUJET

La fonction sujet indique la personne, l'animal ou l'objet dont on va dire quelque chose.

109▶ À quoi sert la fonction sujet ?

La fonction sujet indique quelle personne, quel animal ou quel objet **accomplit une action**.

Le saumon a la chair rose parce qu'il <u>se nourrit</u> de crevettes.
▪Le cornet à dés

▌ <u>Il</u>　　<u>se nourrit</u> de crevettes. ▌
sujet　　verbe d'action

La fonction sujet permet aussi d'indiquer quelle personne, quel animal ou quel objet **possède une qualité** particulière.

Le ver <u>est</u> un parfait animal domestique : plus fidèle que l'escargot, plus drôle que la limace, il ne risque pas, comme la coccinelle, de s'envoler.
▪Le ver, cet inconnu

▌ <u>Le ver</u>　　<u>est</u>　　un parfait animal domestique. ▌
sujet　　verbe d'état

119

La fonction sujet répond aux questions : **qui est-ce qui fait... ?** ou **qui est-ce qui est... ?**

Hugues avance en sautillant sur le chemin de l'école. **Son cartable** pèse très lourd : 500 grammes de mathématiques + 1 kilo de français + 700 grammes d'anglais + des crayons et des stylos pour 500 grammes, et combien ça fait tout ça ? **Hugues** est assez fort en additions, mais il fait beaucoup d'erreurs dans les autres opérations, même en base 10.

▪Les meilleurs contes d'Astrapi

❙ **Qui est-ce qui avance** en sautillant ? Hugues. *Hugues* est le sujet du verbe *avancer*.

Qu'est-ce qui pèse très lourd ? Son cartable. *Son cartable* est le sujet du verbe *peser*.

Qui est-ce qui est assez fort en additions ? Hugues. *Hugues* est le sujet du verbe *être*. ❙

On peut donc identifier le groupe sujet en le plaçant entre **c'est** et **qui**.

La Doyenne toqua à la porte du château.
- Qui est làààààààà ? répondit une voix caverneuse qui sentait le gaz car **l'Ogre** venait de dévorer l'employé du gaz venu relever le compteur.
▪Contes de la rue de Bretagne

❙ **C'est** la Doyenne **qui** toqua à la porte du château.

C'était l'Ogre **qui** venait de dévorer l'employé du gaz. ❙

111 ▶ *Quelle est la place du sujet ?*

> Le mot ou le groupe de mots qui occupe la fonction **sujet** se place en général **avant le verbe** de la phrase. On le distingue ainsi du complément d'objet direct qui, lui, est placé **après** le verbe.

Un **merle** tricotait
une paire de bas.

▪Au clair de la lune

❚ *Un merle tricotait une paire de bas.*
     sujet   COD

Une paire de bas tricotait un merle. ❚
     sujet   COD

> Jouer sur les fonctions des mots permet d'inventer des histoires extraordinaires !

Il était une fois un enfant qui posait des tas de questions. Il n'avait pas tort : c'est très bien de poser des questions. Le seul ennui, c'est qu'il n'était pas facile de répondre aux questions de cet enfant.

Par exemple, il demandait : « Pourquoi **les tiroirs** ont-ils des **tables** ? » [...]

Une autre fois il demandait : « Pourquoi les **queues** ont-elles des **poissons** ? » Ou bien : « Pourquoi les **moustaches** ont-elles des **chats** ? » Les gens hochaient la tête et s'en allaient à leurs affaires.

▪Histoires au téléphone

Non ! Le sujet est placé **après** le verbe dans une phrase **interrogative**.

- Pourquoi <u>restez</u>-**vous** assis tout seul sur ce mur ? demanda Alice qui ne voulait pas entamer une discussion.
- Mais, voyons, parce qu'il n'y a personne avec moi ! s'écria le Gros Coco.

■ De l'autre côté du miroir

Le sujet se trouve aussi après le verbe dans un dialogue, pour indiquer **qui parle**.

Rufus a dit qu'il ne se sentait pas bien.
- Vous l'avez dit à vos parents ? <u>a demandé</u> **M. Mouchabière**.
- Oui, <u>a dit</u> **Rufus**, je l'ai dit à ma maman ce matin.
- Et alors, <u>a dit</u> **M. Mouchabière**, pourquoi vous a-t-elle laissé venir à l'école, votre maman ?
- Ben, <u>a expliqué</u> **Rufus,** je le lui dis tous les matins, à ma maman, que je ne me sens pas bien. Alors, bien sûr, elle ne peut pas savoir.

■ Le petit Nicolas et les copains

Lorsque des adverbes comme *ainsi, peut-être, sans doute* sont placés **au début de la phrase** et que le sujet est un **pronom** personnel ou démonstratif, le sujet se place après le verbe.

<u>Peut-être n'était</u>-**ce** qu'une hallucination auditive mais j'entendis à ce moment-là un loup dire à un autre :
- Alors, on la mange ou pas ?
Je n'eus pas la force d'attendre la réponse.

■ Mémoires d'une vache

Enfin, on peut placer le sujet après le verbe pour le mettre en valeur.

Chez le plus grand chausseur se fournit le mille-pattes.
Un excellent client : cinq cents paires de souliers,
Des blancs, des bleus, des noirs, des chaussures disparates.

▪ La poésie dans tous ses états

113 ▶ Y a-t-il toujours un sujet dans une phrase ?

Oui ! Dans une phrase, un mot ou un groupe de mots occupe toujours la fonction sujet. **Si l'on supprimait le groupe sujet, la phrase n'aurait plus de sens.**

- Moi, a dit **Athanase**. L'été dernier, j'ai pêché un poisson comme ça ! et il a ouvert les bras autant qu'il a pu. Nous, **on** a rigolé parce qu'**Athanase** est très menteur ; c'est même le plus menteur de nous tous. ▪ Les vacances du petit Nicolas

▮ L'été dernier , j'   ai pêché un poisson comme ça !
  CC temps   sujet   COD

→ J'   ai pêché . ▮
sujet   verbe

Dans les expressions sur le temps qu'il fait, le sujet est **il**, même si ce pronom ne représente aucune personne, aucun animal ou objet.

Cette nuit, il a neigé sur la queue des dinosaures et le mufle des bisons ; il fait si froid que les cactus claquent des dents et que les champignons éternuent. ▪ Petit-Féroce est un génie

Le sujet est souvent un **nom** ou un **groupe nominal**.

Agnan n'avait pas l'air tellement content de me voir, il m'a tendu la main et c'était tout mou.
.Le petit Nicolas

Ce peut être un **pronom**.

J'ai appelé : « Monsieur Cochon, Monsieur Cochon, **vous** êtes là ? »
Et devinez ce qu'**il** m'a répondu, ce sale petit porc.
« Hors d'ici, Loup, et ne viens plus me déranger ! »
.La vérité sur l'affaire des trois petits cochons

C'est parfois un **infinitif**.

M. Pardigon a tapé sur le tableau avec son doigt au-dessus du mot « ame », juste là où il avait effacé l'accent et il a dit :
- **Enlever** à ce mot son accent qui ressemble à deux ailes c'est comme couper ses ailes à un oiseau.
.Chichois et la rigolade

C'est enfin, parfois, une **proposition**.

- Voilà la Chine, dit Marinette. C'est un pays où tout le monde a la tête jaune et les yeux bridés.
- Les canards aussi ? demanda le canard.
- Bien sûr. Le livre n'en parle pas, mais ça va de soi.
- Ah ! la géographie est quand même une belle chose… mais **ce qui doit être plus beau encore**, c'est de voyager.
.Les contes bleus du chat perché

❚ *ce qui doit être plus beau encore (= c')* est le sujet du verbe *est.* ❚

115 ▶ *Le sujet détermine-t-il l'accord du verbe ?*

Oui ! Il faut penser en particulier à écrire **s** à la fin du verbe si le sujet est à la 2ᵉ personne du singulier et **nt** si le sujet est à la 3ᵉ personne du pluriel.

Mais le renard revint à son idée :
- Ma vie est monotone. Je chasse les poules, <u>les hommes</u> me chasse**nt**. Toutes <u>les poules</u> se ressemble**nt**, et <u>tous les hommes</u> se ressemble**nt**. Je m'ennuie donc un peu. Mais, si <u>tu</u> m'apprivoise**s**, ma vie sera comme ensoleillée.   ▪Le petit prince

Attention à bien accorder le verbe avec le sujet !
▷ *paragraphes 164 à 168*

résumé

La fonction sujet

■ Le groupe qui exprime de qui ou de quoi l'on parle occupe la fonction de sujet. Ce groupe répond à la question **qui est-ce qui ?** ou **qu'est-ce qui ?** Il peut être encadré par **c'est… qui**.

■ La fonction sujet peut être occupée par des mots ou groupes de mots de natures différentes (nom, GN, pronom, infinitif, proposition).

RECONNAÎTRE
LA FONCTION ATTRIBUT DU SUJET

*Pour attribuer une qualité au sujet
de la phrase, on peut employer un
verbe d'état et un attribut du sujet.*

116 ▶ À quoi sert l'attribut du sujet ?

L'attribut du sujet permet d'indiquer dans une phrase **ce
qu'est** une personne, un animal ou une chose.

- Quand je <u>serai</u> **roi**, déclara le cochon, j'enfermerai les parents
dans une cage.
- Mais vous ne <u>deviendrez</u> jamais **roi**, dit le sanglier. Vous <u>êtes</u>
trop **laid**.

▪ Les contes rouges du chat perché

▌Ainsi, le cochon peut dire :

- ce qu'il sera : *Je serai <u>roi</u>* .
  attribut

- ou ce qu'il fera : *J'enfermerai <u>les parents</u>* . ▌
  COD

▌Et, de même, le sanglier peut donner son avis sur :

- ce que sera le cochon : *Vous ne deviendrez jamais <u>roi</u>* .
  attribut

- ce qu'il est : *Vous êtes trop <u>laid</u>* . ▌
  attribut

117 ▶ *Avec quels verbes trouve-t-on un attribut du sujet ?*

L'attribut du sujet se construit toujours avec un verbe comme **être**, **devenir**, **sembler**, **paraître**, **rester**, **demeurer**. On appelle ces verbes des **verbes d'état** pour les distinguer des verbes d'action *(courir, manger...)*.

Une sorcière pose directement sa perruque sur son cuir chevelu. Le dessous d'une perruque **est** toujours <u>rugueux</u>. Ce qui donne une affreuse démangeaison. Les sorcières appellent cela la gratouille de la perruque.

▪ Sacrées sorcières

118 ▶ *Comment distinguer l'attribut du sujet du COD ?*

Après un **verbe d'état**, on trouve **toujours** un **attribut** du sujet, jamais un COD.

Les rats <u>étaient</u> **extrêmement perplexes**.
Trottinant, remuant leur nez qu'ils ont fort long,
Sourcils en accent circonflexe,
Rats toujours inquiets de ce que l'on dira ;
Ils commencèrent des controverses de rats.

▪ Fables

▌ Les rats	étaient	extrêmement perplexes. ▌
sujet	verbe d'état	attribut du sujet

Un commando de rats en pays ennemi
<u>Découvrit</u> **un chat endormi**.
Il avait, par erreur, lapé un somnifère.

▪ Fables

▌ Un commando de rats	*découvrit*	*un chat endormi.* ▌
	verbe d'action	COD

**Quels mots peuvent occuper
la fonction attribut du sujet ?**

• La fonction d'attribut du sujet peut être occupée par des
mots de **nature différente**.
• C'est souvent un **adjectif qualificatif**.

Je suis né, j'étais **barbu** :
C'est la barbe ! c'est la barbe !   Mon premier livre de devinettes

Ce peut être un **nom** ou un **groupe nominal**.

Émerveillé, le cochon fit un pas en avant pour voir les plumes
de plus près, mais le paon fit un saut en arrière.
- S'il vous plaît, dit-il, ne m'approchez pas. Je suis **une bête de
luxe**. Je n'ai pas l'habitude de me frotter à n'importe qui.
          Les contes rouges du chat perché

C'est quelquefois un **infinitif**.

Il était une fois une patate - une vulgaire patate, comme nous
en voyons tous les jours - mais dévorée d'ambition. Le rêve de
sa vie était de **devenir frite**.   Le gentil petit diable

Et, dans certains cas, c'est un **pronom personnel**.

Pauvre Dodoche ! Elle était limace, et bien triste de l'être. Tellement triste qu'elle n'arrêtait pas de pleurer dans la nuit…
          Un vilain petit loup

❙ elle était bien triste de l'être = elle était bien triste d'être limace.
Le pronom personnel l' remplace le nom limace : il est attribut du
sujet elle. ❙

128

120 ▶ *Comment s'accorde l'attribut du sujet ?*

Si l'attribut du sujet est un adjectif qualificatif, il **s'accorde** en **genre** et en **nombre** avec le sujet du verbe d'état.

Les vers sont **voraces**, ils mangent tout ce qu'ils trouvent ; celui-ci vient d'avaler une clef.

Le ver, cel inconnu

▌ *Les vers*	*sont*	*voraces.* **▌**
sujet		adjectif attribut
masculin pluriel		masculin pluriel

Il était une fois une Tortue. Elle était très **lente** mais très fiable. Elle arrivait toujours là où elle avait décidé d'aller. Il lui fallait seulement plus longtemps qu'aux autres.

Le petit homme de fromage

▌ *Elle*	*était*	*très*	*lente.* **▌**
sujet			adjectif attribut
féminin singulier			féminin singulier

résumé

La fonction attribut du sujet

■ Les mots occupant la fonction d'attribut du sujet apparaissent après des **verbes d'état**.

■ La fonction d'attribut du sujet peut être occupée par un adjectif qualificatif, un nom ou un GN, un pronom ou un infinitif.

RECONNAÎTRE LE COMPLÉMENT D'OBJET DIRECT (COD)

Le COD désigne l'être ou la chose sur lesquels porte l'action.

121 ▶ À quoi sert la fonction COD ?

La fonction COD permet de désigner la personne, l'animal ou la chose qui **subit l'action** exprimée par le **verbe**.

Maintenant, mon seul espoir de redevenir prince est qu'une princesse me donne **un baiser**. L'ennui, c'est que la plupart des princesses n'embrasseraient pas **un crapaud**, même si on **les** payait pour cela. Et puis les princesses ont **leurs propres problèmes**, quand les ogres **les** enferment dans des tours ou bien lorsqu'elles sont obligées de dormir pendant cent ans en attendant qu'un prince vienne leur donner un baiser !

Qui a volé les tartes ?

❙ *qu'une princesse me donne un baiser* ❙
       sujet   COD

❙ *la plupart des princesses n'embrasseraient pas un crapaud* ❙
       sujet   COD

❙ *même si on les payait* ❙
       sujet COD

130

122 ▶ *Comment reconnaître le COD ?*

Le groupe qui occupe **la fonction** COD peut être encadré par **c'est... que**.

Le chien
De l'informaticien
Programme, selon leur odeur,
Ses os dans un ordinateur.

▪Jaffabules

I → **Ce sont** <u>ses os</u> **que** le chien programme : *ses os* est COD du verbe *programmer (programme)*. **I**

\- Faites votre déposition, dit le Roi, et tâchez de vous calmer ; sans quoi, je vous fais exécuter sur-le-champ.
Ceci n'eut pas l'air d'encourager du tout le témoin : il continua à se dandiner d'un pied sur l'autre tout en jetant vers la Reine des regards inquiets, et dans son désarroi, il prit **une grosse bouchée de sa tasse** au lieu de mordre dans sa tartine.

▪Alice au pays des merveilles

I → **C'est** <u>une bouchée de sa tasse</u> **que** le témoin prit : *une grosse bouchée de sa tasse* est COD du verbe *prendre (prit)*. **I**

123 ▶ *Le COD se trouve-t-il toujours après le verbe ?*

Non ! Le COD se trouve en général après le verbe, mais on peut le placer en tête de phrase pour le **mettre en valeur**. Dans ce cas, il faut le **reprendre** par un pronom personnel **(le, la, les, l')** placé avant le verbe.

Ce monstre-là rêvait de manger des gens. Tous les jours, il se postait sur le seuil de sa caverne et disait, avec des ricanements sinistres :
- Le premier qui passe, je **le** mange.

I Le premier qui passe, je le mange = je mange le premier qui passe.
　　　COD　　　　　　COD　　　　　　　　　　　COD

Le GN *le premier qui passe* est un COD déplacé en tête de phrase et repris par le pronom *le*. I

124 ▶ *Le COD est-il relié au verbe par une préposition ?*

Non ! On l'appelle complément d'objet **direct** justement parce qu'il est relié **directement** au verbe.

Henriette. - Et puis, à quoi ça sert-il les fables ?
René. - Ah bien ! ça vous apprend quelque chose.
Henriette. - Ah ! par exemple, je voudrais bien savoir ce que nous apprend Le Corbeau et le Renard.
René. - Mais cela t'apprend qu'il ne faut pas parler <u>aux</u> gens quand on a **du fromage** <u>dans</u> la bouche.

I *Du fromage* est le COD du verbe *avoir (a)* ; il n'est pas introduit par une préposition. *Aux gens* est un COI introduit par la préposition *à; dans la bouche* est un CC introduit par la préposition *dans*. I

125 ▶ Comment reconnaître un COD précédé d'un article partitif ?

Il faut apprendre à reconnaître un **article partitif** pour ne pas le confondre avec une **préposition**.

▷ paragraphe 69

Les animaux n'étaient pas d'accord et la réunion se termina par une bataille.
Le coyote attaqua le castor, lui emportant un morceau de sa queue. Le hibou sauta sur la tête **du** coyote, lui arrachant **du** poil.

Les plus beaux contes d'animaux

❙ Le hibou sauta sur la tête <u>du</u> coyote, lui arrachant <u>du</u> poil. ❙
　　　　　　　　préposition　　　　　　　　　article partitif

Les articles partitifs **du** et **de la** déterminent les noms **non dénombrables** *(confiture, lait)*. Placés devant le nom COD, ces articles indiquent qu'on ne considère qu'une certaine quantité, une **partie** de l'objet en question.

- Que tu aimes ou pas, peu importe, coupa Grandma. Ce qui compte, c'est ce qui est bon pour toi. À partir de maintenant, tu mangeras **du** chou trois fois par jour. Des montagnes de choux. Et tant mieux s'il y a des chenilles !

La potion magique de Georges Bouillon

❙ *Du* permet d'indiquer que le sujet va manger **une partie** d'un chou entier. ❙

126 ▶ *Après quels verbes trouve-t-on un COD ?*

> On doit obligatoirement utiliser un **COD après** certains verbes comme **rencontrer, apercevoir, battre**... : on rencontre quelqu'un, on aperçoit quelqu'un ou quelque chose... Ce sont des verbes **transitifs** qui exigent un COD.

J'ai rencontré **un canard vert**
qui survolait **les autoroutes**
se prenant pour l'hélicoptère
de la police de la route.

Enfantasques

▌Cette phrase n'aurait pas de sens sans les COD *un canard vert* et *les autoroutes* :
<u>J'ai rencontré</u> <u>un canard vert</u> qui <u>survolait</u> <u>les autoroutes.</u> ▌
  verbe   COD   verbe   COD

127 ▶ *Peut-on avoir un COD après un verbe d'état ?*

> Non ! **Après** des verbes comme **être, sembler, devenir**..., c'est-à-dire des **verbes d'état**, on trouve la fonction **attribut du sujet**.

De plus, nous voulons de l'avoine tous les jours ; de l'eau fraîche tous les jours et puis des vacances et qu'on nous respecte, nous <u>sommes</u> **des chevaux**, on n'<u>est</u> pas **des bœufs**.

Contes pour enfants pas sages

▌Les **COD** *de l'avoine, de l'eau fraîche* et *des vacances* indiquent ce que nous voulons. L'**attribut** *des chevaux* indique ce que nous sommes. L'**attribut** *des bœufs* indique ce que l'on n'est pas. ▌

134

128 ▶ Le COD est-il toujours indispensable à la construction de la phrase ?

Non ! Cela **dépend du verbe** utilisé dans la phrase. Certains verbes transitifs ne se construisent pas obligatoirement avec un COD *(manger, lire, écouter, sonner...)*.

Dans le car, on criait tous, et le chef nous a dit qu'au lieu de crier, on ferait mieux de **chanter**. Et il nous a fait **chanter des chouettes chansons**, une où ça parle d'un chalet, là-haut sur la montagne, et l'autre où on dit qu'il y a des cailloux sur toutes les routes. Et puis après, le chef nous a dit qu'au fond il préférait qu'on se remette à crier, et nous sommes arrivés au camp.

Les vacances du petit Nicolas

❚ *On ferait mieux de chanter* : on dit seulement que ce serait une
verbe
bonne idée de chanter. ❚

❚ *Et il nous a fait chanter des chouettes chansons* : on précise
verbe COD
ce que le chef veut faire chanter aux enfants. ❚

Quelquefois, un lion venait qui **mangeait un âne**, alors tous les autres ânes se sauvaient en criant comme des ânes, mais le lendemain ils n'y pensaient plus et recommençaient à braire, à boire, à **manger**, à courir, à dormir...

Contes pour enfants pas sages

❚ *Ils recommençaient à braire, à boire, à manger...* : on dit
verbe
seulement que les ânes recommencent à manger. ❚

❚ *Un lion venait qui mangeait un âne* : on dit ce que mangeait le lion. ❚
verbe COD

Il n'y a **jamais** de COD avec des verbes **intransitifs** *(marcher, rire, partir…)*.

Aujourd'hui, je **pars** en colonie de vacances et je suis bien content. La seule chose qui m'ennuie, c'est que Papa et Maman ont l'air un peu tristes ; c'est sûrement parce qu'ils ne sont pas habitués à rester seuls pendant les vacances.

■ Les vacances du petit Nicolas

129 ▶ *Quels mots peuvent occuper la fonction COD ?*

Le COD est souvent un **nom** ou un **groupe nominal**.

Un hibou a **un hobby**.
Il collectionne **les nids**.

■ Jaffabules

Les **pronoms personnels** *(me, te, le…)* occupent la fonction de COD.

Papa est arrivé très tard à l'hôtel, il était fatigué, il n'avait pas faim et il est allé se coucher.
Le seau, il ne <u>l'</u>avait pas trouvé, mais ce n'est pas grave, parce que je me suis aperçu que je <u>l'</u>avais laissé dans ma chambre.

■ Les vacances du petit Nicolas

Un COD peut être un verbe à l'**infinitif**.

Les chats ne sont ni modestes ni orgueilleux : ils préfèrent simplement **faire** tout tranquillement ce qui leur plaît.

■ Le chat qui parlait malgré lui

Après certains verbes *(vouloir, penser, dire...)*, une proposition **subordonnée** occupe la fonction de COD.

- À ton aise, répliqua l'oncle, mais je <u>veux,</u> pour ta punition, que ta tête devienne grosse comme une outre, que tes cheveux verdissent, et que tes doigts se transforment en saucisses de Francfort.

Le 35 mai

I Je veux **quoi** ? *que ta tête devienne grosse comme une outre*
subordonnée COD

que tes cheveux verdissent
subordonnée COD

que tes doigts se transforment en saucisses I
subordonnée COD

résumé

La fonction COD

■ Le groupe qui indique sur quoi porte l'action effectuée par le sujet occupe la fonction de COD. Le groupe COD peut être encadré par **c'est... que.**

■ Le COD est relié **directement** au verbe.

■ Le COD s'emploie avec des verbes **transitifs**.

■ Il n'y a **jamais** de COD avec des verbes d'état.

RECONNAÎTRE LE COMPLÉMENT D'OBJET INDIRECT (COI ET COS)

On appelle COI le complément de certains verbes qui se construisent avec à et de : parler à quelqu'un de quelque chose...

130 ▶ À quoi sert la fonction de COI ?

La fonction de complément d'objet indirect (COI) permet de désigner une personne ou un animal **à qui** on pense, **de qui** on se souvient, **à qui** on parle, **de qui** on rêve, **à qui** on sourit, **de qui** on se moque...

- Je crois bien que c'était le quatorze mars, dit-il.
- Le quinze, rectifia le Lièvre de Mars.
- Le seize, ajouta le Loir.
- Notez tout cela, dit le Roi **aux** jurés. Ceux-ci écrivirent avec ardeur les trois dates sur leur ardoise, puis ils les additionnèrent, et convertirent le total en francs et en centimes.

▪ Alice au pays des merveilles

❙ **À qui** le Roi parle-t-il ?   *aux jurés* ❙
                                      ‾‾‾‾‾‾‾
                                       COI

La fonction de COI permet aussi de préciser **de quoi** on se plaint, **de quoi** on parle, **de quoi** on s'aperçoit, **de quoi** on rêve, **de quoi** on rit...

Si vous voulez qu'un éléphant
son amitié jamais ne rompe
(si on le trompe son cœur se fend)
ne vous moquez pas, mes enfants,
de sa trompe.

Enfantasques

I De quoi ne faut-il pas se moquer ?   *de sa trompe* **I**
                                                    COI

131 ▶ *Comment se construit le COI ?*

Le complément d'objet indirect est **relié au verbe par l'intermédiaire d'une préposition** *(à* ou *de).*

Les baleines ont des jets d'eau pour permettre **aux poissons** qui n'ont pas de baignoire de prendre au moins une douche...

Réponses bêtes à des questions idiotes

I Le COI *aux poissons* est rattaché au verbe *permettre* par la préposition **à** *(aux = à + les).* **I**

132 ▶ *Avec quels verbes trouve-t-on un COI ?*

On trouve des compléments d'objet indirect avec des verbes comme : parler (à ou de), s'apercevoir (de), penser (à ou de), s'intéresser (à), se moquer (de), se souvenir (de), succéder (à), s'occuper (de), envoyer (à), écrire (à), hériter (de), discuter (de), dépendre (de), avoir envie (de), sourire (à), obéir (à)...

À quelles questions répond le COI ?

> Les groupes en fonction de COI répondent aux questions :
> **à qui ?, à quoi ?, de qui ?, de quoi ?**

Cet été-là, j'ai acheté **à mon perroquet** des plantes qui montaient jusqu'au plafond et deux palmiers. J'ai remplacé la moquette par de la mousse et du gazon et, à cinq heures, tous les après-midi, je faisais tomber une averse en vidant un arrosoir du haut d'un escabeau. ▪Les meilleurs contes d'Astrapi

❙ **À qui** ai-je acheté des plantes ? *à mon perroquet* ❙
　　　　　　　　　　　　　　　　COI

- Je voudrais voir un coucher de soleil… Faites-moi plaisir… Ordonnez **au soleil** de se coucher… ▪Le petit prince

❙ **À quoi** devez-vous ordonner quelque chose ? *au soleil* ❙
　　　　　　　　　　　　　　　　　　　COI

Le chien faisait courir les loups et les moutons étaient bien contents d'être débarrassés **des loups**.
De temps en temps, le berger tuait un mouton en cachette des autres et comme les moutons, ils n'ont jamais su compter, ils n'y voyaient que du feu ! ▪Chichois et les histoires de France

❙ **De qui** les moutons étaient-ils bien contents d'être débarrassés ?
des loups ❙
　COI

Des compagnies de brigands redoutés pour leur cruauté et surnommés les « Presse-purée », les « Coupe-gorges » et les « Rince-bouteilles » profitent **du désarroi général** pour attaquer le Quadrille des Lanciers. ▪Tardieu, un poète

❙ **De quoi** profitaient les brigands ? *du désarroi général* ❙
　　　　　　　　　　　　　　　　　　　COI

134 ▶ *Quand à et de deviennent-ils au, aux et du, des ?*

Les mots **au**, **aux**, **du** et **des** contiennent à la fois l'article défini et une préposition.

● *à + le* → *au*

Le chêne dit un jour **au** roseau :
« N'êtes-vous pas lassé d'écouter cette fable ? »

Fables

● *à + les* → *aux*

S'il y a des fils entre les poteaux électriques, c'est pour permettre **aux** oiseaux de disposer de plus de place.

Réponses bêtes à des questions idiotes

● *de + le* → *du*

Pendant qu'ils parlaient **du** cheval, le chat regardait les petites en hochant la tête, comme pour leur dire que toutes ses paroles ne servaient à rien et qu'il valait mieux ne pas s'entêter.

Les contes bleus du chat perché

● *de + les* → *des*

Bulle, bulle, jolie bulle
Où j'aperçois mon visage
Plus rond que la pleine lune.

Ah ! méfie-toi **des** branchages,
Du vent toujours capricieux,
Des oiseaux et **des** nuages !

Au clair de la lune

141

135 ▶ à et de introduisent-ils toujours des COI ?

Non ! Les prépositions **à** et **de** peuvent aussi introduire des compléments **circonstanciels** de **lieu** et de **temps**. Les compléments circonstanciels de lieu et de temps répondent aux questions *où ?* et *quand ?*

On a remis **au** plus tard possible le moment d'aller chez le dentiste. Mais un jour, il a bien fallu se décider. Maman a pris le téléphone et, en deux minutes, le dentiste et elle étaient tombés d'accord pour me torturer, vendredi, **à** quatre heures, **au** dispensaire.

Les meilleurs contes d'Astrapi

I Quand le dentiste me torturera-t-il ? *à quatre heures* **I**
CC temps

I Où le dentiste me torturera-t-il ? *au dispensaire* **I**
CC lieu

Les prépositions **à** et **de** servent souvent à introduire des compléments de noms. Un complément de nom (nom, pronom, verbe à l'infinitif, adverbe) est en général placé après le nom qu'il complète.

une bouteille de verre   une machine à laver

Attention :

• Lorsque le complément de nom est une proposition relative, il est introduit par **que** :

Le petit chat que l'on m'a offert dort toute la journée.

• D'autres prépositions peuvent introduire un complément de nom :

une table **en** marbre.

136 ▶ Quand appelle-t-on le COI complément d'objet second ?

Quand une phrase comporte un COD et un COI, le COD s'appelle complément d'objet premier et le COI s'appelle **complément d'objet second (COS)**.

Le ver domestique demande beaucoup de soins : il **lui** faut **une nourriture appétissante**, une résidence confortable et des exercices réguliers.

▪Le ver, cet inconnu

❚ Il faut **quoi** ? _une nourriture appétissante_
COD

  à qui ? **au** ver = _lui_ ❚
COS

137 ▶ Avec quels verbes trouve-t-on un COS ?

Le COS apparaît avec des verbes comme : **dire** quelque chose à quelqu'un, **donner** quelque chose à quelqu'un, **parler** à quelqu'un de quelque chose, **envoyer** quelque chose à quelqu'un, **écrire** quelque chose à quelqu'un...

La Vache rouge menait une vie très occupée. Le matin, elle <u>donnait</u> **des** leçons de rumination **à** la Génisse rouge, sa fille.

▪Mary Poppins

❚ elle donnait **quoi** ? _des leçons de rumination_
COD

  à qui ? _à la Génisse rouge, sa fille_ ❚
COS

143

Quels mots peuvent occuper la fonction COI ?

> Le COI est souvent un **nom** ou un **groupe nominal**.

● **Un nom**

- Que savez-vous de cette affaire ? demanda le Roi **à Alice**.
- Rien.
- Absolument rien ?
- Absolument rien.
- Voilà une chose d'importance, déclara le Roi en se tournant vers les jurés.

▪Alice au pays des merveilles

● **Un groupe nominal**

- Tenez, reprit l'âne, je me suis laissé dire qu'à l'école, quand un enfant ne comprend rien **aux leçons**, le maître l'envoie au coin avec un bonnet d'âne sur la tête ! Comme s'il n'y avait rien au monde qui soit plus stupide qu'un âne ! Vous conviendrez que c'est ennuyeux pour moi.

▪Les contes bleus du chat perché

> Avec des verbes comme *penser à, oublier de, se souvenir de, essayer de...*, on peut trouver en fonction de COI un **infinitif**.

Le T.G.V. est à la mode et personne ne s'arrête plus pour voir passer un escargot. On n'a d'yeux que pour la Vitesse. Et pourtant il suffirait **de fixer** deux petites roulettes de chaque côté de ce gastéropode pour lui faire accomplir des progrès remarquables en matière de locomotion.

▪Réponses bêtes à des questions idiotes

❙ Et pourtant il suffirait **de quoi** ? <u>de fixer...</u> ❙
COI

144

Les **pronoms personnels** et les **pronoms relatifs** peuvent aussi occuper la fonction de COI.

Gilles. - Je te perforerai comme une grosse bassine.
Bulbo. - Je **te** retrancherai le cou, Monsieur!
Gilles. - Tes bajoues, je les ferai revenir à l'étouffée, et je te mettrai du persil dans les oreilles.   Tout est bien qui finit mieux

I À qui je retrancherai le cou? à toi = _te_ **I**
                    pronom personnel COI

Voici le petit James Henry Trotter à l'âge de quatre ans.
Jusque-là, c'était un petit garçon très heureux. Il vivait en paix avec son père et sa mère dans une jolie maison, au bord de la mer. Il avait de nombreux compagnons de jeu avec qui il passait son temps à courir sur le sable et à barboter dans l'Océan. Bref, c'était la belle vie, la vie **dont** <u>rêvent</u> tous les petits garçons.   James et la grosse pêche

I De quelle vie rêvent les petits garçons ? **de** la belle vie = _dont_ **I**
                    pronom relatif COI

résumé

Le COI et le COS

■ Certains verbes se construisent avec les prépositions **à** ou **de**. Ces verbes sont suivis d'un complément d'objet indirect (COI).

■ Quand un verbe a un COD et un COI, le COI devient un COS.

RECONNAÎTRE LES COMPLÉMENTS CIRCONSTANCIELS (CC)

Pour parler des lieux où se passent des événements, de la période où ils se déroulent et de la manière dont agissent les personnes, on utilise les compléments circonstanciels (CC).

139 ▶ À quoi servent les compléments circonstanciels ?

Les compléments circonstanciels complètent le verbe de la phrase. Ils permettent de préciser les circonstances de l'action : **où** elle se passe, **quand** ou **pendant combien de temps** et **comment**.

Monsieur Joe errait donc, mais **en vain**. **Nulle part** il ne trouvait de princesse en détresse. **Habituellement**, elles sont enfermées **dans un donjon**, et passent leur temps à agiter un mouchoir par la fenêtre étroite. Mais **cette fois**, rien.

▪Le chevalier désastreux

❙ Comment ? *en vain* ❙
       CC manière

❙ Où ?   *nulle part, dans un donjon* ❙
              CC lieu   CC lieu

❙ Quand ?   *habituellement, cette fois* ❙
              CC temps   CC temps

146

140 ▶ *Quels sont les trois principaux compléments circonstanciels ?*

Les compléments circonstanciels de **lieu** répondent aux questions **où ?** et **d'où ?**

« Que puis-je faire pour toi, petit crapaud ? »
« Eh bien voilà, rétorqua le crapaud, je ne suis pas vraiment un crapaud, mais un très beau prince métamorphosé en crapaud par le maléfice d'une méchante sorcière. Et seul le baiser d'une belle princesse peut rompre ce maléfice. »
La princesse réfléchit quelques instants, puis sortit le crapaud **de l'étang** et lui donna un baiser.
« Je blaguais », dit le crapaud. Et il replongea **dans l'étang** tandis que la princesse essuyait la bave gluante qu'il avait laissée **sur ses lèvres**.

Le petit homme de fromage

❙ D'où sortit le crapaud ? *de l'étang* ❙
lieu d'où l'on vient

❙ Où replongea le crapaud ? *dans l'étang* ❙
lieu où l'on va

❙ Où laissa-t-il sa bave gluante ? *sur les lèvres* de la princesse ❙
lieu où l'on se trouve

Les compléments circonstanciels de **temps** répondent aux questions **quand ?** et **pendant combien de temps ?**

Si les poissons savaient marcher
ils aimeraient bien aller **le jeudi** au marché.

Enfantasques

❙ Quand les poissons aimeraient-ils aller au marché ? *le jeudi* ❙
date

- Ô Lis Tigré, dit Alice, en s'adressant à un lis qui se balançait avec grâce au souffle du vent, comme je voudrais que tu puisses parler.

- Nous pouvons parler, répondit le Lis Tigré ; du moins, quand il y a quelqu'un qui mérite qu'on lui adresse la parole. Alice fut tellement surprise qu'elle resta sans rien dire **pendant une bonne minute**, comme si cette réponse lui avait complètement coupé le souffle.

De l'autre côté du miroir

❚ Pendant combien de temps Alice resta-t-elle sans rien dire ?
pendant une bonne minute ❚
durée

Les compléments circonstanciels de manière répondent à la question de quelle manière ?

Tumbly se retourna. Il se retrouva nez à nez avec le lion. Celui-ci se tenait **timidement** à l'écart **en tremblant**.

- Je viens vous présenter mes excuses, dit le lion **d'une voix chevrotante**. J'ai été très mal élevé tout à l'heure. Je n'aurais pas dû vous rugir au nez **comme je l'ai fait**. C'est très mal élevé !

Le chevalier désastreux

❚ De quelle manière se tenait le lion ? _timidement, en tremblant_ ❚
CC manière   CC manière

❚ De quelle manière parla-t-il ? _d'une voix chevrotante_ ❚
CC manière

❚ De quelle manière a-t-il rugi ? _comme je l'ai fait_ ❚
CC manière

141 ▶ *Existe-t-il d'autres compléments circonstanciels ?*

> Oui ! Il existe aussi des CC de **cause**, de **but**, de **moyen**...

Comme elle désirait sortir de cette pièce sombre, pour aller se promener au milieu des parterres de fleurs aux couleurs éclatantes et des fraîches fontaines ! Mais elle ne pourrait même pas faire passer sa tête par l'entrée ; « et même si ma tête pouvait passer, se disait la pauvre Alice, ça ne me servirait pas à grand-chose **à cause de mes épaules**. Oh ! que je voudrais pouvoir rentrer en moi-même comme une longue vue ! »

Alice au pays des merveilles

❚ Pourquoi ça ne me servirait pas à grand-chose ?
à cause de mes épaules ❚
    CC de cause

Pour mesurer la longueur des cours, à l'école, on utilise le maître.

Le livre de nattes

❚ Dans quel but utilise-t-on le « maître » ?
pour mesurer la longueur des cours ❚
    CC de but

Il était une fois une petite vieille et un petit vieux qui vivaient ensemble dans une vieille petite maison. Ils étaient bien seuls. Alors, la petite vieille décida de confectionner un homme **à partir d'un vieux bout de fromage**.

Le petit homme de fromage

❚ Avec quoi la petite vieille confectionna-t-elle un homme ?
à partir d'un vieux bout de fromage ❚
    CC de moyen

142 ▶ Peut-on déplacer les compléments circonstanciels dans une phrase ?

Oui, on peut déplacer un mot ou groupe de mots complément circonstanciel sans changer sa fonction. Lorsque l'on veut **mettre en valeur** un complément circonstanciel, on le **déplace en tête de la phrase** et on le fait suivre d'une **virgule**.

Sur les bords de la Marne,
Un crapaud il y a,
Qui pleure à chaudes larmes
Sous un acacia.

▪Chantefables et Chantefleurs

I → Il y a un crapaud *sur les bords de la Marne...* I
                                    CC de lieu

143 ▶ Peut-on supprimer les compléments circonstanciels ?

On peut généralement supprimer un complément circonstanciel. La phrase est toujours **correcte grammaticalement** mais on **perd une indication** sur le lieu, le temps ou la manière dont se déroule un événement.

c'est pour cela que le diable
n'a jamais son chapeau sur la tête
pas même les jours de fête
mais à côté de sa tête
au-dessus de sa tête
ou même comme ça derrière la tête
oui
exactement à dix ou quinze centimètres
derrière sa tête

▪Paroles

I → Si l'on supprimait les compléments circonstanciels, le poème se réduirait à :
c'est pour cela que le diable
n'a jamais son chapeau. I

Attention : Avec certains verbes, on est **obligé** d'utiliser un complément circonstanciel pour obtenir une phrase **complète**.

Alors, je suis monté dans ma chambre et je me suis amusé devant la glace ; **j'ai mis** la lampe <u>sous ma figure</u> et ça fait ressembler à un fantôme, et puis **j'ai mis** la lampe <u>dans ma</u> <u>bouche</u> et on a les joues toutes rouges, et **j'ai mis** la lampe <u>dans ma poche</u> et on voit la lumière à travers le pantalon, et j'étais en train de chercher des traces de bandits quand Maman m'a appelé pour me dire que le dîner était prêt.

■ Joachim a des ennuis

I Le verbe *mettre* exige ici des compléments circonstanciels. La phrase « j'ai mis la lampe » n'a pas de sens sans eux :

J'ai mis la lampe <u>sous ma figure</u>, <u>dans ma bouche</u>,
    CC lieu   CC lieu
<u>*dans ma poche.*</u> I
    CC lieu

144 ▶ Quelle peut être la nature d'un CC de lieu ?

Le complément circonstanciel de lieu est souvent un **groupe nominal** introduit par une préposition.

Un cri déchira la forêt. C'était un cri lugubre. Un peu comme si un homme coincé **dans une boîte de conserve** appelait au secours !

■ Le chevalier désastreux

Ce peut être un **adverbe**.

Les chasseurs préhistoriques, quand ils avaient tué tout le gibier d'un endroit, comme il n'y avait pas encore de boucheries où le chasseur d'aujourd'hui peut aller s'acheter une côtelette s'il n'a pas tué de lapin, ils étaient, eux, obligés de prendre leurs cliques et leurs claques et d'aller voir **ailleurs** s'il n'y avait pas du bison.

Chichois et les histoires de France

Les deux pronoms **en** et **y** occupent parfois la fonction de compléments circonstanciels de lieu.

- Avez-vous inventé un système pour empêcher les cheveux d'être emportés par le vent ?
- Pas encore ; mais j'ai un système pour les empêcher de tomber.
- Je voudrais bien le connaître.
- D'abord tu prends un bâton bien droit. Ensuite tu **y** fais grimper tes cheveux, comme un arbre fruitier. La raison qui fait que les cheveux tombent, c'est qu'ils tombent par en bas... Ils ne tombent jamais par en haut, vois-tu.

De l'autre côté du miroir

❙ *Ensuite tu y fais grimper tes cheveux* : tu fais grimper tes cheveux <u>sur un bâton bien droit.</u> ❙

Un tiroir de la commode s'ouvrit, la nappe **en** sortit et fit la course avec les plats pour arriver la première sur la table, mais elle arriva bonne dernière.

Le dragon de poche

❙ *la nappe <u>en</u> sortit* : la nappe sortit <u>du tiroir de la commode</u>. ❙

152

Enfin, une proposition **subordonnée relative** peut être complément circonstanciel de lieu.

- Bah ! a dit Maixent. Si tes parents disent que ton petit frère couche dans ta chambre, il couchera dans ta chambre, et voilà tout.
- Non, monsieur ! Non, monsieur ! a crié Joachim. Ils le coucheront **où ils voudront**, mais pas chez moi ! Je m'enfermerai, non mais sans blague !

Joachim a des ennuis

145 ▶ *Quelle peut être la nature d'un CC de temps ?*

Un CC de temps est souvent un **groupe nominal** avec ou sans préposition.

Le dragon s'éveilla **avant le chant du coq**. Ce n'était d'ailleurs pas difficile puisqu'il n'y avait pas de coq au château.

Dragon l'Ordinaire

Ce peut être un **adverbe**.

Il était une fois un artichaut qui tombait **souvent** amoureux.

Edgar n'aime pas les épinards

C'est parfois une **proposition subordonnée conjonctive**.

Et puis je jouais avec mes pieds
C'est très intelligent les pieds
Ils vous emmènent très loin
Quand vous voulez aller très loin

Paroles

A **ttention :** Il ne faut pas confondre les compléments d'objet direct et les compléments circonstanciels construits sans préposition.

Quelques jours plus tard, Ransome, Sims et Jefferies étaient en mesure d'affirmer qu'elles étaient toutes prêtes à pondre. Et, effectivement, au bout d'une semaine elles pondaient **tous les jours.** Au début, elles eurent du mal à maîtriser le moment où l'œuf venait, et elles le déposèrent n'importe où et n'importe quand, lorsque le besoin s'en faisait sentir, et même, parfois, au milieu de la cour. M. Fermier se félicitait toujours que les poules pondent ainsi **leurs premiers œufs** au petit bonheur, parce que cela lui épargnait la peine de grimper la grande échelle jusqu'aux nids.

Les longs-museaux

❙ Quand les poules pondaient-elles ? *Elles pondaient tous les jours.* **❙**
CC de temps

❙ Que pondent les poules ? *Elles pondent leurs premiers œufs.* **❙**
COD

146 ▶ *Quelle peut être la nature d'un CC de manière ?*

Un complément circonstanciel de manière est souvent un **groupe nominal** précédé d'une préposition.

Un vieux jaguar **sans force** ne pouvait plus chasser. Quand il ouvrait la gueule pour grogner, singes, cochons-bois, agoutis et autres gibiers éclataient de rire et se moquaient de lui :
- Groooaaaarrr ! hurla le puma pour l'effrayer. Comment veux-tu chasser, pépé, tu as oublié de mettre ton dentier !

Le roi des piranhas

Ce peut être un **adverbe**.

Un jour, le Lièvre aperçut la Tortue qui marchait, lente mais fiable, sur la route et lui dit :
« Tortue, ce que tu es lente. Je me sens capable de faire pousser mon poil plus vite que tu n'avances. »
« Ah ouais ? » répondit **lentement** la Tortue.

Le petit homme de fromage

C'est parfois une **proposition subordonnée conjonctive**.

« À l'école, on m'avait surnommé Malvenu Malfaiteur ! cria le malheureux brigand. C'est ce surnom qui m'a conduit sur la voie du crime ! Mais cachez-moi, chère Mlle Labourdette, sinon ils me captureront. »
Mlle Labourdette lui colla une étiquette avec un numéro, **comme s'il avait été un livre de la bibliothèque**, et elle le plaça sur une étagère au milieu des livres dont le nom des auteurs commençait par un M [...] Ranger par ordre alphabétique est une habitude des bibliothécaires.

L'enlèvement de la bibliothécaire

résumé

Les compléments circonstanciels

■ Les trois principaux compléments circonstanciels sont les CC de lieu, temps et manière ; ils donnent des informations sur les circonstances de l'action.

UTILISER LA VOIX PASSIVE

La voix active et la voix passive constituent deux façons de présenter un même événement.

Catastrophe ! Et aussi cataclysme, et même calamité, sans compter que c'est drôlement ennuyeux : **nous sommes capturés** par les affreux Marmicreux, les terribles ennemis de notre tribu !

.Petit-Féroce champion de la jungle

I → Les affreux Marmicreux, les terribles ennemis de notre tribu, nous **capturent** ! **I**

147 ▶ *Qu'est-ce qu'une phrase à la voix passive ?*

Une phrase est à la voix passive lorsque le **sujet** de la phrase **subit l'action** au lieu de la faire.

Beaucoup de gens, et notamment **ceux qui vont être mangés par eux,** ont remarqué que les crocodiles ne rient jamais à gorge déployée.

.Réponses bêtes à des questions idiotes

I Les gens ne se mangent pas eux-mêmes, ce sont les crocodiles qui les mangent : ils subissent l'action d'être mangés. **I**

> Le **verbe** de la phrase passive se construit avec l'auxiliaire **être** et le **participe passé** du verbe.

La vie de Spillers, au contraire, **était consacrée** à sa famille : ses poussins étaient tout pour elle. Elle tirait une fierté sans borne de ses couvées et, de plus, elle était très soignée de sa personne, jamais une plume de travers.

Les longs-museaux

I *était consacrée* = auxiliaire *être* + participe passé du verbe *consacrer* **I**

148 ▶ *Les verbes conjugués avec être sont-ils toujours à la voix passive ?*

Non ! Il ne faut surtout pas confondre le **passé composé** des verbes comme *tomber, venir, rentrer, monter...* qui se forme avec l'auxiliaire **être** *(je suis venu)* et le **présent** des verbes à la voix passive qui se construit **aussi** avec l'auxiliaire **être**.

TOMBER	Voix active	Voix passive
Présent	je tombe	pas de voix passive
Passé composé	je suis tombé	

BRÛLER	Voix active	Voix passive
Présent	je brûle	je suis brûlé
Passé composé	j'ai brûlé	j'ai été brûlé

157

149 ▶ Tous les verbes peuvent-ils être à la voix passive ?

Non ! Seuls les verbes qui ont un complément d'objet direct, c'est-à-dire les **verbes transitifs**, autorisent une construction passive.

En effet, lorsqu'on passe **de l'actif au passif**, c'est le **complément d'objet direct** de la phrase active qui **devient le sujet** de la phrase passive : un verbe qui n'a pas de COD ne peut donc pas être utilisé à la voix passive.

Un perce-oreille
A démoli
Les murs du métro de Paris.

Jaffabules

● **Voix active**

I Un perce-oreille a démoli les murs du métro de Paris. **I**
   sujet   COD

● **Voix passive**

I Les murs du métro de Paris ont été démolis par un perce-oreille. **I**
   sujet

150 ▶ Qu'est-ce que le complément d'agent ?

Dans une phrase à la voix passive, le sujet subit l'action. C'est le **complément d'agent**, introduit par la préposition **par**, qui **fait l'action**.

J'ai de sérieuses raisons de croire que la planète d'où venait le petit prince est l'astéroïde B 612. Cet astéroïde n'a <u>été aperçu</u> qu'une fois au télescope, en 1909, **par un astronome turc.** Il avait fait alors une grande démonstration de sa découverte à un Congrès International d'Astronomie. Mais personne ne l'avait cru à cause de son costume. Les grandes personnes sont comme ça. ▪ <u>Le petit prince</u>

● **Voix passive**

❙ <u>Cet astéroïde</u> a été aperçu <u>par un astronome turc</u> :
   sujet   complément d'agent

- *astéroïde* occupe la fonction de **sujet** ;
- le verbe *apercevoir* est accompagné de l'auxiliaire *être* ;
- *un astronome turc*, introduit par la préposition *par*, fait l'action d'*apercevoir* : c'est le **complément d'agent**. ❙

● **Voix active**

❙ <u>Un astronome turc</u> aperçut <u>cet astéroïde.</u> ❙
   sujet   COD

151 ▶ À quoi sert la voix passive ?

La voix passive permet de **ne pas indiquer qui est responsable d'une action**, ce qui peut être utile si on ne veut pas dire qui a fait telle ou telle chose ou si on ne le sait pas.

« Où est-il donc, ce petit misérable ?
- Je vous l'ai déjà dit, répondit Grand-mère. Il est dans mon sac à main ! Et je continue à penser qu'il vaudrait mieux aller dans un endroit moins public, avant que vous découvriez son nouvel aspect.
- Cette femme est folle ! s'écria Mme Jenkins. Dis-lui de partir.
- À dire vrai, poursuivit Grand-mère, votre fils, Bruno, **a été complètement transformé !**

Sacrées sorcières

I Grand-mère emploie la **voix passive sans complément d'agent** parce qu'elle **ne veut pas dire** en public qui a transformé Bruno : ce sont des sorcières qui ont transformé l'enfant et Grand-mère a peur de leur vengeance. **I**

- Auriez-vous déniché une vraie princesse ?
- Parfaitement.
- En détresse ?
- Aucun doute là-dessus. **Elle était enfermée** tout en haut d'une tour. Elle agitait un mouchoir blanc et criait.
- Qu'est-ce qu'elle criait ? demanda Tumbly.
- Ce qu'on crie toujours dans ces cas-là. Au secours ! Sauvez-moi ! etc.

Le chevalier désastreux

I Il n'y a pas de complément d'agent ici parce que celui qui parle **ne sait pas** qui a bien pu enfermer la princesse. **I**

152 ▶ *Comment identifier les temps du verbe à la voix passive ?*

À la voix passive, c'est l'auxiliaire **être** qui **indique** à quel temps est le verbe.

	Temps de l'auxiliaire être	Temps du verbe à la voix passive
Il <u>est</u> battu	présent	présent
Il <u>a été</u> battu	passé composé	passé composé
Il <u>était</u> battu	imparfait	imparfait
Il <u>sera</u> battu	futur	futur
Il <u>avait été</u> battu	plus-que-parfait	plus-que-parfait

résumé

La voix passive

■ Le verbe de la phrase à la voix passive est toujours construit avec l'auxiliaire **être** et le **participe passé** du verbe.

■ Seuls les verbes **transitifs** peuvent être mis à la voix passive.

■ À la voix passive, le sujet subit une action accomplie par le **complément d'agent**.

FAIRE L'ANALYSE GRAMMATICALE D'UNE PHRASE

Faire l'analyse grammaticale d'une phrase consiste à identifier les groupes de mots qui sont reliés au verbe pour en analyser la nature et la fonction.

153 ▶ *Quelle est la première étape ?*

Il faut tout d'abord **repérer le verbe** de la phrase :

- **Où** est le verbe ? (quel est son **infinitif** ?)

- Est-ce un verbe **d'état** ? *(être, sembler, paraître, rester, demeurer…)*
Est-ce un verbe **d'action** ? *(manger, courir…)*

- À quel **temps** est-il conjugué ? (présent, futur, passé composé…)
À quelle **personne** est-il conjugué ?

La maison de la grand-mère **était** de pain d'épice et de gâteaux, avec des vitres en sucre candi et un toit de chocolat fondant. Jérémie y était très heureux. Il **adorait** sa grand-maman et **aimait** beaucoup grignoter la maison.

<small>Qui a volé les tartes ?</small>

I *La maison de la grand-mère* <u>était</u> *de pain d'épice et de gâteaux, avec des vitres en sucre candi et un toit de chocolat fondant :*
- Le verbe *était* (infinitif : *être*) est le **noyau** de la phrase.
C'est un verbe d'**état** utilisé à **l'imparfait de l'indicatif** et conjugué à la **3e personne du singulier**. **I**

I *Il* <u>adorait</u> *sa grand-maman et* <u>aimait</u> *grignoter la maison :*
- Dans cette phrase, le verbe *adorait* (infinitif : *adorer*) est le **noyau** de la première proposition et le verbe *aimait* (infinitif : *aimer*) est le **noyau** de la deuxième proposition.
Ce sont des verbes d'**action** utilisés à **l'imparfait de l'indicatif** et conjugués à la **3e personne du singulier**. **I**

154 ▶ *Quelle est la deuxième étape ?*

Une fois le verbe trouvé, il faut se demander :
- **Quelle fonction** occupe chaque groupe ?
- **Quelle** est la **nature** de chaque groupe ?

La mer a mangé le sable.
Le soleil a bu la mer.

■ Jaffabules

I *La mer a mangé le sable.*

Deux groupes sont rattachés au verbe d'action noyau *manger*.

1. *La mer :*
Question : qui est-ce qui a mangé ?
Fonction : sujet
Nature : groupe nominal

2. *le sable :*
Question : qu'est-ce que l'on a mangé ?
Fonction : complément d'objet direct
Nature : groupe nominal **I**

Onze bébés de 18 jours numérotés de 100 à 110 sortent de l'hôpital un vendredi à 16 h 30. Quel est celui qui est en meilleure santé ?

Le livre de nattes

I *Onze bébés de 18 jours numérotés de 100 à 110 sortent de l'hôpital un vendredi à 16 h 30.*

Quatre groupes sont rattachés au verbe d'action noyau *sortir*.

1. *Onze bébés de 18 jours numérotés de 100 à 110 :*
Question : qui est-ce qui ?
Fonction : sujet
Nature : groupe nominal

2. *de l'hôpital :*
Question : d'où ?
Fonction : complément circonstanciel de lieu, relié au verbe par la préposition *de*
Nature : groupe nominal

3. *un vendredi :*
Question : quand ?
Fonction : complément circonstanciel de temps, relié directement au verbe
Nature : groupe nominal

4. *à 16 h 30 :*
Question : quand ?
Fonction : complément circonstanciel de temps, relié au verbe par la préposition *à*
Nature : groupe nominal **I**

155 ▶ *Quelle est la troisième étape ?*

On analyse les mots qui constituent chacun des groupes :
- on cherche d'abord le **mot noyau** et on donne **sa nature** ;
- on indique ensuite la **nature** et la **fonction des mots** qui sont **rattachés** au noyau du groupe.

Tout ver digne de ce nom possède un début, un milieu et une fin.
Ceux qui possèdent deux débuts, un milieu mais n'ont pas de fin, ceux-là courent à la catastrophe. ▪Le ver, cet inconnu

I *Tout ver digne de ce nom possède un début, un milieu et une fin.*

1. *Tout ver digne de ce nom :*
- *ver* est un nom masculin singulier **noyau** du groupe nominal sujet.
- *Tout* est un adjectif indéfini ; il détermine *ver.*
- *digne de ce nom* est un groupe adjectival épithète de *ver.*

2. *un début, un milieu et une fin :*
- *début* est un nom masculin singulier ; c'est le **noyau** du premier groupe nominal COD *(un début).*
- *un* est un article indéfini ; il détermine *début.*
- *milieu* est un nom masculin singulier ; c'est le **noyau** du deuxième groupe nominal COD, juxtaposé au premier *(un début).*
- *un* est un article indéfini ; il détermine *milieu.*
- *fin* est un nom féminin singulier ; c'est le **noyau** du troisième groupe nominal COD, coordonné au deuxième *(un milieu).*
- *une* est un article indéfini ; il détermine *fin.* **I**

La bête à Bon Dieu
n'est pas bête du tout.
Elle a partout des yeux
et jusque dans le cou.

Enfantasques

I *La bête à Bon Dieu
n'est pas bête du tout.*

1. *La bête à Bon Dieu* :
- *bête* est un nom féminin singulier **noyau** du groupe nominal sujet.
- *La* est un article indéfini ; il détermine *bête*.
- *à Bon Dieu* est un groupe nominal complément du nom *bête*.

2. *bête* :
- *bête* est un adjectif qualificatif attribut du sujet *la bête à Bon Dieu*. **I**

résumé

Analyser une phrase

■ Retenez les **questions** auxquelles répondent les différents groupes de la phrase :
- qui est-ce qui ? (sujet)
- qu'est-ce que ? (COD)
- comment ? (CC de manière)
- quand ? (CC de temps)
- où ? (CC de lieu)

■ N'oubliez pas qu'après un verbe d'état on trouve un **attribut**.

ANALYSER LES PROPOSITIONS

*À l'intérieur de chaque phrase, on
peut avoir plusieurs propositions.*

156 ▶ **Qu'est-ce qu'une proposition ?**

Une proposition est constituée d'un **verbe conjugué** auquel se rattache un ou des groupes fonctionnels : sujet, COD, COI, CC... Il peut y avoir une ou plusieurs propositions dans une phrase. Il y a **autant de propositions que de verbes conjugués**.

Il **était convaincu** que la sorcière **allait** le transformer en grenouille. Ce qui ne lui **aurait pas déplu**, à vrai dire. Il **aurait** enfin **été débarrassé** de cette épouvantable armure et de cet horrible cheval. Il ne **serait** plus **obligé** d'accomplir tous ces fichus exploits que **doivent** accomplir les chevaliers : se battre en tournoi, affronter des dragons, sauver des princesses en détresse, etc.

                                                    Le chevalier désastreux

❙ Dans ce texte, il y a 6 verbes conjugués, donc 6 propositions. ❙

157 ▶ **Pourquoi utiliser plusieurs propositions
dans une même phrase ?**

On utilise plusieurs propositions dans une même phrase pour **relier** entre eux **plusieurs événements** qui ont lieu en **même temps**.

J'étais assis là et j'ouvrais des oreilles de plus en plus grandes (chez les fantômes, c'est ainsi : **lorsqu**'elles <u>veulent</u> sérieusement écouter, les oreilles <u>s'agrandissent</u>).

Les temps sont durs pour les fantômes

I *Lorsqu'elles veulent sérieusement écouter,*

proposition 1 = événement 1

les oreilles s'agrandissent.

proposition 2 = événement 2

L'événement 1 et l'événement 2 ont lieu en même temps. **I**

> On utilise plusieurs propositions dans une même phrase pour **relier** entre eux **plusieurs événements** qui **se suivent**.

Le pélican de Jonathan,
Au matin, <u>pond</u> un œuf tout blanc
Et il en <u>sort</u> un pélican
Lui ressemblant étonnamment.

Et ce deuxième pélican
<u>Pond</u>, à son tour, un œuf tout blanc
D'où <u>sort</u>, inévitablement
Un autre **qui** en <u>fait</u> tout autant.

Chantefables et Chantefleurs

I Dans ce poème, cinq actions se succèdent et permettent de raconter l'histoire du pélican de Jonathan.

ÉVÉNEMENT 1 = PROPOSITION 1 = Le pélican de Jonathan pond un œuf.

ÉVÉNEMENT 2 = PROPOSITION 2 = Un pélican sort de l'œuf.

ÉVÉNEMENT 3 = PROPOSITION 3 = Ce pélican pond un œuf.

ÉVÉNEMENT 4 = PROPOSITION 4 = Un autre pélican sort de cet œuf.

ÉVÉNEMENT 5 = PROPOSITION 5 = Ce dernier pélican pond un œuf... **I**

On peut aussi utiliser une proposition pour **expliquer** l'action d'une autre proposition.

Le cheval <u>veut</u> aller au bal.
Il <u>brosse</u> avec soin sa crinière,
<u>Cire</u> ses sabots, <u>cloue</u> ses fers,
<u>Ajuste</u> sa sous-ventrière
        Et <u>cavale</u>.

■ Marelles

I La première proposition *(Le cheval veut aller au bal)* explique les 5 autres propositions : *il brosse..., cire..., cloue..., ajuste..., et cavale* **parce qu'il** veut aller au bal. I

158▶ *Qu'est-ce qu'une proposition indépendante ?*

On dit qu'une proposition est indépendante lorsqu'**elle n'est pas rattachée** à une autre proposition par une conjonction de subordination *(que, quand, parce que...)* ou par un pronom relatif. Une proposition indépendante peut donc constituer **une phrase à elle toute seule**.

Je <u>suis</u> poilu,
Fauve et dentu,
J'<u>ai</u> les yeux verts.
Mes crocs pointus
Me <u>donnent</u> l'air
Patibulaire.

■ Marelles

I *Je suis poilu, fauve et dentu,*   *j'ai les yeux verts.*
    proposition 1   proposition 2 juxtaposée
└──────────────────── phrase ────────────────────┘

Mes crocs pointus me donnent l'air patibulaire. I
└──────────── proposition = phrase ────────────┘

159 ▶ Peut-il y avoir plusieurs propositions indépendantes dans la même phrase ?

Oui ! Dans ce cas, elles peuvent être **juxtaposées** (séparées par une virgule, un point-virgule ou les deux-points), ou **coordonnées**.
▷ *paragraphes 93, 94*

Un instant, le fantôme de Canterville **demeura** absolument immobile, dans un accès d'indignation bien naturelle ; puis, ayant lancé violemment le flacon sur le parquet poli, il **s'enfuit** le long du couloir, en poussant des gémissements sourds et en émettant une lueur verdâtre et fantomatique.

Le fantôme de Canterville

❙ Cette phrase comprend **deux** verbes conjugués *(demeura* et *s'enfuit)* ; elle se compose de **deux** propositions indépendantes juxtaposées par un point-virgule. ❙

160 ▶ Qu'appelle-t-on proposition principale et proposition subordonnée ?

Lorsqu'une proposition est le **complément** d'une autre, on dit qu'elle est **subordonnée** à une proposition **principale**.

En hiver, on dit souvent : « Fermez la porte, il fait froid dehors ! »
Mais quand la porte est fermée, il fait toujours aussi froid dehors.

Les pensées

❙ *Quand la porte est fermée,*   *il fait toujours aussi froid dehors.* ❙
proposition subordonnée   proposition principale

170

161 ▶ *Quelles sont les fonctions d'une proposition subordonnée ?*

La subordonnée peut être **complément du verbe** de la proposition principale.

Le Roi pensa que le vieux se moquait de lui et voulut essayer les lunettes. Oh ! prodige ! <u>Lorsqu'il eut les verres devant les yeux</u>, il lui sembla <u>qu'il retrouvait un monde perdu</u>. Il vit un moucheron sur la pointe d'un brin d'herbe ; il vit un pou dans la barbe du vieillard et il vit aussi la première étoile trembler sur le ciel pâlissant.

▪ Les lunettes du lion

▌ *Lorsqu'il <u>eut</u> les verres devant les yeux,*
         └ verbe
   └ proposition subordonnée CC de temps ┘

    il lui <u>sembla</u>
         └ verbe
  └ proposition principale ┘

    qu'il <u>retrouvait</u> un monde perdu. ▌
        └ verbe
    └ proposition subordonnée COD ┘

La subordonnée peut être **complément d'un nom.**

Au 84 de la rue de Bretagne demeurait une sorcière <u>qui n'arrivait plus à croquer d'enfants</u> parce que ses méthodes étaient dépassées.

▪ Contes de la rue de Bretagne

▌ *une <u>sorcière</u> <u>qui n'arrivait plus à croquer d'enfants</u>.* ▌
    nom   proposition subordonnée
                    complément du nom *sorcière*

162 ▶ Quels sont les différents types de subordonnées ?

Les propositions subordonnées **relatives** sont compléments d'un nom.

« Et les loups ? Où donc sont-ils passés ? » me demandai-je à part moi. Et tandis que je me posais ces questions, <u>le loup</u> **qui avait tiré les poils de ma queue**, clac ! planta ses dents dans cette région un peu en retrait de mon corps. Je hurlai de douleur tout en lui lançant <u>une terrible ruade</u> **qu'il prit de plein fouet**. Le malheureux repartit en poussant des hurlements, remportant avec lui ses oreilles et sa queue, remportant avec lui sa bouche, mais certainement pas <u>les dents</u> **qu'il y avait dedans**.

Mémoires d'une vache

▌le <u>loup</u>	qui avait tiré les poils de ma queue ▌
nom	subordonnée relative complément du nom *loup*

▌une terrible <u>ruade</u>	qu'il prit de plein fouet ▌
nom	subordonnée relative complément du nom *ruade*

▌les <u>dents</u>	qu'il y avait dedans ▌
nom	subordonnée relative complément du nom *dents*

Les propositions subordonnées **conjonctives** sont compléments du verbe de la principale.

Lorsqu'il arriva en haut de l'escalier, il <u>reprit</u> ses esprits, et résolut de lancer son célèbre éclat de rire démoniaque. Il l'avait, en plus d'une circonstance, trouvé extrêmement utile. On <u>dit</u> **que ce rire avait, en une seule nuit, fait grisonner la perruque de Lord Raker...**

Le fantôme de Canterville

I *Lorsqu'il arriva en haut de l'escalier,*   *il reprit ses esprits.* **I**
    subordonnée conjonctive   proposition principale

I *On dit*   *que ce rire avait fait grisonner la perruque...* **I**
proposition principale   subordonnée conjonctive

163 ▶ Quels sont les différents types de subordonnées conjonctives ?

Parmi les propositions subordonnées conjonctives, on distingue :
• les propositions subordonnées conjonctives **compléments d'objet direct** du verbe de la principale ;

Maintenant, vous <u>savez</u> **que votre voisine de palier peut être une sorcière.**
Ou bien la dame aux yeux brillants, assise en face de vous dans le bus, ce matin.   ▪Sacrées sorcières

I *Vous <u>savez</u>*   *que votre voisine de palier peut être une sorcière.* **I**
     verbe
   principale⏄   ⎿_____ subordonnee COD _____⏌

• les propositions subordonnées conjonctives **circonstancielles** compléments du verbe de la principale.

J'<u>étais</u> dans le jardin et je ne <u>faisais</u> rien, **quand est venu Alceste** et il m'a demandé ce que je faisais et je lui ai répondu : « Rien. »   ▪Le petit Nicolas

IJ'<u>étais</u> *dans le jardin et je ne <u>faisais</u> rien, quand est venu Alceste.* **I**
   verbe   verbe
  ⎿_____ principales _____⏌ ⎿ subordonnée CC de temps ⏌

Nous, les enfants, on ne lit jamais dans le métro **parce que le spectacle est super.**

La grande aventure du livre

I *Nous, les enfants, on ne lit jamais dans le métro*

|_____ verbe _____|
principale

parce que le spectacle est super. I

|____ subordonnée CC de cause ____|

Tableau récapitulatif

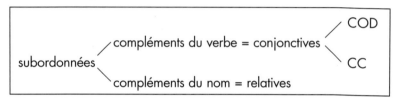

Une petite souris demande à un gros éléphant qui prend son bain dans un large fleuve d'Afrique :
- Veux-tu sortir de l'eau deux minutes ?
Le pachyderme s'exécute de mauvaise grâce et lorsqu'il est sur la berge, la petite souris lui dit :
- Bon, tu peux te remettre à l'eau, je croyais que tu avais mis mon maillot !

Encyclopédie des histoires drôles

un gros éléphant qui prend son bain dans un large fleuve d'Afrique
|_____ subordonnée relative _____|

le pachyderme s'exécute de mauvaise grâce
|_____ proposition indépendante _____|

lorsqu'il est sur la berge,   *la petite souris lui dit...*
|_ subordonnée CC de temps _| |__ proposition principale __|

résumé

Analyser des propositions

■ Chaque **verbe conjugué** constitue avec les groupes fonctionnels qui lui sont rattachés une proposition.

■ On distingue trois sortes de propositions : les propositions **indépendantes**, les propositions **principales** et les propositions **subordonnées**.

■ La proposition subordonnée peut compléter le verbe de la principale (**conjonctive** COD, conjonctive circonstancielle) ou un nom (**relative**).

ORTHOGRAPHE GRAMMATICALE

L'orthographe grammaticale est l'ensemble des règles d'orthographe qui précisent comment s'accordent les mots dans la phrase : le verbe avec son sujet, les divers éléments du groupe nominal avec le nom noyau...

ACCORDER LE SUJET ET LE VERBE

*Pour accorder le verbe avec son sujet,
il faut d'abord savoir identifier le
sujet puis il faut se demander si le
verbe est à un temps simple ou à un
temps composé.*

164▶ Avec quoi s'accorde le verbe ?

Aux **temps simples** (présent, imparfait, futur...), le verbe s'accorde toujours avec son **sujet**.

TOPAZE, *il dicte en se promenant.* - « Des moutons... des moutons... étaient en sûreté... dans un parc ; dans un parc. *(Il se penche sur l'épaule de l'Élève et reprend.)* Des moutons... moutonss... *(L'Élève le regarde, ahuri.)* Voyons, mon enfant, faites un effort. Je dis *moutonsse.* Étaient *(il reprend avec finesse) étai-eunnt.* C'est-à-dire qu'il n'y avait pas qu'un *moutonne.* Il y avait plusieurs *moutonsse.* »
▪Topaze

Plusieurs verbes peuvent avoir le même sujet ; ils s'accordent **tous** avec ce sujet.

Le cochon frappa à la porte et grogna :
- Petits loups, petits loups, laissez-moi entrer !
- Non, non et non, dirent les trois petits loups. [...]
- Puisque c'est comme ça, je vais souffler, pouffer, pousser mille bouffées, et je démolirai votre maison ! dit le cochon.
Et **il souffla**, **pouffa**, **poussa** mille bouffées, et même plus que ça, mais la maison ne bougea pas.
▪Les trois petits loups et le grand méchant cochon

165 ▶ Où le sujet peut-il être placé ?

> Le sujet peut se trouver **avant** ou **après** le verbe. S'il se trouve après, on parle de sujet **inversé**.

Ce n'est quand même pas ma faute si **les loups** mangent des petites bêtes mignonnes comme les lapins, les agneaux, les cochons !

On est fait comme ça. Si **les hamburgers** étaient mignons, vous aussi, on vous traiterait de grands méchants.

▪ La vérité sur l'affaire des trois petits cochons

▌ *les loups*   *mangent des petites bêtes...* ▌
    sujet   verbe

▌ *Si les hamburgers*   *étaient mignons...* ▌
       sujet   verbe

- Plaise à votre Majesté, où dois-je commencer ? demanda-t-il.
- Commencez au commencement, dit le roi d'un ton grave, et continuez jusqu'à ce que vous arriviez à la fin ; ensuite, arrêtez-vous.

▪ Alice au pays des merveilles

▌ *Où*   *dois-*   *je*   *commencer ? demanda-* *t-* *il.* ▌
    verbe   sujet   verbe   sujet

▌ *Commencez au commencement,*   *dit*   *le roi.* ▌
                           verbe   sujet

> Le sujet et le verbe peuvent être séparés par d'autres mots. Le verbe s'accorde toujours avec le **nom noyau** du groupe nominal sujet.

Le monstre, hors de lui, se roul**ait** par terre de colère. C'était d'ailleurs très drôle à voir. Maintenant il hurlait :
- Ce ne sont pas des manières de princesse !
- Poils aux fesses !

▪ Le monstre poilu

I Le   _monstre_, hors de lui,   _se roulait_ par terre de colère.

└─ nom noyau   verbe

└─── GROUPE NOMINAL ──┘

Le verbe _se roulait_ est conjugué à la 3ᵉ personne du singulier ; il s'accorde avec le nom singulier _monstre_. **I**

Pour une vampire, elle était plutôt jolie... un petit nez retroussé, parsemé de taches de rousseur, de grands yeux bleus et des cheveux peignés avec soin. Seule sa forte **odeur** de moisi **était** quelque peu gênante.

▪ Le grand amour du petit vampire

I _Seule sa forte odeur de moisi_   _était_ quelque peu gênante.

            nom noyau   verbe

└──── GROUPE NOMINAL ────┘

Le verbe _était_ est conjugué à la 3ᵉ personne du singulier ; il s'accorde avec le nom singulier _odeur_. **I**

Un mickey de bandes dessinées, qui en avait assez d'habiter parmi les pages d'un illustré et désirait échanger le goût du papier contre celui du fromage, **prit** son élan, **sauta** et se **retrouva** dans le monde des rats en chair et en os.

▪ Histoires au téléphone

I _Un mickey de bandes dessinées, qui en avait assez d'habiter parmi_

     nom noyau

les pages d'un illustré et désirait échanger le goût du papier

contre celui du fromage, prit son élan, sauta et se retrouva dans

                  verbe   verbe   · verbe

le monde des rats en chair et en os.

Les verbes _prit_, _sauta_, _se retrouva_ sont conjugués à la 3ᵉ personne du singulier ; ils s'accordent avec le nom singulier _mickey_. **I**

166 ▶ *Comment accorder le verbe quand il a plusieurs sujets au singulier ?*

Un verbe peut avoir plusieurs sujets au singulier. Si les sujets sont **coordonnés** par **et**, ou **juxtaposés**, le verbe se met au **pluriel**.

Cependant **Delphine et Marinette** avaient couru à l'étable avertir le malheureux bœuf qui était justement en train d'étudier sa grammaire. En les voyant, il ferma les yeux et récita sans se tromper une fois la règle des participes, qui est pourtant très difficile.

▪Les contes rouges du chat perché

❙ Le verbe *avaient* est conjugué à la 3ᵉ personne du pluriel ; il s'accorde avec les sujets coordonnés *Delphine et Marinette*. ❙

167 ▶ *Comment accorder le verbe avec plusieurs pronoms personnels ?*

Un verbe peut avoir plusieurs sujets à des personnes différentes. Le verbe se met alors à la **première** ou à la **deuxième personne du pluriel**.

SUJET	VERBE
toi + moi (2ᵉ + 1ʳᵉ pers. du singulier)	nous (1ʳᵉ pers. du pluriel)
lui, elle + moi (3ᵉ + 1ʳᵉ pers. du singulier)	nous (1ʳᵉ pers. du pluriel)
lui, elle + toi (3ᵉ + 2ᵉ pers. du singulier)	vous (2ᵉ pers. du pluriel)

> Pour accorder le verbe quand le sujet est un pronom relatif,
> il faut trouver l'**antécédent** de ce pronom relatif : c'est lui
> qui détermine l'accord.

La vache n'était pas moins curieuse de tout ce qu'elle aperce-
vait derrière les vitres du buffet. Surtout, elle ne pouvait déta-
cher son regard <u>d'un fromage et d'un pot de lait</u>, **qui** lui firent
murmurer à plusieurs reprises : « Je comprends, maintenant,
je comprends… »   Les contes bleus du chat perché

❚ Le pronom relatif *qui* est le sujet du verbe *firent* ; il a pour anté-
cédents *fromage* et *pot de lait* (deux noms coordonnés) ; le verbe
firent est donc au pluriel. ❚

résumé

L'accord du sujet et du verbe

■ Aux temps simples le verbe s'accorde toujours
avec son **sujet**.

■ Le sujet est le plus souvent placé **avant** le verbe,
mais il peut se trouver **après**. Il est parfois séparé
du verbe par quelques mots.

■ Lorsque le sujet est un pronom relatif, le verbe
s'accorde avec l'**antécédent** du pronom relatif.

ACCORDER LE PARTICIPE PASSÉ

Pour accorder un verbe à un temps composé avec son sujet, il faut identifier l'auxiliaire (avoir ou être), puis le sujet, son genre et son nombre.

169 ▶ ***Quel est l'auxiliaire utilisé : être ou avoir ?***

> Aux **temps composés** (passé composé, plus-que-parfait...), les verbes sont formés d'un **auxiliaire** *(avoir* ou *être)* et d'un **participe passé**.

Tremblantes, les petites se prirent par le cou, mêlant leurs cheveux blonds et leurs chuchotements. Le loup dut convenir qu'il n'**avait** rien **vu** d'aussi joli depuis le temps qu'il courait par bois et par plaines. Il en fut tout attendri.

- Mais qu'est-ce que j'ai ? pensait-il, voilà que je flagole sur mes pattes.

À force d'y réfléchir, il comprit qu'il **était devenu** bon, tout à coup. Si bon et si doux qu'il ne pourrait plus jamais manger d'enfants.

▪ *Les contes rouges du chat perché*

▌ *il*   <u>*n'avait*</u>   *rien*   <u>*vu*</u> ▌
      auxiliaire *avoir*   participe passé
                     du verbe *voir*

▌ *il*   <u>*était*</u>   <u>*devenu*</u>   *bon* ▌
      auxiliaire *être*   participe passé
                  du verbe *devenir*

170 ▶ Comment accorder le participe passé employé avec l'auxiliaire être ?

> Le participe passé employé avec l'auxiliaire **être** s'accorde en genre et en nombre avec le **sujet** du verbe.

- Maman, maman, l'**armoire** est tombée !
- Mon Dieu, il faut prévenir ton père !
- Mais il le sait déjà, il est dessous !

▪ Sans blague

▌ *L'armoire*   est   *tombée.* **▌**
nom féminin singulier   participe passé féminin singulier

171 ▶ Comment accorder le participe passé employé avec l'auxiliaire être, lorsqu'il y a plusieurs sujets ?

> Si **tous** les sujets (coordonnés par **et** ou juxtaposés) sont au **féminin**, le participe passé s'accorde au **féminin pluriel**.

Delphine et Marinette étaient devenues très pâles et joignaient les mains avec des yeux suppliants.
- Pas de prière qui tienne ! S'il ne pleut pas, vous irez chez la tante Mélina lui porter un pot de confiture.

▪ Les contes rouges du chat perché

▌ *Delphine*   et   *Marinette*   étaient   *devenues*   très pâles. **▌**
nom   nom   participe passé
féminin singulier   féminin singulier   féminin pluriel

> Si **tous** les sujets sont de genre **masculin**, le participe passé s'accorde au **masculin pluriel**.

Le corps et le visage de Mlle Legourdin parurent se dilater comme s'ils étaient gonflés par une pompe à bicyclette.

▪ Matilda

184

I *Le* <u>*corps*</u> *et* *le* <u>*visage*</u> *étaient* <u>*gonflés.*</u> **I**

  nom   nom   participe passé
masculin singulier   masculin singulier   masculin pluriel

> Si les sujets n'ont pas le même genre, le participe passé est toujours au **masculin** pluriel.

À l'entrée de la cour, **le canard, le chat, le coq, les poules, les oies et le cochon** guettaient l'arrivée des petites pour avoir des nouvelles de la Cornette et furent bien **étonnés** de les voir apparaître seules avec le chien. La nouvelle de la disparition des vaches les mit en effervescence. Les oies se lamentaient, les poules couraient en tous sens, le cochon criait...

▪ Les contes rouges du chat perché

I Le sujet comprend des noms masculins et des noms féminins ; le participe passé *étonnés* s'accorde donc au masculin pluriel. **I**

172 ▶ *Comment accorder le participe passé employé avec l'auxiliaire avoir ?*

> Le participe passé employé avec l'auxiliaire **avoir** ne s'accorde **jamais** avec le **sujet**.

Tous m'ont dit qu'**ils** n'avaient jamais, au grand jamais, **vu** une sorcière aussi laide que moi. **J'ai eu** ma photo sur la couverture de tous les magazines de la région.

▪ La grande fête de la sorcière Camomille

I   <u>*ils*</u>   *n'*<u>*avaient*</u>   *jamais* <u>*vu*</u>   **I**
    sujet pluriel   auxiliaire *avoir*   participe passé invariable

I   <u>*j'*</u>   <u>*ai*</u>   <u>*eu*</u>   **I**
    sujet singulier   auxiliaire *avoir*   participe passé invariable

185

Le participe passé employé avec avoir est-il toujours invariable ?

> Non ! Le participe passé employé avec l'auxiliaire **avoir** **s'accorde** en genre et en nombre **avec le COD** quand celui-ci est **placé avant le verbe**. Mais il ne s'accorde pas si le COD est placé après le verbe !

Cependant, elle ne tarda pas à comprendre qu'elle était dans la mare <u>des larmes</u> **qu'**elle avait ver**sées** quand elle avait deux mètres soixante et quinze de haut. ▪Alice au pays des merveilles

▪ des larmes	qu'elle	avait	versées ▪
antécédent	COD		participe passé
féminin pluriel			féminin pluriel

résumé

L'accord du participe passé

■ Aux temps composés, le participe passé employé avec l'auxiliaire *être* s'accorde en genre et en nombre avec le **sujet**.

■ Le participe passé employé avec l'auxiliaire *avoir* ne s'accorde **jamais** avec le **sujet** du verbe.

■ Si le verbe a un **COD** placé **avant** le verbe, le participe passé employé avec *avoir* s'**accorde** en genre et en nombre avec le COD.

ACCORDER LES DÉTERMINANTS
ET LES ADJECTIFS AVEC LE NOM

*Pour accorder les différents éléments
du groupe nominal, il faut savoir
reconnaître le nom noyau.*

174 ▶ Qu'est-ce qu'un groupe nominal ?

Le groupe nominal (GN) est un groupe de mots organisé
autour d'un nom noyau. Il peut occuper différentes fonctions
(sujet, COD, COI, COS, CC, attribut du sujet). ▷ *paragraphe 36*

HENRIETTE *(après un temps, relevant la tête).* - Ah ! que c'est
ennuyeux ! Ça ne veut pas entrer…
RENÉ. - Moi ça commence !… Je sais jusqu'à « fromage » !
« … tenait **dans son bec un fromage**… »
HENRIETTE. - Deux lignes !… déjà !…
RENÉ. - Oui, et toi ?
HENRIETTE. - Moi, je commence un peu à savoir le titre.
RENÉ. - Oh ! tu verras, ça n'est pas très difficile… c'est très
bête **cette fable-là**… c'est **pour les petits enfants**… mais on
la retient facilement. ▪ Fiancés en herbe

▌« … tenait *dans son bec*   *un fromage*. » ▌
              nom noyau   nom noyau
▌*c'est très bête cette fable-là*… ▌
              nom noyau
▌*c'est pour les petits enfants*… ▌
          nom noyau

Quels mots peut-on trouver dans le GN ?

● **Les noms** ▷ *paragraphes 35 à 44*

● **Les déterminants** ▷ *paragraphes 65 à 74*
- articles : *le, la, les, un, une, des*
- adjectifs possessifs : *mon, ma, notre, votre, leur, leurs...*
- adjectifs démonstratifs : *ce, cette, ces...*
- adjectifs indéfinis : *certains, quelques, tout, toute, tous...*
- adjectifs numéraux : *deux, vingt, cent, deuxième...*

● **Les adjectifs qualificatifs** ▷ *paragraphes 55 à 61*

176▶ **Comment faire l'accord dans le GN ?**

> Les déterminants et les adjectifs qualificatifs prennent le **genre** et le **nombre** du **nom noyau**.

Un petit chat bien élevé ne doit pas jouer avec une souris qui ne lui a pas été présentée.
▪Fatras

▌ *un*	*petit*	*chat* *bien*	*élevé* ▌
article indéfini masculin singulier	adjectif qualificatif masculin singulier	nom noyau masculin singulier	adjectif qualificatif masculin singulier

- Je te change tes trois timbres contre mon timbre, m'a dit Geoffroy.
- T'es pas un peu fou ? je lui ai demandé. Si tu veux **mes trois timbres**, donne-moi trois timbres, sans blague ! Pour un timbre je te donne un timbre.
▪Le petit Nicolas et les copains

▌ *mes*	*trois*	*timbres* ▌
adjectif possessif	adjectif numéral	nom noyau
masculin pluriel	masculin pluriel	masculin pluriel

Un fantôme bien né n'appelle pas sa femme « **ma petite
veuve** ».

▪Fatras

▌ *ma*	*petite*	*veuve* ▌
adjectif possessif	adjectif qualificatif	nom noyau
féminin singulier	féminin singulier	féminin singulier

Elles allèrent à l'écurie et à la basse-cour et décidèrent facilement le bœuf, la vache, le cheval, le mouton, le coq, la poule,
à les suivre dans la cuisine. La plupart étaient très contents de
jouer à l'Arche de Noé. Il y eut bien **quelques grincheux**,
comme le dindon et le cochon, pour protester qu'ils ne vou-
laient pas être dérangés...

▪Les contes bleus du chat perché

▌ *quelques*	*grincheux* ▌
adjectif indéfini	nom noyau
masculin pluriel	masculin pluriel

Je m'étais attardé **ce matin-là** à brosser les dents d'un joli animal que, patiemment, j'apprivoise. C'est un caméléon. **Cette
aimable bête** fuma, comme à l'ordinaire, quelques cigarettes
puis je partis.

▪Langage cuit

▌ *ce*	*matin-là* ▌
adjectif démonstratif	nom noyau
masculin singulier	masculin singulier

▌ *cette*	*aimable*	*bête* ▌
adjectif démonstratif	adjectif qualificatif	nom noyau
féminin singulier	féminin singulier	féminin singulier

189

> Les adjectifs **numéraux** cardinaux *(deux, dix, trente, mille...)* sont **invariables sauf vingt** *(quatre-vingts)* et **cent**. **Cent** peut se mettre au pluriel s'il est multiplié et qu'il n'est pas suivi d'un autre adjectif numéral. ▷ *paragraphe 189*

Deux souris courent dans un appartement et tombent sur un billet de **deux cents** francs. Elles grignotent tout et lorsqu'il ne reste plus rien, la première s'exclame :
- « Quel gueuleton ! Et à **cent** francs par tête ! » ⌐Histoires drôles

177 ▶ *Comment accorder un adjectif qui se rapporte à plusieurs noms ?*

> Lorsque les noms sont **masculins**, l'adjectif s'accorde au **masculin pluriel**.

C'était un mélange **de poissons, d'oiseaux et de mammifères putréfiés**. Une odeur tout à fait insoutenable. Un peu comme celle qui s'exhalerait d'une porcherie-poissonnerie-basse-cour, si cela existait. ⌐Le chevalier désastreux

▌de poissons,	d'oiseaux	et de	mammifères	putréfiés ▌
nom	nom		nom	adjectif
masculin	masculin		masculin	masculin
pluriel	pluriel		pluriel	pluriel

> Lorsque les noms sont **féminins**, l'adjectif s'accorde au **féminin pluriel**.

Effrayées, Delphine et Marinette se mirent à pleurer. En voyant les larmes, le vieux cygne, perdant la tête, se mit à tourner en rond devant elles. ⌐Les contes bleus du chat perché

I *Effrayées,*   *Delphine* *et* *Marinette* *se mirent à pleurer.* I

   adjectif   nom   nom

   féminin   féminin   féminin

   pluriel   singulier   singulier

> Lorsque les noms ont des genres **différents**, l'adjectif s'accorde au **masculin pluriel**.

À plat ventre dans le pré, Delphine et Marinette étudiaient leur géographie dans le même livre, et il y avait un canard qui allongeait le cou entre leurs deux têtes pour regarder les cartes et les images. C'était un joli canard. Il avait **la tête et le col bleus**, le jabot couleur de rouille et les ailes rayées bleu et blanc.

                                        Les contes bleus du chat perché

I *la*   *tête*   *et* *le* *col*   *bleus* I

     nom   nom   adjectif qualificatif

    féminin   masculin   masculin

    singulier   singulier   pluriel

résumé

L'accord dans le groupe nominal

■ Les déterminants et les adjectifs qualificatifs d'un groupe nominal s'accordent en genre et en nombre avec le nom noyau.

FORMER LE PLURIEL DES NOMS

*La plupart des noms ont un pluriel
en s. Mais il existe des exceptions que
vous devez connaître.*

▷ *paragraphes 190 à 192*

178 ▶ Quel est, en général, le pluriel des noms ?

En général, les noms forment leur pluriel en ajoutant un **s** à la forme du singulier.

le lièvre ➜ les lièvres   un rat ➜ des rats

179 ▶ Comment se forme le pluriel des noms en -eu, -au, -eau ?

La plupart des noms terminés au singulier par **-eu**, **-au**, **-eau** forment leur pluriel en ajoutant un **x**.

les chev**eux**   les drap**eaux**   les tuy**aux**

Les mots **landau**, **sarrau**, **pneu** et **bleu** forment leur pluriel en ajoutant un **s**.

les land**aus**   les pn**eus**
les sarr**aus**   les b**leus**

180 ▶ Comment se forme le pluriel des noms en -ou ?

La plupart des noms terminés par **-ou** au singulier forment leur pluriel en ajoutant un **s**.

un sou → des sou**s**

Sept mots en **-ou** prennent un **x** au pluriel : **bijou, caillou, chou, genou, hibou, joujou, pou.**

un bijou → des bijou**x**

181 ▶ Comment se forme le pluriel des noms en -s, -x ou -z ?

Les noms déjà terminés au singulier par **-s**, **-x** ou **-z** ne changent pas de forme au pluriel.

le bois → les bois   le prix → les prix   le gaz → les gaz

182 ▶ Quel est le pluriel des noms en -al ?

La plupart des noms terminés par **-al** forment leur pluriel en **-aux**.

un animal → des anim**aux**   un cheval → des chev**aux**

Quelques mots en **-al** forment leur pluriel en ajoutant un **s** : **bal, carnaval, chacal, festival, récital, régal.**

un carnaval → des carnav**als**

183 ▶ *Quel est le pluriel des noms en -ail ?*

Certains mots terminés par **-ail** forment leur pluriel en ajoutant un **s** : **attirail**, **chandail**, **détail**, **épouvantail**, **gouvernail** et **portail**.

un port**ail** → des port**ails**   un dét**ail** → des dét**ails**

D'autres mots terminés par **-ail** ont un pluriel en **-aux** : **corail**, **émail**, **travail** et **vitrail**.

un cor**ail** → des cor**aux**   un ém**ail** → des ém**aux**

184 ▶ *Le pluriel peut-il changer la prononciation d'un nom ?*

Oui ! Au pluriel, dans quelques cas, on ne prononce pas les consonnes finales.

un œuf [œf] → des œufs [ø]

Attention : un œil, des yeux [zjø]

---

résumé

Le pluriel des noms

■ En général, la marque du pluriel est **s**.

■ Les noms en **-eu**, **-au**, **-eau**, **-ou**, **-al** et **-ail** forment leur pluriel selon des règles spéciales.

Les hiboux

Ce sont les mères des **hiboux**
Qui désiraient chercher les **poux**
De leurs enfants, leurs petits **choux**,
En les tenant sur les **genoux**.

Leurs yeux d'or valent des **bijoux**
Leur bec est dur comme **cailloux**,
Ils sont doux comme des **joujoux**,
Mais aux hiboux point de genoux !

Robert Desnos,
Chantefables et Chantefleurs,
Éditions Gründ

Une histoire de chacals

Le propriétaire d'un zoo écrit à un
de ses fournisseurs en Afrique :
« Cher Monsieur, veuillez me faire
expédier deux chacals, s'il vous
plaît. »
Il relit ce qu'il a écrit, se gratte la
tête, puis déchire sa lettre et en fait
une autre :
« Cher Monsieur, veuillez me faire
expédier deux chacaux, s'il vous
plaît. »
Il relit la lettre, hésite et se dit :
« Décidément, je n'en sais rien. »
Alors, il déchire la seconde lettre et en
écrit une troisième :
« Cher Monsieur, veuillez me faire
expédier un chacal, s'il vous plaît.
Post-scriptum : pendant que vous y
êtes, mettez-m'en deux... »

Hervé Nègre, *Dictionnaire des histoires drôles*,
Éditions Le Livre de Poche

FORMER LE PLURIEL DES ADJECTIFS

La plupart des adjectifs forment le pluriel en -s. Mais certains adjectifs suivent d'autres règles que vous devez connaître.

185 ▶ Comment se forme, en général, le pluriel des adjectifs ?

La plupart des adjectifs forment leur pluriel en ajoutant un **s**.

important, importante → importants, importantes
joli, jolie → jolis, jolies
grand, grande → grands, grandes

186 ▶ Comment se forme le pluriel des adjectifs en -s ou en -x ?

Les adjectifs terminés par **-s** ou **-x** au singulier **ne changent pas** de forme au **masculin pluriel**.

un gâteau délicieu**x** → des gâteaux délicieu**x**
un gro**s** câlin → de gro**s** câlins

Comment se forme le pluriel des adjectifs en -al ?

Les adjectifs terminés par **-al** forment généralement leur masculin pluriel en **-aux**.

vertic**al** ⇢ vertic**aux** (féminin pluriel : vertic**ales**)

Banal, bancal, fatal, natal et **naval** forment leur masculin pluriel en ajoutant un **s** à la forme du singulier.

nav**al** ⇢ nav**als**

Quel est le pluriel des adjectifs de couleur ?

Lorsque la couleur est désignée par **un seul adjectif** *(blanc, jaune, vert...)*, celui-ci **s'accorde** en genre et en nombre avec le nom qu'il qualifie.

des   <u>murs</u>   <u>blancs</u>
    nom masculin pluriel   adjectif masculin pluriel

Lorsqu'un nom de **fruit** *(marron...)*, de **fleur** *(jonquille...)* ou de **pierre précieuse** *(émeraude...)* est employé comme adjectif de couleur, l'adjectif est **invariable**.

des   <u>chapeaux</u>   <u>marron</u>
    nom masculin pluriel   adjectif invariable

des   <u>mers</u>   <u>turquoise</u>
    nom féminin pluriel   adjectif invariable

Exceptions : des chemises **roses**, des pulls **mauves**.

Lorsque la couleur est désignée par un **adjectif composé** (adjectif + adjectif, adjectif + nom), il reste **invariable**.

des   vestes   bleu marine
      nom féminin pluriel   adjectif composé invariable

des   camions   vert pomme
      nom masculin pluriel   adjectif composé invariable

189 ▶ Comment se forme le pluriel des adjectifs numéraux ?

● Les adjectifs numéraux sont **invariables**, sauf, dans certains cas, **vingt** et **cent**.

● **Vingt** et **cent** se mettent au **pluriel** quand ils sont multipliés et qu'ils ne sont pas suivis d'un autre nombre.

quatre-ving**ts**, quatre-vingt-un, quatre-vingt-deux...
six cen**ts**, six cent un, six cent deux, six cent trois...

---

résumé

Le pluriel de l'adjectif

■ En général, l'adjectif prend un **s** au pluriel et s'accorde avec le ou les noms qu'il qualifie.

■ Les adjectifs numéraux sont invariables, sauf **quatre-vingts** et **cent**.

Le pluriel des adjectifs de couleur

J'ai quatre cornes **citron**
et trois jolis yeux **turquoise**,
une moustache **framboise**,
un gentil visage rond.

Mon ventre est **vert véronèse**,
ma poitrine **vert wagon**,
mes cheveux sentent la fraise
et parfois le macaron.

J. Charpentreau,
Mon premier livre de devinettes,
© Petite Enfance heureuse,
Les Éditions ouvrières
et Pierre Zech, éditeur.

FORMER LE PLURIEL DES NOMS COMPOSÉS

Pour mettre un nom composé au pluriel, il faut d'abord identifier la nature des mots qui le composent.

190 ▶ Qu'est-ce qu'un nom composé ?

Un nom composé est un nom formé de **deux** ou **trois mots**.

un bateau-mouche   une pomme de terre

191 ▶ Quel est le pluriel d'un nom composé ?

● Le **verbe**, l'**adverbe** et la **préposition** sont **invariables** dans un nom composé. L'**adjectif s'accorde** toujours.

des **sèche**-linge   des arcs-**en**-ciel   des basse**s**-cours

● Dans un nom composé, **en général**, le **nom s'accorde**.
● Mais si le nom composé est formé d'un verbe et d'un nom, le **nom peut ne pas s'accorder**. Cela dépend du **sens** du nom composé.

des lave-vaisselle
I On lave **la** vaisselle : *vaisselle* reste au singulier. **I**

des tire-bouchons
I On retire **des** bouchons : *bouchons* se met au pluriel. **I**

MOTS COMPOSÉS	EXEMPLES
nom + nom	un chou-fleur des choux-fleurs
adjectif + nom	une longue-vue des longues-vues
nom + préposition + nom	un gardien de but des gardiens de but
verbe + nom	un tire-bouchon des tire-bouchons un lave-vaisselle des lave-vaisselle
adverbe + nom	une avant-garde des avant-gardes

résumé

Le pluriel des noms composés

■ Dans un nom composé, seuls l'adjectif et le nom peuvent prendre la marque du pluriel.

■ Les autres éléments (verbe, adverbe, préposition) restent invariables.

Complainte du progrès

Autrefois s'il arrivait
Que l'on se querelle
L'air lugubre on s'en allait
En laissant la vaisselle
Aujourd'hui, que voulez-vous
La vie est si chère
On dit rentre chez ta mère
Et on se garde tout
Ah… Gudule… Excuse-toi…
*   ou je reprends tout ça*

Mon frigidaire
Mon armoire à cuillers
Mon évier en fer
Et mon poêl' à mazout
*Mon **cire-godasses***
*Mon **repasse-limaces***
Mon tabouret à glace
*Et mon **chasse-filou***
La tourniquette
À faire la vinaigrette
*Le **ratatine-ordures***
*Et le **coupe-friture***

Boris Vian, *Chansons,*
Éditions Gallimard

DISTINGUER LES HOMOPHONES

Certains mots se prononcent de la même manière, mais ils ont une orthographe différente ; pour bien les écrire, il faut apprendre à les reconnaître.

193 ▶ Qu'appelle-t-on des homophones ?

Les **homophones** sont des mots qui se prononcent de façon **identique** mais **ne s'écrivent pas** de la même façon.

un ba**l**   une ba**lle**

Parfois, ces mots n'appartiennent pas à la même catégorie grammaticale ; on les appelle alors des homophones grammaticaux.

le **lait** : nom
laid : adjectif
bien qu'il **l'ait** : pronom personnel + verbe *avoir* à la 3ᵉ personne du singulier du subjonctif présent

un **compte** : nom
il **compte** : verbe

194 ▶ *Comment distinguer à et a ?*

On peut mettre les phrases à l'imparfait : **a** devient **avait**, **à** ne change pas.

Je lui ai dit que je ne savais pas ; alors il m'a dit qu'avec les dix francs, je pourrais avoir des tas de tablettes de chocolat.
- Tu pourrais en acheter cinquante ! Cinquante tablettes, tu te rends compte ? m'a dit Alceste, vingt-cinq tablettes pour chacun !
- Et pourquoi je te donnerais vingt-cinq tablettes, j'ai demandé ; le billet, il est à moi !
- Laisse-le, a dit Rufus à Alceste, c'est un radin !

Joachim a des ennuis

▌ Si l'on met les phrases à l'imparfait, seul le verbe *avoir* change.
→ alors il m'<u>avait</u> dit...
→ tu te rends compte ? m'<u>avait</u> dit Alceste...
→ le billet, il était <u>à</u> moi !
→ - Laisse-le, <u>avait</u> dit Rufus <u>à</u> Alceste... ▌

Devant un infinitif, on écrit toujours **à**.

Tu n'as pas l'air sotte, contrairement à la plupart des vaches de Balanzategui qui ne pensent qu'<u>à</u> <u>manger</u> et à <u>dormir</u>. Elles sont à <u>vomir</u> .

Mémoires d'une vache

▌   <u>à</u>   *manger*   ▌
  préposition   infinitif

▌   <u>à</u>   *dormir*   ▌
  préposition   infinitif

Se est placé **devant un verbe**. Si l'on met la phrase à la première personne du singulier : **se** devient **me**.

Pour nous autres dragons, tous les humains se ressemblent. Une tête ronde, des cheveux dessus. Rien de bien singulier. Il n'y a que le goût qui change. Ils ne sont pas tous également comestibles.
■ Le chevalier désastreux

I _Tous les humains se ressemblent._
pronom personnel

→ Tous les humains me ressemblent. **I**

Ce peut se trouver **devant** un **nom masculin**. **Ce** devient **cette** devant un nom féminin.

Ce livre est infesté de sorcières ! Elles se sont cachées dans l'encre et elles mettent leur désordre partout.
■ Les sorcières sont NRV

I _Ce livre est infesté de sorcières !_
adjectif démonstratif

→ Cette maison est infestée de sorcières ! **I**

Ce (pronom démonstratif) peut se trouver **devant** un **verbe**. Dans ce cas, on ne peut pas mettre la phrase à une autre personne.

- Ce que tu dis des vaches est faux, et tu ne devrais pas te sous-estimer ainsi, dit-il.
- C'est possible, répondis-je avec une certaine prudence.
- C'est sûr, ma fille. Une vache, ce n'est pas n'importe quoi !
■ Mémoires d'une vache

196 ▶ *Comment distinguer* **ces** *et* **ses** ?

On peut mettre les phrases au singulier : **ces** devient **ce** ou **cette**, **ses** devient **son** ou **sa**.

Courageux comme un timbre-poste
il allait son chemin
en tapant doucement dans **ses** mains
pour compter **ses** pas

.Poésies

❙ en tapant doucement dans <u>ses</u> mains
                 adjectif possessif
→ en tapant doucement dans <u>sa</u> main ❙

Lorsqu'il vit les parents bien loin au dernier tournant du sentier, le loup fit le tour de la maison en boitant d'une patte, mais les portes étaient bien fermées. Du côté des vaches et des cochons, il n'avait rien à espérer. **Ces** espèces n'ont pas assez d'esprit pour qu'on puisse les persuader de se laisser manger.

.Les contes rouges du chat perché

❙ <u>Ces</u> espèces n'ont pas assez d'esprit.
adjectif démonstratif
→ <u>Cette</u> espèce n'a pas assez d'esprit. ❙

Ses est un adjectif possessif ; il indique à qui appartient quelque chose.

Ce jour-là, vers midi, la faim réveilla le dragon.
Il chaussa **ses** pantoufles et s'essaya à cracher un peu de feu.
Juste pour voir s'il était en forme. .Dragon l'Ordinaire

❙ Il chaussa <u>ses</u> pantoufles : les pantoufles du dragon. ❙

197 ▶ *Comment distinguer c'est et s'est ?*

On peut mettre les phrases à la 1re personne du singulier, par exemple : **s'est** devient **me suis**, **c'est** ne change pas.

Alors Maixent **s'est** levé, et il **s'est** mis à pleurer, et la maîtresse a dit à Clotaire et à Maixent de conjuguer à tous les temps de l'indicatif et du subjonctif le verbe : « Je dois être attentif en classe, au lieu de me distraire en y faisant des niaiseries, car je suis à l'école pour m'instruire, et non pas pour me dissiper ou m'amuser. »

Joachim a des ennuis

▌*Alors Maixent*   *s'*   *est levé...* → *Alors je* me suis *levé...* ▌
             pronom   verbe
             personnel *être*

Moi j'étais drôlement content, parce que j'aime bien sortir avec mon Papa, et le marché, **c'est** chouette. Il y a du monde et ça crie partout, c'est comme une grande récré qui sentirait bon.

Joachim a des ennuis

▌   *C'*   *est*   *chouette.*   ▌
   pronom   verbe
   personnel *être*

On peut aussi mettre les phrases à la forme négative : **s'est** devient **ne s'est pas**, **c'est** devient **ce n'est pas**.

▌*Alors Maixent* s'est *levé, et il* s'est *mis à pleurer.*

→ *Maixent* ne s'est pas *levé, et il* ne s'est pas *mis à pleurer...* ▌

▌*C'est chouette.* → *Ce n'est pas chouette.* ▌

198 ► *Comment distinguer c'était et s'était ?*

On peut mettre les phrases à la première personne du singulier, par exemple : **s'était** (ou **s'étaient**) devient **m'étais**, **c'était** (ou **c'étaient**) ne change pas.

« Pour avoir peur d'un fantôme, mon petit John, attends qu'il te pince de ses doigts crochus. Cela ne m'est pas encore arrivé. Tous les fantômes que j'ai pu voir se bornaient à voleter et à bavarder, comme des papillons ou des rossignols. C'**étaient** de vrais gentlemen, tout à fait inutiles et pas méchants du tout, qui semblaient s'ennuyer dans l'autre monde comme ils s'**étaient** déjà ennuyés dans celui-ci... » ▁Un métier de fantôme

▌ *C'*   *étaient de vrais gentlemen.* ▌
pronom   verbe *être*
démonstratif

▌ *Ils s'*   *étaient déjà ennuyés.* → Je *m'étais* déjà ennuyé. ▌
pronom   verbe *être*
personnel

On peut aussi mettre les phrases à la forme négative : **s'était** devient **ne s'était pas**, **c'était** devient **ce n'était pas**.

▌ *C'étaient de vrais gentlemen...*

→ *Ce n'étaient pas de vrais gentlemen...* ▌

▌ *Ils s'étaient déjà ennuyés...* → *Ils ne s'étaient pas déjà ennuyés...* ▌

> **Dans** introduit un nom ou un groupe nominal.

- On ne peut pas discuter avec vous, soupira le bœuf, vous êtes des enfants.
Et il se replongea **dans** un chapitre de géographie, en faisant remuer sa queue pour témoigner aux petites que leur présence l'impatientait. ▪ Les contes rouges du chat perché

▌ *Et il se replongea   dans un chapitre de géographie.* ▐
　　　　　　　　　　　préposition
　　　　　　　　└─ GROUPE NOMINAL CC DE LIEU ─┘

> **D'en** ne se trouve jamais devant un nom. **En** remplace un complément.

Sophie avait élaboré un nouveau système d'élevage intensif de cloportes. Elle avait laissé tomber la récolte des allumettes, dont ils ne semblaient pas raffoler, et avait mis ses cloportes dans un tamis à grains pour qu'ils puissent aller et venir à leur gré. Elle les nourrissait désormais de corn-flakes ; ils n'en laissaient jamais une miette, bien qu'elle n'en eût jamais vu un seul en train **d'en** manger. ▪ L'escargot de Sophie

▌ *en train d'en manger* : en train de manger des corn-flakes ▐

🅐**ttention :** Pensez aussi au nom féminin **dent**.

L'idée que mon père allait vraiment me traîner à proximité de ces êtres effroyables qu'étaient les hommes, et m'obliger à leur faire peur avec des Hou-hou-hou ! des Ha-ha-ha !, à grincer **des dents** et à rouler de gros yeux, cette idée me plongeait dans une telle panique que j'étais bel et bien près de crever de peur. ▪ Les temps sont durs pour les fantômes

200 ▶ Comment distinguer *et* et *est* ?

On peut mettre les phrases à l'imparfait : **est** devient **était**, **et** ne change pas.

Le chien du boulanger
Est maigre comme un clou,
Mais celui du boucher
Est gras **et** rond comme une pomme de terre.

À dos d'oiseau

❙ → Le chien du boulanger <u>était</u> maigre comme un clou, mais celui
            verbe *être*

du boucher <u>était</u>   gras   <u>et</u>   rond comme une pomme de terre. ❙
        verbe *être*   conjonction
                        de coordination

201 ▶ Comment distinguer *la*, *l'a* et *là* ?

La se trouve **devant un nom** féminin singulier. Si on met le nom au masculin ou au pluriel, **la** devient **le** ou **les**.

Quand **la** poussière s'est envolée, j'ai vu le Deuxième Petit Cochon - mort comme une bûche. Parole de Loup.
Mais tout le monde sait que la nourriture s'abîme si on la laisse traîner dehors. Alors j'ai fait mon devoir. J'ai redîné.

La vérité sur l'affaire des trois petits cochons

❙ *La poussière s'est envolée...*
article défini

→ <u>Le</u> petit cochon s'est envolé...
→ <u>Les</u> poussières se sont envolées... ❙

La se trouve **devant un verbe** et remplace un mot.

❙ *La nourriture s'abîme si on la*   *laisse traîner dehors*
                      pronom personnel   verbe

= si on laisse <u>la nourriture</u> traîner dehors ❙

Là désigne un lieu. On peut le remplacer par **ici** ou par un complément de lieu.

Et au beau milieu du tas de paille, j'ai vu le Premier Petit Cochon - mort comme une bûche. Il était **là** depuis le début. Ç'aurait été trop bête de laisser une belle assiette de charcuterie comme ça sur la paille. Alors j'ai tout mangé.

La vérité sur l'affaire des trois petits cochons

❙ *Il était là depuis le début* = Il était <u>sur la paille</u>. ❙
         adverbe   CC lieu

L'a (ou **l'as**) est formé du pronom personnel **le** ou **la** et du verbe **avoir**. Pour le distinguer de **la** ou **là**, on peut mettre les verbes à l'imparfait : **l'a** (l'as) devient **l'avait** (l'avais), **la** et **là** ne changent pas.

- Eudes ! a crié Eudes, et M. Pierrot a enlevé les choses qu'il avait sur les oreilles.
- Pas si fort, a dit M. Kiki. C'est pour ça qu'on a inventé **la** radio ; pour se faire entendre très loin sans crier. Allez, on recommence… Comment t'appelles-tu, mon petit ?
- Ben, Eudes, je vous l'ai déjà dit, a dit Eudes.
- Mais non, a dit M. Kiki. Il ne faut pas me dire que tu me **l'as** déjà dit. Je te demande ton nom, tu me le dis, et c'est tout.

Le petit Nicolas et les copains

I *Il ne faut pas me dire que tu me*   *l'*   *as*   *déjà dit.*

                                          pronom   verbe
                                          personnel avoir

→ Il ne fallait pas me dire que tu me l'<u>avais</u> déjà dit. **I**

202▶ *Comment distinguer leur et leurs ?*

> **Leur** reste invariable quand il se trouve **devant un verbe**. **Leur** s'accorde en nombre (**leurs**) s'il se trouve **devant un nom** pluriel.

Le sanglier s'intéressa beaucoup à l'école et regretta de ne pouvoir y envoyer ses marcassins. Mais il ne comprenait pas que les parents des petites fussent aussi sévères.
- Voyez-vous que j'empêche mes marcassins de jouer pendant tout un après-midi pour **leur** faire faire un problème ? Ils ne m'obéiraient pas. Du reste, **leur** mère les soutiendrait sûrement contre moi.
                                              Les contes rouges du chat perché

I *leur mère* → leurs mères (au pluriel) **I**
adjectif possessif

Si on peut remplacer **leur** par **lui**, **leur** reste invariable.

❚ - *Voyez-vous que j'empêche mes marcassins de jouer pendant tout un après-midi pour <u>leur</u> faire faire un problème ?*
pronom personnel
➝ Voyez-vous que j'empêche mon marcassin de jouer pendant tout un après-midi pour <u>lui</u> faire faire un problème ? ❚

203 ▶ *Comment distinguer même adverbe et même(s) adjectif ?*

Même est invariable s'il signifie : *aussi, de plus, encore plus.*

Je fume souvent la pipe
m'a dit le printemps
et je gonfle de jolis nuages
parfois **même** je réussis
un arc-en-ciel
ce qui n'est pas si facile
▪ Poèmes et poésies

❚ *parfois <u>même</u> je réussis un arc-en-ciel* = parfois <u>aussi</u>... ❚
adverbe

Même s'accorde en nombre avec le nom qu'il détermine si on ne peut pas le changer de place.

Cet autobus avait un certain goût. Curieux mais incontestable. Tous les autobus n'ont pas le **même** goût. Ça se dit, mais c'est vrai. Suffit d'en faire l'expérience. Celui-là - un S - pour ne rien cacher - avait une petite saveur de cacahouète grillée je ne vous dis que ça.
▪ Exercices de style

❚ On ne peut pas changer l'adjectif *même* de place ➝ les <u>mêmes</u> goûts. ❚

214

204 ▶ *Comment distinguer ni et n'y ?*

> Si on met la phrase à la forme affirmative, **ni** (conjonction de coordination) devient **et**, **n'y** (ne + y) devient **y**.

Une limace, c'est mou. C'est flasque. C'est gélatineux. Ça n'a **ni** queue **ni** tête. **Ni** tête **ni** queue. Ça finit comme ça commence et ça ne commence pas très bien ! ▮Un vilain petit loup

▮ *Ça n'a <u>ni</u> queue <u>ni</u> tête.* → Ça a une queue <u>et</u> une tête. ▮

Nous sommes partis avec nos cannes à pêche et nos vers, et nous sommes arrivés sur la jetée, tout au bout. Il **n'y** avait personne, sauf un gros monsieur avec un petit chapeau blanc qui était en train de pêcher, et qui n'a pas eu l'air tellement content de nous voir. ▮Les vacances du petit Nicolas

▮ Il   <u>n'</u>   <u>y</u>   *avait personne...* → Il <u>y</u> avait quelqu'un... ▮
    négation pronom personnel

205 ▶ *Comment distinguer notre et (le) nôtre ?*

> Au pluriel, **notre** devient **nos** et **nôtre** devient **nôtres**. De plus, **nôtre** n'apparaît jamais sans **le** ou **la**.

- Je crains que le fantôme n'existe bel et bien, dit Lord Canterville en souriant, et qu'il puisse résister aux propositions de vos imprésarios, si entreprenants soient-ils. Il est bien connu depuis 1584, et il fait toujours son apparition avant la mort d'un membre de **notre** famille.

- Ma foi, il en est de même du médecin de famille, tout bien considéré, Lord Canterville.

Le fantôme de Canterville

I *un membre de <u>notre</u> famille* ➜ un membre de <u>nos</u> familles. **I**
　　　　adjectif possessif

Tu te trouves tout simplement au paradis des chiens. Tous les chiens après leur mort viennent ici, où ils ne sont plus jamais malheureux et n'ont plus jamais de soucis. Le paradis des humains se trouve beaucoup plus haut. **Le nôtre** est à mi-chemin et beaucoup d'hommes qui vont au paradis passent par chez nous.

L'académie de M. Tachedencre

I *Le <u>nôtre</u> est à mi-chemin.* ➜ <u>Les nôtres</u> sont à mi-chemin. **I**
pronom possessif

206 ▶ *Comment distinguer on et ont ?*

On peut mettre les phrases à l'imparfait : **ont** devient **avaient**, **on** ne change pas.

« En voilà une histoire ! dit le roi. Monsieur le secrétaire, regardez donc ce que dit l'Encyclopédie au sujet des vaches qui **ont** des étoiles sur les cornes. »
Le secrétaire se mit à quatre pattes et fouilla sous le trône. Il réapparut bientôt, un grand livre dans les mains. **On** le mettait toujours sous le trône pour le cas où le roi aurait besoin d'un renseignement.

Mary Poppins

I *des vaches qui <u>ont</u> des étoiles sur les cornes*
　　　　　　　　verbe *avoir*
➜ des vaches qui <u>avaient</u> des étoiles sur les cornes **I**

I *<u>On</u> le mettait toujours sous le trône... : on ne change pas.* **I**
pronom personnel

207 ▶ *Comment distinguer ou et où ?*

On peut remplacer **ou** par **ou bien**.

Je n'ai pas l'habitude d'écrire. Je ne sais pas. J'aimerais bien écrire une tragédie **ou** un sonnet **ou** une ode, mais il y a les règles. Ça me gêne.

▪Exercices de style

❚ *une tragédie ou un sonnet...* = une tragédie <u>ou bien</u> un sonnet ❚
 conjonction de coordination

Où permet de poser une question, ou de ne pas répéter un mot. Il indique le lieu. On ne peut pas le remplacer par *ou bien*.

Ah ! dites, dites
Où sont passés les troglodytes ?

▪Innocentines

❚ <u>*Où*</u> *sont passés les troglodytes ?* : on pose une question sur le lieu. ❚
 pronom interrogatif

Et [l'homme préhistorique] a inventé le berger.
Bien sûr, il n'a pas essayé de garder des tigres ! Il a repéré les moutons qui sont braves comme tout et qui aiment bien rester ensemble. Il a dû se planter au bord de la prairie **où** ils mangeaient et ne pas bouger pour ne pas les effrayer. Alors, eux, ils se sont habitués à lui.

▪Chichois et les histoires de France

❚ *la prairie <u>où</u> ils mangeaient* : *où* remplace *la prairie* ❚
 pronom relatif

208 ▶ *Comment distinguer peu, peux, peut ?*

> On peut mettre les phrases à l'imparfait : **peux** devient **pouvais**, **peut** devient **pouvait**, **peu** ne change pas.

« Moi, ce que j'aimerais, c'est m'acheter un avion, un vrai.
- Tu ne **peux** pas, m'a dit Joachim, un vrai avion, ça coûte au moins mille francs.
- Mille francs ? a dit Geoffroy, tu rigoles ! Mon papa a dit que ça coûtait au moins trente mille francs, et un petit, encore.

■ *Joachim a des ennuis*

■ *Tu ne peux pas.* → Tu ne pouvais pas. ■
  verbe *pouvoir*

Une femme de 53 kilos portant des boucles d'oreilles roses **peut**-elle soulever une moto de 192 kilos en pleine tempête ?

■ *Le livre des nattes*

■ *Une femme peut-elle soulever une moto... ?*
  verbe *pouvoir*

→ Une femme pouvait-elle soulever une moto... ? ■

Alors j'ai marché jusque chez le voisin d'à côté. Ce voisin, c'était le frère du Premier Petit Cochon. Il était **un peu** plus malin, mais pas beaucoup. Il avait construit sa maison en branches.

■ *La vérité sur l'affaire des trois petits cochons*

■ *Il était un peu plus malin* ≠ Il n'était pas beaucoup plus malin. ■
  adverbe

209 ▶ *Comment distinguer plutôt et plus tôt ?*

> **Plus tôt** est le contraire de **plus tard**. **Plutôt** a le sens de **assez, de préférence**...

- Après tout, maintenant que le contrat est signé, je peux bien vous le dire... la maison est hantée !
- Hantée ? Hantée par qui ?
- Par la sorcière du placard aux balais !
- Vous ne pouviez pas le dire **plus tôt** ?

La sorcière de la rue Mouffetard

I Vous ne pouviez pas le dire <u>plus tard</u> ? **I**

Lions, serpents parcourent le monde, piquent, dévorent, tuent chaque année des dizaines de professeurs comme moi. Mais je préfère étudier la Nature vivant **plutôt** que mort.

Réponses bêtes à des questions idiotes

I Mais je préfère étudier la Nature vivant <u>de préférence</u> à mort. **I**

210 ▶ *Comment distinguer près et prêt ?*

Près est une préposition qui introduit le lieu et demeure **invariable**. **Prêt** est un adjectif qui **s'accorde** en genre et en nombre avec le nom qu'il qualifie.

Alice n'aimait pas du tout voir la Duchesse si **près** d'elle : d'abord, parce qu'elle était vraiment très laide ; ensuite, parce qu'elle avait exactement la taille qu'il fallait pour pouvoir appuyer son menton sur l'épaule d'Alice, et c'était un menton désagréablement pointu.

Alice au pays des merveilles

I Où est la Duchesse ? **Près** d'Alice. **I**

La loutre a levé sa jolie petite tête. Elle a parlé d'une voix douce :
- Maître des eaux ! Par respect pour toi, je suis **prête** à te donner jusqu'au dernier poil de mes moustaches.

Cet endroit-là dans la taïga

211▶ **Comment distinguer *quand, quant* et *qu'en* ?**

Quand peut être remplacé par **lorsque**. **Quant (à)** peut être remplacé par **en ce qui concerne...**

- **Quant** à vous autres, et bien que la pluie ait cessé, vous ne descendrez pas dans la cour de récréation aujourd'hui. Ça vous apprendra un peu le respect de la discipline ; vous resterez en classe sous la surveillance de votre maîtresse !
Et **quand** le directeur est parti, **quand** on s'est rassis, avec Geoffroy et Maixent, à notre banc, on s'est dit que la maîtresse était vraiment chouette, et qu'elle nous aimait bien, nous qui, pourtant, la faisons quelquefois enrager. C'était elle qui avait l'air la plus embêtée de nous tous **quand** elle a su qu'on n'aurait pas le droit de descendre dans la cour aujourd'hui !

▪Le petit Nicolas et les copains

❙*Quant à vous autres...* = En ce qui vous concerne, vous autres... ❙

❙ *Et quand le directeur est parti, quand on s'est rassis...*
= Et lorsque le directeur est parti, lorsqu'on s'est rassis... ❙

❙*quand elle a su...* = lorsqu'elle a su... ❙

Qu'en se compose de la conjonction **que** et du pronom **en**. **En** remplace un complément introduit par **de**.

Le directeur comprit qu'il avait perdu la partie.
- Puis-je suggérer un compromis ? dit-il. Je lui permets de garder ses deux souris dans sa chambre, à condition qu'elles restent dans leur cage. **Qu'en** pensez-vous ? ▪Sacrées sorcières

❙ *Qu'en pensez-vous ?* = Que pensez-vous de ma proposition ? ❙
pronom personnel

220

212▶ *Comment distinguer quel, quelle et qu'elle ?*

Pour distinguer **quelle(s)** et **qu'elle(s)**, on peut mettre la phrase au masculin : **qu'elle(s)** devient **qu'il(s)**.

[...] Et d'abord, à quoi bon rester ici à faire des problèmes quand il fait si beau dehors ? Les pauvres petites seraient bien mieux à jouer.
- C'est ça. Et plus tard, quand elles auront vingt ans, **qu'elles** seront mariées, elles seront si bêtes que leurs maris se moqueront d'elles.
- Elles apprendront à leurs maris à jouer à la balle et à saute-mouton. N'est-ce pas, petites ? Les contes rouges du chat perché

▎*Et plus tard, quand elles auront vingt ans,*
qu'   elles seront mariées, elles seront si bêtes...
conjonction   pronom
de subordination personnel

→ Et plus tard, quand ils auront vingt ans, <u>qu'ils</u> seront mariés, ils seront si bêtes... ▎

Quel bonheur, **quelle** joie donc d'être un escargot.
 Le parti pris des choses

▎*Quel, quelle* sont des adjectifs exclamatifs. ▎

TOPAZE. - Élève Séguédille, voulez-vous me dire **quel** est l'état d'esprit de l'honnête homme après une journée de travail ?
ÉLÈVE SÉGUÉDILLE. - Il est fatigué.
 Topaze

▎*Quel* est un adjectif interrogatif. ▎

Sans est le contraire de **avec**.

Ne devrait-on pas prévoir, sur le dos de chaque araignée, un petit module à énergie solaire actionnant des pales d'hélicoptère ? Les araignées, **sans** fil, seraient beaucoup plus libres de leurs déplacements et leur caractère y gagnerait en douceur…

▪Réponses bêtes à des questions idiotes

I _sans_   _fil_ ≠ avec un fil **I**
préposition nom

placer ensuite la toile contre un arbre
dans un jardin
dans un bois
ou dans une forêt
se cacher derrière l'arbre
sans rien dire
sans bouger…

▪Paroles

I _sans_ rien _dire_ **I**
préposition   infinitif

I _sans_ _bouger_ **I**
préposition infinitif

Attention : Souvenez-vous de cette règle simple : après **à**, **de**, **par**, **pour**, **sans**, le verbe est toujours à l'**infinitif**.

(Je) **sens**, (il) **sent** sont des formes conjuguées du verbe **sentir**.

- Je dis que je **sens** ici une odeur de cerf !
Feignant d'être réveillé en sursaut, le chat se dressa sur ses
pattes, regarda le chien d'un air étonné et lui dit :
- Qu'est-ce que vous faites ici ? En voilà des façons de venir
renifler à la porte des gens !
 Les contes bleus du chat perché

Le pauvre radiateur
raide comme une grille
se **sent** triste et rêveur.
 Enfantasques

> **S'en** (se + en) s'écrit en deux mots. Il ne se trouve jamais
> devant un nom. **En** remplace un complément introduit par
> **de**.
> ▷ *paragraphe 80*

Certainement c'est parfois une gêne d'emporter partout avec
soi cette coquille mais [les escargots] ne **s'en** plaignent pas et
finalement ils en sont bien contents. Il est précieux, où que l'on
se trouve, de pouvoir rentrer chez soi et défier les importuns.
 Le parti pris des choses

❙ *Les escargots ne s'en plaignent pas :* ils ne se plaignent pas
d'emporter cette coquille avec soi. ❙

Ⓐ**ttention :** Pensez aussi au nom **sang** et au numéral **cent**.

Les serpents sont des créatures à **sang** froid. Or le froid est une
rareté sans prix dans les pays chauds.
Je ne m'y déplace jamais sans ma couleuvre-garde-manger-
réfrigérateur.
 Réponses bêtes à des questions idiotes

L'autruche Paméla naquit au Sénégal
Son père était célèbre à **cent** lieues à la ronde
Et sa mère, dit-on, la plus belle du monde.
Paméla possédait un charme sans égal.
 Cent sonnets

214 ▶ **Comment distinguer son et sont ?**

On peut mettre les phrases à l'imparfait ; **sont** devient **étaient**, **son** ne change pas.

Gaspard était d'origine écossaise par son père, un célèbre chat de la race des Anglais bleus, qui **sont** gris comme leur nom ne l'indique pas et qu'on appelle en France des Chats des Chartreux. ▪Le chat qui parlait malgré lui

I *qui son gris...* ➔ qui étaient gris... **I**
　　verbe *être*

Ce bœuf-là était plein de bonne volonté, mais les larmes n'étaient pas son fort et on ne l'avait jamais vu pleurer. Toute **son** émotion et **son** désir de bien faire ne lui humectaient pas seulement le coin des paupières. ▪Les contes rouges du chat perché

I *son*　　　　*émotion* **I**
adjectif possessif　nom

I *son*　　　　*désir* **I**
adjectif possessif　nom

Attention : Pensez aussi au nom **son** qui peut désigner un bruit ou un aliment à base de céréales.

215 ▶ **Comment distinguer si et s'y ?**

Si signifie : **oui, à condition que, au cas où, tellement.**

- Tes fleurs sont allées cette nuit au bal, et voilà pourquoi leurs têtes sont ainsi penchées.

- Cependant les fleurs ne savent pas danser, dit la petite Ida.
- **Si**, répondit l'étudiant. Lorsqu'il fait noir et que nous dormons, nous, elles dansent et s'en donnent à cœur joie, presque toutes les nuits.

Contes d'Andersen

I _Si_ = oui **I**
adverbe

- **Si** jamais tu te transformes en cochon, mon chéri, déclara Alice d'un ton sérieux, je ne m'occuperai plus de toi. Fais attention à mes paroles ! [...]
Alice commençait à se dire : « Que vais-je faire de cette créature quand je l'aurai emmenée à la maison ? » lorsque le bébé poussa un nouveau grognement, **si** fort, cette fois, qu'elle regarda son visage non sans inquiétude. Il n'y avait pas moyen de **s'y** tromper : c'était bel et bien un cochon, et elle sentit qu'il serait parfaitement absurde de le porter plus loin.

Alice au pays des merveilles

I _Si jamais tu te transformes en cochon..._
conjonction de subordination

= <u>au cas où</u> tu te transformerais en cochon... **I**

I _si_ _fort..._ = <u>tellement</u> fort **I**
adverbe

S'y (= se + y) s'écrit en deux mots. On peut mettre la phrase à la première personne du singulier, par exemple : **s'y** devient **m'y**, **si** ne change pas.

I *Il n'y avait pas moyen de s'y tromper*
→ Il n'y avait pas moyen de <u>m'y</u> tromper...

I *Le bébé poussa un nouveau grognement, <u>si</u> fort...*
→ Je poussai un nouveau grognement, <u>si</u> fort... **I**

▶ *Comment distinguer votre et (le) vôtre ?*

> Au pluriel, **votre** devient **vos** ; **vôtre** devient **vôtres**. De plus, **vôtre** n'apparaît jamais sans **le** ou **la**.

Maître Corbeau, sur **votre** arbre perché,
Vous me paraissez fort âgé !
Il est permis de penser qu'à **votre** âge
Vous vous connaissez en fromages ?

▪Marelles

❙ sur *votre* arbre perché ➞ sur <u>vos</u> arbres perchés ❙
    adjectif possessif

❙ à *votre* âge ➞ à <u>vos</u> âges ❙
    adjectif possessif

Tout le monde le sait, un visage sans barbe, comme **le vôtre** ou le mien, se salit si on ne le lave pas régulièrement.

▪Les deux gredins

❙ un visage sans barbe, comme <u>le vôtre</u>... ➞ comme <u>les vôtres</u> ❙
        pronom possessif

ORTHOGRAPHE
D'USAGE

On appelle orthographe d'usage l'orthographe des mots telle qu'elle est proposée par le dictionnaire, sans considérer les modifications entraînées par les accords.

ÉCRIRE a

LES GRAPHIES DU SON [a]

217 ▶ **Le son** [a] **s'écrit a**   **a**bri   b**a**r   bo**a**

On trouve **a** en toute position.

DÉBUT : **a**bri, **a**ccès, **a**cteur, **a**ffaire.

INTÉRIEUR : b**a**r, cauchem**a**r, g**a**re, guit**a**re.

FIN : acaci**a**, bo**a**, camér**a**, ciném**a**, opér**a**, panoram**a**, tombol**a**, vérand**a**.

Attention : On peut aussi trouver **ha** au début ou à l'intérieur d'un mot.

habile   **ha**bitant   **ha**bitude   **ha**meçon   **ha**sard
in**ha**bité   in**ha**ler

218 ▶ **Le son** [a] **s'écrit â**   **â**ge   ch**â**teau

On ne trouve **â** qu'au début et à l'intérieur des mots.

DÉBUT : **â**ge, **â**me, **â**ne.

INTÉRIEUR : b**â**timent, b**â**ton, c**â**ble, ch**â**teau, cr**â**ne, gr**â**ce, h**â**te, inf**â**me, thé**â**tre.

Attention : Certains mots commencent par **hâ**.

hâlé   **hâ**te

219 ▶ **Le son** [a] **s'écrit à**   voil**à**

On ne trouve **à** qu'à la fin des mots.

FIN : **à**, au-del**à**, celle-l**à**, celui-l**à**, ceux-l**à**, déj**à**, l**à**, voil**à**.

220 ▶ Le son [a] s'écrit e(mm)   femme   prudemment

On trouve **-emm** dans le mot **femme** et dans les adverbes terminés par **-emment** et formés à partir d'adjectifs en **-ent**.

ADJECTIFS (-ent)	ADVERBES (-emment)
ard**ent**	ard**emm**ent
consci**ent**	consci**emm**ent
différ**ent**	différ**emm**ent
imprud**ent**	imprud**emm**ent
prud**ent**	prud**emm**ent
réc**ent**	réc**emm**ent
viol**ent**	viol**emm**ent

Attention aux adverbes formés sur les adjectifs en **-ant**.

ADJECTIFS (-ant)	ADVERBES (-amment)
abond**ant**	abond**amm**ent
brill**ant**	brill**amm**ent

221 ▶ Le son [a] s'écrit as, at   lilas   climat

Le son [a] peut s'écrire **a + une consonne** que l'on n'entend pas (une consonne **muette**) : **s** ou **t** ; **as** et **at** n'apparaissent qu'à la fin des mots.

FIN (as) : br**as**, c**as**, frac**as**, lil**as**, matel**as**, rep**as**.
FIN (at) : candid**at**, ch**at**, clim**at**, pl**at**, résult**at**, syndic**at**.

Tableau des graphies du son [a]			
	DÉBUT	INTÉRIEUR	FIN
a	**a**telier	guit**a**re	opér**a**
ha	**ha**bitant	in**ha**ler	
â	**â**ge	ch**â**teau	
hâ	**hâ**le		
à			déj**à**
as			lil**as**
at			ch**at**

À la découverte des mots

Le vocabulaire de la médecine

Dans les mots composés du suffixe **-iatre**, qui signifie *médecin* en grec, le son [a] s'écrit **a**, sans accent.

péd**iatre**, psych**iatre**

Apprenez les homophones

Certains mots (les homophones) se prononcent de la même façon, mais s'écrivent différemment. L'accent circonflexe peut permettre de les distinguer.

une t**a**che (d'encre) - une t**â**che (un travail à faire)

ÉCRIRE è

LES GRAPHIES DU SON [ɛ]

225 ▶ **Le son [ɛ] s'écrit è   crème**

On ne trouve **è** qu'à l'intérieur des mots.
INTÉRIEUR : algèbre, chèque, clientèle, crème, espèce, fidèle,
modèle, pièce, poème, siège, système, tiède.

226 ▶ **Le son [ɛ] s'écrit ès   succès**

À la fin des mots, **è** peut être suivi d'une consonne qui ne
se prononce pas, une consonne muette.
FIN : abcès, accès, décès, excès, procès, succès.

227 ▶ **Le son [ɛ] s'écrit ê   chêne**

ê n'apparaît qu'à l'intérieur des mots.
INTÉRIEUR : ancêtre, bête, chêne, fenêtre, fête, rêve.

Exception : Le verbe **être** commence par **ê**.

Attention : Le nom **hêtre** commence par **hê**.

228 ▶ **Le son [ɛ] s'écrit et, êt   sujet   arrêt**

On ne trouve **et, êt** qu'à la fin des mots.
FIN (et) : alphabet, complet, effet, sujet, volet.
FIN (êt) : arrêt, intérêt.

229 ▶ **Le son [ɛ] s'écrit ei   neige**

ei apparaît à l'intérieur des mots.
INTÉRIEUR : bal**ei**ne, n**ei**ge, p**ei**gne, r**ei**ne, tr**ei**ze.

230 ▶ **Le son [ɛ] s'écrit ai   aigle   fontaine   balai**

On trouve **ai** en toute position.
DÉBUT : **ai**de, **ai**gle, **ai**guille, **ai**le.
INTÉRIEUR : font**ai**ne, fr**ai**se, vingt**ai**ne.
FIN : bal**ai**, dél**ai**, g**ai**.

Attention : Le nom **haine** commence par **hai**.

231 ▶ **Le son [ɛ] s'écrit aî   chaîne**

aî n'apparaît qu'à l'intérieur des mots.
INTÉRIEUR : ch**aî**ne, m**aî**tre, tr**aî**ne, tr**aî**tre.

Exception : Le nom **aî**né commence par **aî**.

232 ▶ **Le son [ɛ] s'écrit aie, ais, ait, aix   lait   paix**

À la fin des mots, le son [ɛ] peut s'écrire **ai + une voyelle**
ou **une consonne** que l'on n'entend pas : **e, s, t, x**.
FIN : b**aie**, r**aie**, dad**ais**, irland**ais**, l**ait**, p**aix**.

Attention : Le nom **haie** commence par **h**.

233 ▶ Le son [ɛ] s'écrit e(ll, nn, ss, tt)e   vaisselle

Le son [ɛ] peut s'écrire **e + une consonne qui se répète** (une consonne double: ll, nn...), à la fin des mots.

FIN (elle) : chap**elle**, dent**elle**, vaiss**elle**.
FIN (enne) : anci**enne**, ant**enne**, parisi**enne**.
FIN (esse) : faibl**esse**, princ**esse**, séch**eresse**.
FIN (ette) : bagu**ette**, raqu**ette**, squel**ette**.

> Exception : Le nom **enne**mi commence par **enn**.

234 ▶ Le son [ɛ] s'écrit e(s), e(x)   escargot   texte

On trouve **es, ex** au début et à l'intérieur des mots.

DÉBUT (es) : **es**cabeau, **es**calier, **es**cargot, **es**clave, **es**crime, **es**pace, **es**t.
INTÉRIEUR (es) : ou**es**t, p**es**te, si**es**te.
DÉBUT (ex) : **ex**amen, **ex**cellent, **ex**emple, **ex**ercice.
INTÉRIEUR (ex) : l**ex**ique, t**ex**te.

235 ▶ Le son [ɛ] s'écrit e + consonne   ciel   mer

On écrit **e** devant la plupart des consonnes (c, f, l, m, n, p, r, t, z), toujours à l'intérieur des mots.

INTÉRIEUR : s**ec**, ch**ef**, ci**el**, tot**em**, abdom**en**, c**ep**, s**ept**, conc**ert**, merv**eil**leux, n**et**, Su**ez**.

Attention : Certains mots commencent par **hec, her**.
hectare   **hec**tolitre   **her**be

Tableau des graphies du son [ɛ]

	DÉBUT	INTÉRIEUR	FIN
è		cr**è**me	
ès			succ**ès**
ê	**ê**tre	ch**ê**ne	
hê	**hê**tre		
ai	**ai**gle	fr**ai**se	bal**ai**
hai	**hai**ne		
ei		bal**ei**ne	
et			fil**et**
êt			for**êt**
aî		ch**aî**ne	
aie			b**aie**
ais			irland**ais**
ait			l**ait**
aix			p**aix**
ell(e)		vaiss**elle**	
enn(e)	**enn**emi	ant**enne**	
henn	**henn**ir		
ess(e)		princ**esse**	
ett(e)		bagu**ette**	
es	**es**cargot	p**es**te	
ex	**ex**ercice	t**ex**te	
ec			s**ec**
hec	**hec**tare		
her	**her**be	dés**her**ber	

À la découverte des mots

237 **Comment trouver la lettre muette à la fin des mots ?**

Pour savoir quelle est la lettre muette finale d'un mot, vous pouvez vous aider des mots de la même famille.

laitier → lai**t**   irlandai**se** → irlandai**s**

238 **Les noms de nationalité**

Souvent, les noms ou adjectifs de nationalité se terminent par **-ais**.

un Français → une Française   anglais → anglaise

239 **Construire le féminin des mots**

-enne est très utilisé pour obtenir le féminin des noms et des adjectifs en **-ien**.

pharmacien → pharmacienne   ancien → ancienne

240 **L'accent sur le e**

Devant une double consonne, **e** ne prend pas d'accent.

il gèle, *mais* j'appelle

241 **La terminaison des verbes**

Le son [ɛ] s'écrit **-ai, -aie, -ais, -ait, -aient** dans les terminaisons des verbes.

j'achetai, je partais, que j'aie soif, il chanterait, ils riaient

ÉCRIRE é

LES GRAPHIES DU SON [e]

242 ▶ **Le son** [e] **s'écrit é   pré**

On trouve **é** en toute position.

DÉBUT : **é**clat, **é**lectrique, **é**quipe.
INTÉRIEUR : c**é**lèbre, g**é**n**é**ral, t**é**l**é**vision.
FIN (dans des noms masculins et féminins) : côt**é**, pr**é**, th**é**, beaut**é**, gaiet**é**.

(A)ttention : De nombreux mots commencent par **hé**.

héberger	**hé**licoptère	**hé**riter
hélas	**hé**misphère	**hé**ros
hélice	**hé**risson	**hé**siter

243 ▶ **Le son** [e] **s'écrit ée   fée**

On trouve **ée** en fin de mot.
FIN : bouch**ée**, bou**ée**, chauss**ée**, dur**ée**, ép**ée**, f**ée**, fus**ée**, id**ée**, lyc**ée**, mar**ée**, mus**ée**, pât**ée**, plong**ée**, travers**ée**.

244 ▶ **Le son** [e] **s'écrit er   jouer   étranger   boulanger**

À la fin des mots, le son [e] s'écrit très souvent **-er** dans les verbes à l'infinitif, les adjectifs et les noms masculins.
FIN : all**er**, boulang**er**, chant**er**, derni**er**, escali**er**, premi**er**.

245 ▶ **Le son [e] s'écrit e(ff), e(ss)   effrayer   essai**

Le son [e] s'écrit **e devant** une **consonne double**, au début des mots.

DÉBUT (eff-) : **eff**et, **eff**icace, **eff**ort.
DÉBUT (ess-) : **ess**ai, **ess**aim, **ess**ence.

246 ▶ **Le son [e] s'écrit ed, ez, es   pied   nez   mes**

On trouve **ed, ez, es** à la fin des mots.

FIN (-ed) : pi**ed**.
FIN (-ez) : ass**ez**, ch**ez**, n**ez**.
FIN (-es) : c**es**, d**es**, l**es**, m**es**, s**es**, t**es**.

247 ▶

Tableau des graphies du son [e]			
	DÉBUT	INTÉRIEUR	FIN
é	équipe	télévision	beauté
hé	hélicoptère		
ée			fusée, lycée
er			premier
es			mes
ez			assez
ed			pied
e(ff)	effort		
e(ss)	essai		

À la découverte des mots

248 **Les noms féminins en -é et en -ée**

- La plupart des noms féminins en [e] s'écrivent **-ée**.
- Mais, dans les noms féminins qui se terminent par **-té**, le son [e] s'écrit **-é**. ▷ *paragraphe 417*

la beau**té**   la bon**té**   la gaie**té**   la socié**té**

249 **Les noms masculins en -ée**

Quelques noms masculins aussi se terminent par **-ée**.
▷ *paragraphe 411*

un lyc**ée**   un mus**ée**   un scarab**ée**

250 **Les mots en -er**

De nombreux mots en [e] se terminent par **-er**. Ce sont :
- des noms de métiers ;
bouch**er**   cordonni**er**   plombi**er**   polici**er**
- tous les infinitifs du premier groupe, et le verbe **aller** ;
amus**er**   baiss**er**   décid**er**   lev**er**   travaill**er**
- des adjectifs numéraux ;
premi**er**   derni**er**
- des adjectifs exprimant une qualité ou un défaut ;
lég**er**   grossi**er**

Attention : Le féminin de ces noms et de ces adjectifs se termine en **-ère**.
bouch**ère**   grossi**ère**   premi**ère**

ÉCRIRE i

LES GRAPHIES DU SON [i]

251 ▶ **Le son** [i] **s'écrit i** idée cantine fourmi

Le son [i] peut s'écrire **i** en toute position.
DÉBUT : **i**ci, **i**dée, **i**tinéraire.
INTÉRIEUR : alp**i**niste, cant**i**ne, c**i**me, hum**i**de.
FIN : abr**i**, ains**i**, apprent**i**, appu**i**, ép**i**, fourm**i**, parm**i**, Ir**i**.

Ⓐ**ttention :** On écrit aussi souvent **hi**.
hibou **hi**rondelle enva**hi**r tra**hi**r

252 ▶ **Le son** [i] **s'écrit î** île dîner

On trouve **î** dans quelques noms.
ab**î**me d**î**ner g**î**te hu**î**tre **î**le presqu'**î**le

253 ▶ **Le son** [i] **s'écrit y** lycée

On trouve **y** en toute position.
DÉBUT : **y**, **Y**ves.
INTÉRIEUR : abba**y**e, bic**y**clette, catacl**y**sme, l**y**cée, mart**y**r, pa**y**s, pol**y**gone, st**y**le, s**y**nonyme.
FIN : penalt**y**, rugb**y**.

Ⓐ**ttention :** Certains mots commencent par **hy**.
hydravion **hy**giène **hy**permarché

254 ▶ Le son [i] s'écrit ï   naïf   égoïste

On trouve **ï** après **a**, **o**, **u** et **ou**, à l'intérieur ou à la fin des mots.

INTÉRIEUR : ambiguïté, héroïque, maïs, naïf, ouïe.
FIN : inouï.

255 ▶ Le son [i] s'écrit ie, id, is, it, ix   pie   nid

Le son [i] peut s'écrire **i + e muet** (qui ne s'entend pas) à la fin ou à l'intérieur de certains mots. Il peut s'écrire aussi **i + consonne muette** : **d**, **s**, **t**, **x**... à la fin des mots.

INTÉRIEUR : remerciement.
FIN : nid, nuit, pie, prix, puis, puits, tapis.

Attention : un green, un jean, du tweed.

256 ▶

Tableau des graphies du son [i]			
	DÉBUT	INTÉRIEUR	FIN
i	idée	cantine	parmi
hi	hirondelle	trahir	envahi
î	île	dîner	
ï		maïs	inouï
y	Yves	cycle	rugby
hy	hypermarché		
i(d, s, t, x)			nid
i(e muet)		remerciement	vie
ee		tweed	
ea		jean	

240

À la découverte des mots

257 **Comment trouver la lettre muette à l'intérieur ou à la fin des mots ?**

Pour ne pas oublier d'écrire une lettre qui ne s'entend pas, vous pouvez vous aider de mots de la même famille.

tapis**s**er → tapi**s**
remerc**ier** → remerc**ie**ment

258 **Savoir écrire y dans les mots d'origine grecque**

Les mots où [i] s'écrit **y** viennent presque toujours du **grec**.

bic**y**clette   **hy**permarché
l**y**cée   s**y**mpathie

259 **Le ï tréma**

■ On appelle tréma les deux points placés sur les voyelles **e, i, u**. Le tréma indique que l'on doit prononcer la voyelle qui précède.

■ La voyelle qui précède le **ï** tréma doit être prononcée séparément.

as-té-ro-ï-de : 5 syllabes   ma-ïs : 2 syllabes
é-go-ïs-te : 4 syllabes   na-ïf : 2 syllabes

ÉCRIRE o

LES GRAPHIES DU SON [ɔ] ET [o]

260▶ Le son [ɔ] s'écrit o   olive   pomme

On trouve **o** au début et à l'intérieur des mots.
DÉBUT : **o**céan, **o**deur, **o**live.
INTÉRIEUR : g**o**mme, p**o**mme.

> Exceptions : Le son [ɔ] s'écrit **au** et **u**(m) dans quatre mots.
> P**au**l   alb**um**
> (hareng) s**au**r   rh**um**

Attention :

• De nombreux mots commencent par **ho**.

hobby	**ho**llandais	**ho**monyme	**ho**raire
hochet	**ho**mard	**ho**nnête	**ho**rizon
hockey	**ho**mme	**ho**quet	**ho**rrible

• Dans les adjectifs mal**ho**nnête, in**ho**spitalier, **ho** se trouve à l'intérieur du mot.

261▶ Le son [o] s'écrit o   chose   lavabo

Le son [o] peut s'écrire **o** à l'intérieur et à la fin des mots.
INTÉRIEUR : ch**o**se, d**o**se, p**o**se, r**o**se.
FIN : carg**o**, casin**o**, domin**o**, éch**o**, jud**o**, lavab**o**, pian**o**, scénari**o**.

262 ▶ Le son [o] s'écrit au, eau aube bateau

On trouve **au** en toute position ; **au** apparaît peu à la fin des mots ; **eau** apparaît surtout à la fin des mots.

au

DÉBUT : **au**be, **au**dace, **au**près, **au**tocollant, **au**tomne, **au**toroute.

INTÉRIEUR : astron**au**te, ch**au**de, ép**au**le, g**au**fre, j**au**ne, p**au**se.

FIN (rare) : joy**au**, land**au**, sarr**au**, tuy**au**.

Attention :

● Dans le mot **automne**, on retrouve les deux sons [o] et [ɔ].

● Dans les mots **hau**t, **hau**teur, **hau**ssement, **hau**sser, on trouve la graphie **hau**.

eau

INTÉRIEUR : b**eau**coup, b**eau**jolais, b**eau**té.

FIN : ann**eau**, barr**eau**, bat**eau**, cad**eau**, cerc**eau**, cis**eau**, **eau**, escab**eau**, ham**eau**, lionc**eau**, pinc**eau**, rid**eau**, s**eau**, traîn**eau**, vaiss**eau**.

263 ▶ Le son [o] s'écrit ô clôture

On trouve **ô** à l'intérieur des mots seulement.

INTÉRIEUR : ap**ô**tre, ar**ô**me, ch**ô**mage, cl**ô**ture, contr**ô**le, c**ô**te, fant**ô**me, h**ô**te, pyl**ô**ne, r**ô**le, r**ô**ti, sympt**ô**me, t**ô**le.

Attention : Certains mots commencent par **hô**.

hôpital **hô**tel

Exception : **ôter**

264 ▶ **Le son** [o] **s'écrit ôt, o(t, p, s, c)** **bientôt** **sirop**

Le son [o], en fin de mot, peut s'écrire **ôt** et **o + consonne muette** (une consonne que l'on n'entend pas : **t, p, s, c**).

ôt
FIN : aussit**ôt**, bient**ôt**, dép**ôt**, entrep**ôt**, imp**ôt**, plut**ôt**, sit**ôt**, tant**ôt**, t**ôt**.

o + consonne muette
FIN (ot) : arg**ot**, chari**ot**, coquelic**ot**, escarg**ot**, goul**ot**, haric**ot**, hubl**ot**, javel**ot**, sab**ot**, tr**ot**.
FIN (op) : gal**op**, sir**op**, tr**op**.
FIN (os) : d**os**, rep**os**, tourned**os**.
FIN (oc) : accr**oc**, cr**oc**.

265 ▶ **Le son** [o] **s'écrit au(d, t, x)** **crapaud** **artichaut**

Le son [o] peut s'écrire **au + consonne muette (d, t, x)** en fin de mot.
FIN (aud) : bad**aud**, crap**aud**, réch**aud**.
FIN (aut) : artich**aut**, déf**aut**, s**aut**.
FIN (aux) : ch**aux**.

266 ▶

Tableau des graphies du son [ɔ]			
[ɔ]	DÉBUT	INTÉRIEUR	FIN
o	**o**céan	p**o**mme	
ho	**ho**rizon	mal**ho**nnête	
au		P**au**l	
u(m)			alb**u**m

Tableau des graphies du son [o]

[o]	DÉBUT	INTÉRIEUR	FIN
o		rose	piano
au	automne	gaufre	landau
eau	eau	beauté	rideau
ô		rôti	
o(t, p, s, c)			haricot
ô(t)			bientôt
au(d, t, x)			crapaud

À la découverte des mots

267 **Comment trouver la lettre muette à la fin des mots ?**

■ Vous pouvez vous aider d'un mot de la même famille pour savoir quelle est la consonne muette finale d'un mot.

galoper → galop   accrocher → accroc   sauter → saut

■ Vous pouvez aussi vous aider du féminin des adjectifs.

chaude → chaud

268 **Apprenez les homophones**

Certains mots (les homophones) se prononcent de la même façon, mais s'écrivent différemment.

sot   saut   seau   sceau   do   dos

ÉCRIRE an, en

LES GRAPHIES DU SON [ã]

269 ▶ **Le son [ã] s'écrit an**   ange   vacances   océan

On trouve **an** en toute position.

DÉBUT : **an**cien, **an**ge, **an**glais, **an**goisse, **an**tenne, **an**tique.
INTÉRIEUR : b**an**que, m**an**che, p**an**talon, tr**an**quille, vac**an**ces.
FIN : artis**an**, cadr**an**, écr**an**, océ**an**, rub**an**, volc**an**.

🅐**ttention** : Certains mots commencent par **han**.
  hanche   **han**dball   **han**dicap   **han**gar   **han**té

270 ▶ **Le son [ã] s'écrit en**   encre   calendrier

On trouve **en** au début et à l'intérieur des mots.

DÉBUT : **en**chanteur, **en**cre, **en**fant, **en**jeu, **en**nui, **en**quête.
INTÉRIEUR : att**en**tion, cal**en**drier, c**en**dre, c**en**tre, t**en**dre, t**en**sion.

🅐**ttention** : Dans quelques noms propres, on trouve **en** à la fin des mots.
  Ca**en**   Rou**en**

271 ▶ **Le son [ã] s'écrit am, em**   jambe   temps

Devant les consonnes **b**, **m**, **p**, le son [ã] ne s'écrit pas **an** ou **en**, mais **am** ou **em**.

AM : **am**biance, c**am**p, ch**am**pion, j**am**be.
EM : **em**barqué, **em**mené, **em**pêché, ens**em**ble, t**em**ps.

272 ▶ **Le son [ã] s'écrit ant, ent   croissant   aliment**

À la fin des mots, le son [ã] s'écrit le plus souvent **ant** ou **ent**.

FIN (ent) : abs**ent**, alim**ent**, arg**ent**, bâtim**ent**, cont**ent**, d**ent**, équival**ent**, heureusem**ent**, insol**ent**, régim**ent**, sentim**ent**, supplém**ent**, urg**ent**, vêtem**ent**.
FIN (ant) : aim**ant**, carbur**ant**, croiss**ant**, vol**ant**.

273 ▶ **Le son [ã] s'écrit an(c, d, g)   blanc   marchand**

À la fin des mots, le son [ã] s'écrit **an + consonne muette** (une consonne que l'on n'entend pas) : **c**, **d** ou **g**.
FIN (anc) : b**anc**, bl**anc**, fl**anc**.
FIN (and) : flam**and**, goél**and**, march**and**.
FIN (ang) : ét**ang**, r**ang**, s**ang**.

Attention : f**aon**, p**aon**, t**aon**.

274 ▶

Tableau des graphies du son [ã]			
	DÉBUT	INTÉRIEUR	FIN
an	**an**tenne	l**an**gage	écr**an**
han	**han**ter		
en	**en**nui	t**en**dre	
am(b, m, p)	**am**biance	j**am**be	c**am**p
em(b, m, p)	**em**barqué	ens**em**ble	
ant			croiss**ant**
ent			arg**ent**
and			march**and**
ang			ét**ang**
anc			bl**anc**

247

À la découverte des mots

275 ▸ **S'aider des familles de mots pour écrire *an* ou *en***

Pour choisir la bonne orthographe dans les finales **-ance**, **-anse**, **-ande**, **-ante** et **-ence**, **-ense**, **-ende**, **-ente**, vous pouvez rapprocher ce mot d'un autre mot de la même famille que vous savez écrire *(danseur → danse)*.

-ance : abond**ance**, alli**ance**, dist**ance**.
-anse : d**anse**, p**anse**.
-ande : comm**ande**, dem**ande**, guirl**ande**.
-ante : épouv**ante**, soix**ante**.

-ence : abs**ence**, afflu**ence**, concurr**ence**.
-ense : d**ense**, dép**ense**, récomp**ense**.
-ende : am**ende**, lég**ende**.
-ente : att**ente**, f**ente**, tr**ente**.

276 ▸ **Les adverbes en *-ment***

Tous les adverbes formés à partir d'adjectifs se terminent par **-ment**.   ▷ *paragraphe 99*

courageux → courageuse**ment**
rapide → rapide**ment**
prudent → prudem**ment**
constant → constam**ment**

277 ▸ **La terminaison *-ant* dans les participes présents**

Au participe présent, les verbes se terminent tous par **-ant**.

248

INFINITIF	PARTICIPE PRÉSENT
boire	buvant
dormir	dormant
écrire	écrivant
finir	finissant
lire	lisant
sauter	sautant

278 ▶ Apprenez les homophones

Certains mots (les homophones) se prononcent de la même manière mais s'écrivent différemment.

Les amandes sont des fruits.
L'agent a mis une amende au propriétaire du camion.

Je pense que j'ai raison.
L'infirmière panse un blessé.

279 ▶ Comment trouver la lettre muette à la fin d'un mot ?

Connaître des mots de la même famille aide parfois à écrire correctement un mot.

ranger → rang
sanglant → sang

ÉCRIRE in

LES GRAPHIES DU SON [ɛ̃]

280▶ **Le son** [ɛ̃] **s'écrit in   international   jardin   fin**

On trouve **in** en toute position.
DÉBUT : **in**dividuel, **in**juste, **in**térêt.
INTÉRIEUR : c**in**q, d**in**de, p**in**tade.
FIN : br**in**, jard**in**, mat**in**.

Attention : Le mot **hin**dou commence par **hin**.

281▶ **Le son** [ɛ̃] **s'écrit im (b, m, p)   timbre   impossible**

Devant **b**, **m** et **p**, le son [ɛ̃] s'écrit **im**. On trouve **im** au début et à l'intérieur des mots.
DÉBUT : **im**battable, **im**mangeable, **im**perméable.
INTÉRIEUR : l**im**pide, s**im**ple, t**im**bre.

282▶ **Le son** [ɛ̃] **s'écrit en   collégien   moyen   lycéen**

On trouve **en** à la fin des mots, après les voyelles **i**, **y** et **é**.
APRÈS **i** : aér**ien**, anc**ien**, b**ien**, ch**ien**, chirurg**ien**, collég**ien**, comb**ien**, électric**ien**, l**ien**, magic**ien**.
APRÈS **y** : citoy**en**, moy**en**.
APRÈS **é** : europé**en**, lycé**en**, méditerrané**en**.

250

283▶ Le son [ɛ̃] s'écrit ain, ein   terrain   plein

On trouve **ain**, **ein** après une consonne.
INTÉRIEUR : cr**ain**te, m**ain**tenant, pl**ain**te, c**ein**ture, p**ein**ture.
FIN : b**ain**, gr**ain**, m**ain**, n**ain**, p**ain**, pl**ein**, s**ein**.

284▶ Le son [ɛ̃] s'écrit aint, eint   plaint   déteint

On trouve **aint**, **eint** après une consonne, à la fin des mots.
FIN : contr**aint**, s**aint**, ét**eint**, p**eint**.

285▶ Le son [ɛ̃] s'écrit aim, ym, yn   faim   thym   lynx

On peut écrire **aim** et **ym** à la fin des mots ; **yn** ne se trouve
qu'à l'intérieur des mots.
INTÉRIEUR : **lyn**x.
FIN : d**aim**, ess**aim**, f**aim**, th**ym**.

286▶

Tableau des graphies du son [ɛ̃]

	DÉBUT	INTÉRIEUR	FIN
in	**in**juste	c**in**q	jar**din**
im(b, m, p)	**im**perméable	s**im**ple	
en			ch**ien**
ain, ein	**ain**si	p**ein**ture	p**ain**
aint, eint			s**aint**
aim			f**aim**
yn, ym		**lyn**x	th**ym**

251

À la découverte des mots

287 ▶ Comment trouver une lettre muette ?

Pour savoir quand écrire **aint** et **eint**, vous pouvez vous aider du féminin des mots.

sainte → saint   éteinte → éteint

288 ▶ Apprenez les homophones

Certains mots se prononcent de la même manière, mais s'écrivent différemment.

Les exemples suivants se distinguent par la graphie du son [ɛ̃] (**ain**, **in**, **ein**) et par les consonnes muettes.

p**ain**	p**in**	p**ein**t	
v**ain**	v**in**	v**in**gt	(il) v**in**t
t**ein**t	t**ain**	th**ym**	(il) t**in**t

ÉCRIRE oi

LES GRAPHIES DU SON [wa]

289 ▶ **Le son** [wa] **s'écrit** oi   oiseau   poignée   moi

Le son [wa] s'écrit le plus souvent **oi**, et se trouve en toute position.

DÉBUT : **oi**seau, **oi**seleur, **oi**sif.
INTÉRIEUR : b**oi**sson, p**oi**gnée, s**oi**rée.
FIN : l**oi**, m**oi**, qu**oi**.

Attention : Parfois le **i** de **oi** prend un accent circonflexe.
    b**oî**te   Ben**oî**t

290 ▶ **Le son** [wa] **s'écrit** oy   voyage   envoyer

On trouve aussi **oy** à l'intérieur des mots.
INTÉRIEUR : ab**oy**er, m**oy**en, n**oy**ade, r**oy**al, r**oy**aume.

291 ▶ **Le son** [wa] **s'écrit** oi(e, s, t, x)   endroit

On trouve aussi **oi** + une ou deux **lettres muettes** (que l'on n'entend pas : **e, s, t, x, d, ds**) à la fin des mots.

OIE   : f**oie**, j**oie**, **oie**, v**oie**.
OIS   : b**ois**, cham**ois**, f**ois**.
OIT   : adr**oit**, endr**oit**, étr**oit**.
OIX   : cr**oix**, n**oix**, v**oix**.
OID   : fr**oid**.
OIDS   : p**oids**.

253

Attention :

● Le son [wa] peut s'écrire **w** dans des mots d'origine étrangère.

waters (wc)   **w**att

● Le son [wa] s'écrit **oê** dans **poêle**.

292▶ Le son [wa] **s'écrit ua, oua   square   douane**

On trouve la graphie **ua, oua** dans quelques mots.

UA : aq**ua**rium, éq**ua**teur, sq**ua**re.
OUA : d**oua**ne, p**oua**h, z**oua**ve.

293▶

Tableau des graphies du son [wa]			
	DÉBUT	INTÉRIEUR	FIN
oi	**oi**seau	s**oi**rée	m**oi**
oy		v**oy**age	
oi(e)			j**oie**
oi(s)			autref**ois**
oi(t)			t**oit**
oi(x)			n**oix**
oi(d)			fr**oid**
oi(ds)			p**oids**
oê		p**oê**le	
oua		d**oua**ne	
ua		sq**ua**re	
wa	**wa**ters		

254

À la découverte des mots

294 ▶ Apprenez les homophones

La lettre muette à la fin des mots permet de distinguer les mots qui se prononcent de la même façon.

moi – un mois   toi – un toit
la foi – le foie – une fois
(je) crois – (il) croit – (il) croît – la croix
la voie – (je) vois – (il) voit – la voix

295 ▶ Les noms masculins en -oi

Les mots masculins en [wa] s'écrivent souvent en **-oi**.

un envoi   un tournoi   l'effroi

Exceptions : endroit, toit, bois, mois, choix, foie, doigt.

296 ▶ Les noms féminins en -oie

Les mots féminins en [wa] s'écrivent souvent en **-oie**.

la joie   une oie

Exceptions : loi, foi, fois, croix, noix, voix.

297 ▶ Les verbes en -oyer

Dans les verbes en **-oyer**, le son [wa] s'écrit de plusieurs façons. Apprenez à bien écrire toutes ces formes.

j'envoie, tu nettoies, il aboie, ils emploient
je nettoierai, vous emploierez, ils aboieront   ▷ *paragraphe 440*

ÉCRIRE y

LES GRAPHIES DU SON [j]

298 ▶ **Le son [j] s'écrit y   yeux   voyage**

On trouve **y** au début et à l'intérieur des mots.

DÉBUT : **y**aourt, **y**éti, **y**eux, **y**oga, **y**o-**y**o.
INTÉRIEUR : attra**y**ant, bru**y**ant, cra**y**on, emplo**y**eur, ennu**y**eux,
essa**y**age, fra**y**eur, jo**y**eux, mo**y**en, netto**y**age, pa**y**ant, ra**y**on,
vo**y**age.

Attention : Le nom **hyène** commence par **h**.

299 ▶ **Le son [j] s'écrit i   iode   cahier**

On trouve **i** au début et à l'intérieur des mots.

DÉBUT : **i**ode, **i**ota.
INTÉRIEUR : all**i**ance, antér**i**eur, bijout**i**er, commerc**i**al,
conf**i**ance, extér**i**eur, glac**i**al, intér**i**eur, méf**i**ance, pap**i**er,
soc**i**été, spéc**i**al, supér**i**eur, v**i**eille, v**i**eux.

Attention :
• Les noms **hier**, **hiéroglyphe** commencent par **h**.
• Dans le nom **cahier**, on écrit **hi**.

300 ▶ **Le son [j] s'écrit ill   coquillage   famille**

On trouve **ill** à l'intérieur des mots seulement.
INTÉRIEUR : coqu**ill**age, feu**ill**age, gr**ill**age, out**ill**age, p**ill**age ;
brou**ill**on, car**ill**on, échant**ill**on, ore**ill**ons, révé**ill**on.
DEVANT e FINAL : abe**ill**e, bata**ill**e, b**ill**e, chen**ill**e, fam**ill**e, f**ill**e,
grose**ill**e, ore**ill**e, feu**ill**e, ta**ill**e.

Exception : Dans **mille**, les lettres **ill** se prononcent [l].

301 ▶ **Le son [j] s'écrit il   bétail   réveil   fauteuil**

On trouve **il** à la fin des mots seulement.
FIN : a**il**, ba**il**, béta**il**, soupira**il** ; appare**il**, réve**il**, orte**il**, sole**il**,
pare**il** ; chevreu**il**, fauteu**il**, seu**il**, accue**il**, cercue**il**, orgue**il**,
recue**il**.

302 ▶

Tableau des graphies du son [j]			
	DÉBUT	INTÉRIEUR	DEVANT e FINAL	FIN
y	y**a**ourt	no**y**er		
hy	**hy**ène			
i	**i**ode	bijout**i**er		
hi	**hi**er	ca**hi**er		
ill		bou**ill**on	ore**ill**e	
il				sole**il**

À la découverte des mots

---

303 ▸ **Les verbes en -ailler et -eiller**

La graphie **ill** apparaît dans la conjugaison des verbes en **-ailler** et **-eiller**.

-ailler : trav**ailler**
-eiller : cons**eiller**, rév**eiller**

Attention : Il ne faut pas oublier d'écrire le **i** de la terminaison de l'imparfait, même si, dans ces verbes, on ne l'entend pas.

nous trava**ill**ions   vous réve**ill**iez

---

304 ▸ **il et ill dans les mots de la même famille**

Dans les mots de la même famille, on écrit **il** dans les noms et **ill** dans les verbes.

accue**il** ⇀ accue**ill**ir
réve**il** ⇀ réve**ill**er
trava**il** ⇀ trava**ill**er

---

305 ▸ **Le genre des mots en -il et -ille**

À la fin des mots, on écrit **il** dans les mots masculins et **ill** dans les mots féminins.

un écureu**il**   une b**ill**e   un orte**il**   une abe**ill**e
un fauteu**il**   une f**ill**e   pare**il**   pare**ill**e

ÉCRIRE p

LES GRAPHIES DU SON [p]

306 ▶ Le son [p] s'écrit p   page   ampoule   ketchup

Le son [p] peut s'écrire **p** en toute position.

DÉBUT : **p**age, **p**ain, **p**ile, **p**oule, **p**reuve, **p**rovince, **p**ublicité.
INTÉRIEUR : am**p**oule, a**p**ogée, é**p**ée, é**p**i, la**p**in, o**p**éra.
DEVANT e FINAL : antilo**p**e, ca**p**e, cou**p**e, princi**p**e, ty**p**e.
FIN : ca**p**, ce**p**, cli**p**, handica**p**, ketchu**p**, scal**p**.

307 ▶ Le son [p] s'écrit pp   appareil   enveloppe

On écrit **pp** à l'intérieur des mots seulement.

INTÉRIEUR : a**pp**areil, a**pp**orter, a**pp**renti, a**pp**rocher, a**pp**ui,
hi**pp**ique, hi**pp**opotame, na**pp**eron, su**pp**lice.
DEVANT e FINAL : envelo**pp**e, fra**pp**e, gra**pp**e, na**pp**e, tra**pp**e.

308 ▶

Tableau des graphies du son [p]				
	DÉBUT	INTÉRIEUR	DEVANT e FINAL	FIN
p	poule	lapin	soupe	cap
pp		appui	nappe	

À la découverte des mots

309 ► **Quand écrit-on un seul p ?**

■ On écrit un seul **p** après **é**, **am**, **im** et **om**.

mépris   ampoule   imperméable   pompier

■ On écrit généralement **p** dans les mots commençant par la voyelle **o**.

opéra   opérer   opinion   optimiste

Exceptions : opposer, opposition, opposant...
opprimer, oppression, oppresseur...
opportunité, opportun, opportuniste...

310 ► **Quand écrit-on pp ?**

La plupart des verbes commençant par [ap] prennent **2 p**.

appartenir   **app**laudir   **app**rendre
appeler   **app**orter   **app**rocher

Exceptions : apaiser, apercevoir, apeurer, s'apitoyer, aplanir, aplatir.

ÉCRIRE t

LES GRAPHIES DU SON [t]

311 ▶ **Le son** [t] **s'écrit t** **terrain** **atelier** **pilote** **août**

On trouve la graphie **t** en toute position.
DÉBUT : tabac, table, technique, terrain, trésor, tresse.
INTÉRIEUR : atelier, étanche, itinéraire, otage, otite.
DEVANT e FINAL : aromate, cravate, dispute, note, pilote.
FIN : août, but, correct, direct, est, granit, mazout, ouest,
rapt, scout.

312 ▶ **Le son** [t] **s'écrit tt** **attaque** **lettre** **carotte**

La graphie **tt** ne se trouve qu'à l'intérieur des mots.
INTÉRIEUR : attachant, attaque, attente, attirer, attitude,
attribut, baguette, confetti, flatterie, flotter, lettre, lutteur,
nettoyage, pittoresque, quitter, sottise.
DEVANT e FINAL :
-atte : chatte, natte.
-otte : biscotte, carotte, (je, il) flotte.
-ette : assiette, baguette, banquette, clarinette, galette,
  omelette, toilette.

313 ▶ **Le son** [t] **s'écrit th** **thermomètre** **orthographe**

La graphie **th** peut se trouver au début, à l'intérieur des
mots, plus rarement à la fin.
DÉBUT : théâtre, thermomètre, thorax, thym.
INTÉRIEUR : arithmétique, mathématique, mythologie, sympathie.
FIN : luth, zénith.

261

Tableau des graphies du son [t]			
	DÉBUT	INTÉRIEUR	DEVANT e FINAL	FIN
t	table	atelier	pilote	but
tt		lettre	carotte	watt
th	théâtre	orthographe	homéopathe	luth

À la découverte des mots

315 ▶ Quand écrit-on tt ?

On trouve **tt** le plus souvent **entre deux voyelles** ou **devant r**.

attacher   natte   attirer   nette   sottise
attraction   attrait   attribut   attroupement

316 ▶ Comment trouver une lettre muette ?

Le **t** ne s'entend pas dans certains mots. Pour ne pas l'oublier, pensez à un mot de la même famille, ou bien au féminin du mot.

respectable → respect   chatte → chat

317 ▶ Les lettres th dans les mots d'origine grecque

Dans les mots d'origine grecque, [t] s'écrit souvent **th**.

athlète   théâtre   mathématique

Tentation

Ton
tas de riz
Tenta le rat
Le rat tenté
Le riz tâta

C. Nadaud, in *Mon premier livre de devinettes*,
© Petite Enfance heureuse,
Les Éditions Ouvrières
et Pierre Zech éditeur

ÉCRIRE c, qu, k

LES GRAPHIES DU SON [k]

318 ▶ **Le son** [k] **s'écrit c**   **ca**deau   **va**carme   plasti**c**

Le son [k] peut s'écrire **c** en toute position.

DÉBUT : **c**abine, **c**adeau, **c**olère, **c**ombat, **c**ube, **c**ulotte.
INTÉRIEUR : a**c**acia, a**c**ajou, é**c**orce, sa**c**oche, va**c**arme.
FIN : ave**c**, cho**c**, la**c**, pi**c**, plasti**c**, trafi**c**.

319 ▶ **Le son** [k] **s'écrit qu**   **qu**estion   pa**qu**et

On trouve la graphie **qu** au début et à l'intérieur des mots.

DÉBUT : **qu**ai, **qu**and, **qu**estion, **qu**i, **qu**oi, **qu**otidien.
INTÉRIEUR : atta**qu**er, bri**qu**et, pa**qu**et, pi**qu**ant, remar**qu**able.
DEVANT e FINAL : bibliothè**qu**e, dis**qu**e.

🅐 **ttention :** La lettre **q** n'est pas suivie de **u** dans **cinq**, **coq**.

320 ▶ **Le son** [k] **s'écrit cc**   o**cc**asion   a**cc**lamer

On ne trouve la graphie **cc** qu'à l'intérieur des mots.

INTÉRIEUR : a**cc**abler, a**cc**lamation, a**cc**ord, o**cc**asion.

321 ▶ **Le son** [k] **s'écrit k**   **k**angourou   mo**k**a   loo**k**

On peut trouver la graphie **k** en toute position.

DÉBUT : **k**aki, **k**angourou, **k**épi, **k**ermesse, **k**ilo, **k**imono, **k**iosque.
INTÉRIEUR : mo**k**a.
FIN : anora**k**, loo**k**.

264

322▶ Le son [k] s'écrit ch   chorale   orchestre

On trouve la graphie **ch** en toute position.
DÉBUT : **ch**aos, **ch**lore, **ch**oléra, **ch**orale, **ch**rome, **ch**rysalide.
INTÉRIEUR : é**ch**o, or**ch**estre, or**ch**idée.
FIN : almana**ch**.

323▶ Le son [k] s'écrit ck   cocker   bifteck

On trouve la graphie **ck** à l'intérieur et à la fin d'un mot.
INTÉRIEUR : co**ck**er, co**ck**tail, jo**ck**ey, ti**ck**et.
FIN : bifte**ck**, sto**ck**.

324▶ Le son [k] s'écrit cqu   grecque

On trouve la graphie **cqu** à l'intérieur d'un mot seulement.
INTÉRIEUR : a**cqu**isition, a**cqu**ittement, gre**cqu**e.

325▶

	DÉBUT	INTÉRIEUR	DEVANT e FINAL	FIN
Tableau des graphies du son ⌊k⌋				
c	cadeau	écorce		choc
q, qu	quai	paquet	disque	coq
cc		accord		
k	kilo	moka		anorak
ch	chorale	écho		almanach
ck		jockey		bifteck
cqu		acquitter	grecque	

326 ▸ **Comment écrire le son [k] devant e et i ?**

■ Quand on entend le son [k] **devant i, e, é, è, ê**, il faut écrire **qu** ou, plus rarement, **k, ck, ch, cqu**.

qui **qu**e perro**qu**et **qu**ébécois
(ils) pi**qu**èrent **qu**ête

■ On ne peut pas écrire **c**, sinon on prononcerait [s].

cerf **c**igale

327 ▸ **La prononciation de cc**

■ Les lettres **cc** se prononcent [k] devant **a, o, u, l, r**.

a**cc**lamer a**cc**ord a**cc**rocher o**cc**ulte sa**cc**ade

■ Les lettres **cc** se prononcent [k + s] devant **i, e, é, è**.

co**cc**inelle a**cc**ent a**cc**ès
va**cc**in a**cc**élérateur su**cc**ès

328 ▸ **Les lettres k et ch**

■ On trouve la lettre **k** dans un petit nombre de mots, souvent d'origine étrangère.

kangourou *(australien)* **k**ung-fu *(chinois)* **k**aya**k** *(esquimau)*

■ La graphie **ch** transcrit le son [k] dans les mots qui viennent du grec.

or**ch**estre **ch**orale

Une baleine à bicyclette

*Une baleine à bicyclette
rencontre un ya**k** dans un **k**ayak.*

*Elle fait sonner sa sonnette.
C'est pour **qu**e le ya**k** la remar**qu**e.*

*Elle sonne faux, ta sonnette,
dit le ya**k** à l'accent cana**qu**e.*

*La baleine, la pauvre bête,
reçoit ces mots comme une cla**qu**e.*

*Une baleine à bicyclette
qu'un ya**k** accuse de faire des coua**c**s !*

*Elle sonne juste, ma sonnette,
dit la baleine du ta**c** au ta**c**.*

***C**ar ma sonnette a le son net
d'une jolie **c**lo**ch**e de Pâ**qu**es.*

*Ne te fâche pas, baleinette,
répond le ya**k** qui a le tra**c**.*

Claude Roy, *Enfantasques,*
Éditions Gallimard

ÉCRIRE g

LES GRAPHIES DU SON [g]

329 ▶ **Le son** [g] **s'écrit g   garage   règle   gag**

On trouve **g** en toute position.

DÉBUT : **g**adget, **g**ai, **g**arage, **g**lace, **g**lu, **g**oal, **g**oût, **g**ras, **g**rave, **g**rotte.

INTÉRIEUR : a**g**randissement, ba**g**arre, fi**g**ure, ra**g**oût, rè**g**le.

FIN : ga**g**, gro**g**.

330 ▶ **Le son** [g] **s'écrit gu   guitare   baguette   langue**

On trouve **gu** au début et à l'intérieur des mots.

DÉBUT : **gu**é, **gu**êpe, **gu**ère, **gu**érison, **gu**erre, **gu**eule, **gu**ide, **gu**ignol, **gu**itare.

INTÉRIEUR : ai**gu**ille, ba**gu**ette, fi**gu**ier.

DEVANT e FINAL : ba**gu**e, catalo**gu**e, di**gu**e, lan**gu**e, monolo**gu**e, va**gu**e.

331 ▶ **Le son** [g] **s'écrit gg   jogging**

Le son [g] s'écrit très rarement **gg**, et uniquement à l'intérieur des mots.

INTÉRIEUR : a**gg**lomération, a**gg**lutiné, a**gg**ravation, jo**gg**ing.

332 ▶

Tableau des graphies du son [g]				
	DÉBUT	INTÉRIEUR	DEVANT e FINAL	FIN
g	glace	figure		gag
gu	guitare	aiguille	langue	
gg		jogging		

À la découverte des mots

333 ▶ **Comment écrire le son** [g] **devant e et i ?**

■ Quand on entend le son [g] devant **e, é, ê, i** et **y**, il faut écrire **gu**.

guetter **gu**érir **gu**êpe **gu**irlande

■ On ne peut pas écrire **g**, sinon on prononcerait [z].

geste **gi**rafe

334 ▶ **L'emploi du tréma sur ë et ï**

■ Le tréma (les deux points placés sur une lettre) indique que l'on doit prononcer la voyelle qui précède.

■ Pour prononcer [gy] quand **gu** est suivi de **e** ou de **i**, il faut mettre un tréma sur le **e** ou le **i**.

ai**gu** → ai**guë**
ambi**gu** → ambi**guë** → ambi**guï**té

269

ÉCRIRE f

LES GRAPHIES DU SON [f]

335 ▶ **Le son** [f] **s'écrit f**   fantôme   gifle   girafe   chef

On trouve **f** en toute position.

DÉBUT : **f**antassin, **f**antôme, **f**arine, **f**emme, **f**iltre, **f**in.
INTÉRIEUR : a**f**ricain, dé**f**aite, gau**f**re, gi**f**le, in**f**âme, pla**f**ond.
DEVANT e FINAL : agra**f**e, cara**f**e, gira**f**e.
FIN : bœu**f**, che**f**, massi**f**, neu**f**, œu**f**, relie**f**, soi**f**.

336 ▶ **Le son** [f] **s'écrit ff**   affection   griffe   bluff

On ne trouve jamais **ff** au début d'un mot.

INTÉRIEUR : a**ff**aire, a**ff**ection, a**ff**luent, a**ff**reux, chi**ff**on, chi**ff**re, co**ff**re, e**ff**ort, gou**ff**re, o**ff**ense, sou**ff**le, su**ff**isant.
DEVANT e FINAL : coi**ff**e, éto**ff**e, gri**ff**e, tou**ff**e, tru**ff**e.
FIN (rare) : blu**ff**.

337 ▶ **Le son** [f] **s'écrit ph**   pharmacie   géographie

On trouve **ph** au début et à l'intérieur des mots, et devant un **e** muet final.

DÉBUT : **ph**armacie, **ph**rase, **ph**ysique.
INTÉRIEUR : géogra**ph**ie, magnéto**ph**one, saxo**ph**one, télé**ph**one.
DEVANT e FINAL : catastro**ph**e, orthogra**ph**e, triom**ph**e.

270

338 ▶

Tableau des graphies du son [f]				
	DÉBUT	INTÉRIEUR	DEVANT e FINAL	FIN
f	fantôme	plafond	girafe	soif
ff		coffre	touffe	bluff
ph	phrase	saxophone	catastrophe	

À la découverte des mots

339 ▶ **Former des adjectifs avec le suffixe -if (-ive)**

Le suffixe **-if** permet de former de nombreux adjectifs de qualité. Au féminin, le **f** se transforme en **v : -ive**.

fuite (n.) → fugit**if** (adj. masc.) → fugit**ive** (adj. fém.)
défin**ir** (v.) → définit**if** (adj. masc.) → définit**ive** (adj. fém.)
position (n.) → posit**if** (adj. masc.) → posit**ive** (adj. fém.)

340 ▶ **Les lettres ph dans les mots grecs**

La graphie **ph** se trouve dans des mots d'origine grecque.

orthogra**ph**e : - ortho (droit)
            - graphe (écrire)

ÉCRIRE s ET x

LES GRAPHIES DU SON [s] ET DU SON [ks]

341 ▶ Le son [s] s'écrit s   soleil   chanson   as

On trouve **s** en toute position.
DÉBUT : **s**alade, **s**irop, **s**oleil, **s**tatue, **s**ûreté.
INTÉRIEUR : chan**s**on, ob**s**tacle.
DEVANT e FINAL : bour**s**e, cour**s**e, dépen**s**e, répon**s**e, tor**s**e.
FIN : a**s**, bu**s**, cactu**s**, maï**s**, sen**s**.

342 ▶ Le son [s] s'écrit c   cette   concert   cigale

Le son [s] ne s'écrit jamais **c** à la fin d'un mot.
DÉBUT : **c**eci, **c**éder, **c**igare, **c**ycle.
INTÉRIEUR : an**c**être, con**c**ert, mer**c**i, so**c**ial.
DEVANT e FINAL : auda**c**e, capri**c**e, dou**c**e, féro**c**e, pou**c**e,
sau**c**e.

Attention : Le son [s] ne s'écrit jamais **c** devant **a**, **o**, **u**.

343 ▶ Le son [s] s'écrit ç   ça   leçon   déçu

On n'écrit jamais **ç** à la fin d'un mot.
DÉBUT (rare) : **ç**a.
INTÉRIEUR : dé**ç**u, fa**ç**ade, le**ç**on, ma**ç**on, re**ç**u.

344 ▶ Le son [s] s'écrit x   di**x**   soi**x**ante

Le son [s] s'écrit **x** dans quelques mots.

di**x**   si**x**   soi**x**ante

345 ▶ Le son [s] s'écrit ss   poi**ss**on   écrevi**ss**e

- On ne trouve jamais **ss** en début de mot.

INTÉRIEUR : boi**ss**on, e**ss**ai, moi**ss**on, poi**ss**on, ti**ss**u.
FIN (rare) : stre**ss**.

- À la fin des mots, on trouve **sse** ou **ce**.

SSE : creva**sse**, impa**sse**, écrevi**sse**, sauci**sse**, bo**sse**, bro**sse**, adre**sse**, gentille**sse**, brou**sse**, secou**sse**, ru**sse**, fau**sse**.
CE : effica**ce**, ra**ce**, bénéfi**ce**, capri**ce**, atro**ce**, féro**ce**, Grè**ce**, niè**ce**, dou**ce**, pou**ce**, astu**ce**, pu**ce**, sau**ce**.

346 ▶ Le son [s] s'écrit sc   **sc**ience   pi**sc**ine

On trouve **sc** au début et à l'intérieur des mots devant les voyelles **e, è, ê, i, y**.
DÉBUT : **sc**énario, **sc**ène, **sc**eptre, **sc**ie, **sc**ience, **sc**ientifique.
INTÉRIEUR : adole**sc**ent, con**sc**ient, di**sc**ipline, pi**sc**ine.

347 ▶ Le son [s] s'écrit t(ie)   démocra**tie**

Le son [s] peut s'écrire **t** dans des mots terminés par **-tie**.

acroba**tie**   démocra**tie**   minu**tie**
aristocra**tie**   idio**tie**   péripé**tie**

348▶ Le son [ks] s'écrit cc, x, xc   vaccin   galaxie

Les consonnes **cc, x, xc** se trouvent presque toujours à l'intérieur des mots. Elles correspondent au son composé [ks].
cc : ac**cc**ès, su**cc**ès, va**cc**in.
x : ex**x**près, gala**x**ie, sa**x**ophone, se**x**e, ve**x**ant, inde**x**.
xc : e**xc**ellent, e**xc**ès, e**xc**itation.

349▶ Tableau des graphies du son [s]

	DÉBUT	INTÉRIEUR	DEVANT e FINAL	FIN
s	soleil	chanson	réponse	cactus
c	cendre	concert	pouce	
ç	ça	maçon		
ss		boisson	adresse	stress
sc	scène	piscine		
t(ie)		démocratie		

350▶ Tableau des graphies du son [ks]

	DÉBUT	INTÉRIEUR	DEVANT e FINAL	FIN
cc		accès		
x		galaxie	axe	index
xc		excellent		

À la découverte des mots

351 **Comment expliquer la prononciation de mots comme parasol ?**

Si l'on écrit **s** entre deux voyelles, on entend le son [z]. Mais dans **certains mots** composés d'un **radical** et d'un **préfixe**, **s** entre deux voyelles se prononce [s].

▷ *paragraphes 356 et 509*

contre**se**ns (radical : *contre* + radical : *sens*)
par**aso**l (préfixe : *para* + radical : *sol*)

352 **Qu'est-ce que la cédille ?**

La cédille est un signe que l'on place uniquement sous la lettre **c**, devant **a**, **o**, **u**, pour représenter le son [s].

ça   le**ç**on   dé**ç**u   nous pla**ç**ons   je pla**ç**ais

353 **Les mots en -sse ou -ce**

Vous pouvez vous aider des mots de la même famille que vous savez écrire pour choisir entre **-sse** et **-ce**.

pa**s** → impa**sse**
gre**c** → Grè**ce**

354 **Les mots en -tie**

Pour ne pas vous tromper, pensez aux mots de la même famille.

démocra**te** → démocra**tie**
aristocra**te** → aristocra**tie**
acroba**te** → acroba**tie**

Poème en x pour le lynx

Dans les Rocheuses vit le lyn**x**
à l'œil brillant comme un sile**x**
couleur de porcelaine de Sa**x**e
énigmatique plus qu'un sphin**x**

parfois grondant en son laryn**x**
il miaule et quoique loin de Sfa**x**
fauche la chèvre qui fait « bêe**x** »
au berger qui joue du syrin**x**

Pour fêter ça il boit sans tou**x**
de la blanquette de Limou**x**
dans les Rocheuses c'est du lu**x**e

puis ronronnant et les yeux fi**x**es
regarde à sa télé Tom Mi**x**
dans un western couleur « de Lu**x**e »

Jacques Roubaud,
Les animaux de tout le monde,
Éditions Seghers

ÉCRIRE z

LES GRAPHIES DU SON [z]

355▶ Le son [z] s'écrit z   zèbre   horizon   onze

On trouve la graphie **z** en toute position.
DÉBUT : **z**èbre, **z**éro, **z**one, **z**oo.
INTÉRIEUR : a**z**ur, ba**z**ar, bi**z**arre, di**z**aine, ga**z**elle, ga**z**on, hori**z**on, ri**z**ière.
DEVANT e FINAL : bron**z**e, dou**z**e, ga**z**e, on**z**e, quator**z**e, quin**z**e, sei**z**e, trei**z**e.
FIN : ga**z**.

356▶ Le son [z] s'écrit s   paysage   ruse

Le son [z] s'écrit **s** uniquement entre deux voyelles.
INTÉRIEUR : cou**s**in, mu**s**ée, pay**s**age, poi**s**on, sai**s**on, vi**s**age.
DEVANT e FINAL : bi**s**e, ru**s**e.

357▶ Le son [z] s'écrit x   dixième

Le son [z] s'écrit **x** dans les numéraux.
INTÉRIEUR : deu**x**ième, di**x**ième, si**x**ième, di**x**-huit, di**x**-neuf.

358▶ Le son [z] s'écrit zz   jazz

Il est très rare de trouver le son [z] écrit **zz**.
INTÉRIEUR : gri**zz**li.
FIN : ja**zz**.

Tableau des graphies du son [z]				
	DÉBUT	INTÉRIEUR	DEVANT e FINAL	FIN
z	zéro	lézard	onze	gaz
s		paysage	chanteuse	
x		dixième		dix (ans)
zz		grizzli		jazz

À la découverte des mots

360 ▶ Comment former les adjectifs en -eur et en -eux ?

La finale **-euse** permet de former le féminin des noms et des adjectifs en **-eur** et **-eux**.

chant**eur** → chant**euse**   moqu**eur** → moqu**euse**
vend**eur** → vend**euse**   audaci**eux** → audaci**euse**

361 ▶ Comment prononcer s entre deux voyelles ?

La lettre **s** se prononce [z] entre deux voyelles, sauf dans certains noms composés.

ro**s**e   vi**s**age
mais : para**s**ol (**s** se prononce [s]).

362 ▶ Comment prononcer x ?

Devant une voyelle ou un **h** muet, **x** se prononce [z].

di**x** ans   si**x** hommes

La complainte du Z

Un Z, à genoux, se mit à pleurer.

« Quoi, s'écria-t-il, encore rien pour moi ? J'ai une femme, plusieurs enfants, et pas de travail ! Je suis toujours au chômage ! » Alice se sentit très émue par le sort du Z.

Elle chercha ce qu'elle pourrait dire pour le consoler, mais elle ne trouva rien. Cependant, le Z continuait d'une voix changée :
> « Il n'y a pas assez d'assez
> Pas assez de vous voyez
> De vous mangez, de vous buvez
> Pas assez de zèbres, de zébus
> De zozos, de zazous, de zéthus
> De Z il n'y en a pas assez
> De Z il y en a zéro. »

Alice trouva le poème du Z joli, mais un peu compliqué.

Roland Topor, *Alice au pays des lettres*,
© Roland Topor, 1968,
Éditions du Seuil

ÉCRIRE j

LES GRAPHIES DU SON [ʒ]

---

363 ► **Le son [ʒ] s'écrit j   jambon   bijou**

On ne rencontre jamais **j** à la fin des mots.
DÉBUT : **j**adis, **j**aloux, **j**ambon, **j**aponais, **j**eu, **j**eune, **j**ockey,
joie, **j**uste.
INTÉRIEUR : ad**j**ectif, ad**j**oint, bi**j**ou, con**j**onction, in**j**ure, ob**j**et,
su**j**et.

---

364 ► **Le son [ʒ] s'écrit g   gendarme   aubergine**

On trouve **g** devant les voyelles **e** et **i**.
DÉBUT : **g**éant, **g**endarme, **g**entil, **g**ibier, **g**igot.
INTÉRIEUR : an**g**ine, auber**g**ine, indi**g**ène, ori**g**ine, oxy**g**ène,
sans-**g**êne.
DEVANT e FINAL : baga**g**e, collè**g**e, dépanna**g**e, gara**g**e,
manè**g**e, mar**g**e, maria**g**e, ména**g**e, nei**g**e, piè**g**e, siè**g**e.

---

365 ► **Le son [ʒ] s'écrit ge   geai   pigeon**

On trouve **ge** devant les voyelles **a** et **o**.
DÉBUT : **ge**ai, **ge**ôle.
INTÉRIEUR : bou**ge**oir, bour**ge**on, oran**ge**ade, pi**ge**on,
plon**ge**on.

366 ▶

Tableau des graphies du son [ʒ]				
	DÉBUT	INTÉRIEUR	DEVANT e FINAL	FIN
j	jouet	objet		
g	girafe	origine	manège	
ge	geai	plongeon		

À la découverte des mots

367 ▶ *Quand peut-on écrire j, g ou ge ?*

■ On peut écrire **j devant toutes** les voyelles. Mais on n'écrit **ji** que dans quelques mots d'origine étrangère.

Japon   jeudi   moujik (paysan russe)   joyeux   justice

■ On peut écrire **g devant** les voyelles **e** (é, è, ê) et **i** (y).

danger   gilet

■ On peut aussi écrire **ge devant** les voyelles **a** et **o**.

orangeade   pigeon

368 ▶ *Les verbes en -ger*

Les verbes terminés par **-ger** présentent de nombreuses formes comportant la graphie **ge**.   ▷ *paragraphe 436*

nager : je nageais, je nageai, nous nageons...

Le plus beau vers de la langue française

« *Le **ge**ai **gé**latineux **gei**gnait dans le **ja**smin* »
Voici, mes zinfints
Sans en avoir l'air
Le plus beau vers
De la langue française.

Ai, eu, ai, in
*Le **ge**ai **gé**latineux **gei**gnait dans le **ja**smin...*

Le poite aurait pu dire
Tout à son aise :
« *Le **ge**ai volumineux picorait des pois fins* »
Eh bien ! non, mes zinfints.
*Le poite qui a du **gé**nie*
Jusque dans son délire
D'une main moite
A écrit :

« *C'était l'heure divine où, sous le ciel gamin,*
*LE **GE**AI **GÉ**LATINEUX **GEI**GNAIT*
*DANS LE **JA**SMIN.* »

René de Obaldia, *Innocentines*,
Éditions Grasset

282

ÉCRIRE r

LES GRAPHIES DU SON [r]

369 ▶ **Le son** [r] **s'écrit r** récolte parole heure car

On trouve **r** en toute position.
DÉBUT : racine, radio, rail, récit, récolte, rivage, roue, rue.
INTÉRIEUR : carotte, direct, féroce, intéresser, parole, souris.
DEVANT e FINAL : avare, bordure, empire, heure.
FIN : bar, car, nénuphar, cher, hiver, ver, désir, plaisir, tir, éclair, impair, castor, trésor, futur, mur, sur, four, tambour.

370 ▶ **Le son** [r] **s'écrit rr** torrent bagarre

On ne trouve **rr** qu'à l'intérieur des mots.
INTÉRIEUR : arranger, arrière, arrosoir, correct, débarrasser, derrière, erreur, fourrure, horrible, terrible, torrent, verrou.
DEVANT e FINAL : bagarre, bizarre, serre.

371 ▶ **Le son** [r] **s'écrit r(d, s, t)** canard alors concert

On trouve **r + consonne muette** (qui ne s'entend pas : **d, s, t**) à la fin de nombreux mots.
FIN (rd) : accord, bord, brouillard, canard, lourd, record.
FIN (rs) : alors, concours, discours, divers, velours, vers.
FIN (rt) : art, concert, confort, départ, effort, tort, vert.

Attention : On trouve **rh** dans **rhinocéros, rhume, enrhumé.**

Tableau des graphies du son [r]				
	DÉBUT	INTÉRIEUR	DEVANT e FINAL	FIN
r	rue	parole	heure	décor
rr		torrent	bagarre	
r(d, s, t)				départ

À la découverte des mots

373 ▶ Comment trouver la lettre muette à la fin des mots ?

Pour savoir s'il faut écrire une lettre muette à la fin d'un mot, vous pouvez vous aider des mots de la même famille, ou du féminin des adjectifs.

confortable → confort   lourde → lourd   verte → vert

374 ▶ Apprenez les homophones

Certains mots (les homophones) se prononcent de la même manière, mais s'écrivent différemment.

un ver *(de terre)*   vers *(préposition)*   vert *(adjectif)*
un verre *(de lait)*   le vair *(pantoufle de vair)*

375 ▶ rr dans les verbes

Certains verbes s'écrivent avec **rr** au futur de l'indicatif et au conditionnel présent.

je cou**rr**ai   vous enve**rr**iez   ils ve**rr**aient   tu pou**rr**ais

ÉCRIRE LE **e** MUET

376 ▶ *Qu'appelle-t-on une lettre muette ?*

Dans certains mots, on ne prononce pas toutes les lettres.
Ces lettres que **l'on n'entend pas** sont des lettres muettes.

oi**e**, crai**e**, jou**e** (on n'entend pas le **e**)
haut, **h**orloge, **h**uile (on n'entend pas le **h**)
bra**s**, li**t**, pie**d** (on n'entend pas le **s**, le **t**, le **d**)

▷ *paragraphes 386 à 400*

377 ▶ *Quand y a-t-il un **e** muet à l'intérieur des mots ?*

On trouve un **e** muet à l'intérieur de noms formés sur des
verbes en **-ier, -yer, -uer, -ouer**.

balbut**ier** ➜ balbut**ie**ment   remerc**ier** ➜ remerc**ie**ment
abo**yer** ➜ abo**ie**ment   pa**yer** ➜ pa**ie**ment
étern**uer** ➜ étern**ue**ment   **tuer** ➜ **tue**rie
dén**ouer** ➜ dén**oue**ment   dévo**uer** ➜ dévo**ue**ment

378 ▶ *Quels noms féminins se terminent par un **e** muet ?*

● La plupart des noms féminins terminés par le son [i]
s'écrivent en **-ie**.

boug**ie**   librair**ie**   pharmac**ie**
écur**ie**   modest**ie**   prair**ie**

Exceptions : breb**is**, sour**is**, perdr**ix**, fourm**i**, nu**it**.

285

● La plupart des noms féminins terminés par le son [wa] s'écrivent en **-oie**.

joie   oie   proie   soie   voie

Exceptions : cr**oix**, f**oi**, f**ois**, l**oi**, n**oix**, v**oix**.

● Les noms féminins qui se terminent par le son [y] s'écrivent en **-ue**.

aven**ue**   bienven**ue**   étend**ue**   r**ue**   ten**ue**

● Les noms féminins qui désignent un contenu se terminent par **-ée**, ainsi que dict**ée** et jet**ée**.

cuiller**ée**   port**ée**

Attention : Certains noms masculins se terminent aussi par **-ée.**
lyc**ée**   pygm**ée**

● Les autres noms féminins qui ne se terminent pas par une consonne ont souvent un **e** muet final.

AIE : b**aie**, cr**aie**, monn**aie**, pl**aie**, r**aie**.
OUE : j**oue**, m**oue**, r**oue**.
EUE : banli**eue**, li**eue**, qu**eue**.

379 ▶ *Quelle est la nature des mots qui se terminent par -re ?*

On trouve aussi le **e** muet dans les mots qui se terminent par **-re**. Ces mots peuvent être des **noms** masculins ou féminins, ou des **adjectifs**.

NOMS MASCULINS : audit**oire**, laborat**oire**, territ**oire**, annivers**aire**, estu**aire**, sal**aire**, murm**ure**, folkl**ore**, emp**ire**, nav**ire**, r**ire**, sour**ire**, ph**are**, dinos**aure**.

NOMS FÉMININS : baign**oire**, balanç**oire**, hist**oire**, mol**aire**, capt**ure**, coiff**ure**, mes**ure**, ord**ure**, pel**ure**, fl**ore**, tirel**ire**, fanf**are**, g**are**, guit**are**, m**are**.

ADJECTIFS (masculins ou féminins) : illus**oire**, mérit**oire**, provis**oire**, respirat**oire**, aliment**aire**, nuclé**aire**, pol**aire**, sol**aire**, volont**aire**, carniv**ore**, incol**ore**, omniv**ore**, p**ire**, r**are**.

380 ▶ **La place du e muet**

	DÉBUT	INTÉRIEUR	FIN
(i)e		remerci**e**ment	librairi**e**
(ai)e		pai**e**ment	monnai**e**
(u)e		éternu**e**ment	avenu**e**
(ou)e		dévou**e**ment	rou**e**
(oi)e		aboi**e**ment	joi**e**
(eu)e			queu**e**
(oir)e			laboratoir**e**
(air)e			anniversair**e**
(ur)e		pur**e**té	coiffur**e**
(or)e			carnivor**e**
(ir)e		tir**e**lire	empir**e**
(ar)e			mar**e**
(aur)e			dinosaur**e**

Savez-vous

ÉCRIRE LE **h** MUET ET LE **h** ASPIRÉ

h muet

381 ▶ *Quand trouve-t-on un **h** muet au début d'un mot ?*

On peut trouver un **h** muet devant toutes les voyelles.

habit	**h**eureuse	**h**ôtel
habitude	**h**iver	**h**umide
héroïque	**h**orizon	**h**ypermarché
heure	**h**orrible	**h**ypocrite

382 ▶ *Dans quels types de mots trouve-t-on un **h** muet après une consonne ?*

● On trouve un **h** muet après une consonne dans des mots formés de deux éléments.

gentil**h**omme : gentil (adjectif) + homme (nom)

bon**h**eur	in**h**umain
in**h**abité	mal**h**onnête
in**h**abituel	mal**h**eur

● On trouve un **h** muet après une consonne dans des mots d'origine grecque.

t**h**éâtre	bibliot**h**èque
r**h**inocéros	épit**h**ète
sympat**h**ique	r**h**ume

h aspiré

383 ▶ Qu'est-ce que le h « aspiré » ?

Le **h** « aspiré » permet de prononcer séparément deux voyelles ou de ne pas faire la liaison avec le mot précédent.

un **h**érisson   la pré**h**istoire
un **h**angar   un **h**éros
une maison **h**aute

384 ▶

La place du h muet		
	DÉBUT	INTÉRIEUR	FIN
h	**h**aricot	men**h**ir	maharadja**h**

À la découverte des mots

385 ▶ Apprenez les homophones

Parfois, seul le **h** permet de faire la différence entre deux mots.

ton (nom ou adjectif possessif)   le **th**on (le poisson)

ÉCRIRE LES CONSONNES MUETTES

Les consonnes que l'on n'entend pas sont appelées consonnes muettes. Elles se trouvent le plus souvent à la fin des mots.

s muet

386 ▶ *Où se trouve le s muet ?*

● Le **s** muet se trouve à la fin des mots.

FIN : bra**s**, lila**s**, matela**s**, repa**s**, autrefoi**s**, bourgeoi**s**, foi**s**, moi**s**, quelquefoi**s**, avi**s**, brebi**s**, coli**s**, pui**s**, souri**s**, anglai**s**, jamai**s**, mai**s**, marai**s**, do**s**, enclo**s**, héro**s**, repo**s**, ju**s**, refu**s**.

● Le **s** muet peut apparaître après une autre consonne.

cor**ps**   poi**ds**   tem**ps**   volontie**rs**

Ⓐ**ttention :** N'oubliez pas le **s** muet à la fin des verbes : tu chante**s**, tu chantai**s**, nous chanton**s**, nous chanteron**s**.

387 ▶ *Quel est le genre des noms terminés par un s muet ?*

La plupart des noms terminés par un **s** muet sont masculins.

un succè**s**   un avi**s**

Exceptions : la brebi**s**, une foi**s**, la souri**s**.

388 ▶ *Quel est le pluriel des noms terminés par s ?*

Les mots terminés par **s** au singulier sont invariables.

la brebi**s** → les brebi**s**   le repa**s** → les repa**s**

389 ▶ *Comment savoir s'il faut écrire un s muet ?*

On peut s'aider d'un mot de la même famille.

confu**se** → confu**s**   repo**ser** → repo**s**

---

t muet

390 ▶ *Où se trouve le t muet ?*

● On trouve le **t** muet à la fin d'un mot.

APRÈS VOYELLE : mule**t**, acha**t**, clima**t**, pla**t**, résulta**t**, appéti**t**, circui**t**, frui**t**, li**t**, nui**t**, escargo**t**, robo**t**, sabo**t**, trico**t**, artichau**t**, défau**t**, sau**t**, sursau**t**, adroi**t**, détroi**t**, endroi**t**, exploi**t**, toi**t**, débu**t**, bou**t**.

APRÈS **r** : ar**t**, dépar**t**, écar**t**, rempar**t**, concer**t**, déser**t**, desser**t**, transfer**t**, confor**t**, effor**t**, suppor**t**, tor**t**.

APRÈS **c, p** : aspe**ct**, prom**pt**, respe**ct**, suspe**ct**.

Ⓐ**ttention** : N'oubliez pas le **t** muet à la fin des verbes : ils ou elles chantaien**t**, il ou elle ba**t**, ils ou elles viendron**t**...

391 ▶ *Comment savoir s'il faut écrire un t muet ?*

On peut s'aider d'un mot de la même famille ou bien du féminin.

trico**ter** → trico**t**   tou**t** → tou**te**   comple**t** → complè**te**

x muet

392 ▶ *Où se trouve le x muet ?*

● On trouve un **x** muet à la fin d'un mot.
FIN : choi**x**, croi**x**, deu**x**, dou**x**, épou**x**, fau**x**, hou**x**, jalou**x**, noi**x**, pai**x**, perdri**x**, pri**x**, tou**x**, voi**x**.

● On trouve aussi un **x** muet dans la terminaison de certains verbes.
pouvoir : je peu**x**, tu peu**x**   vouloir : je veu**x**, tu veu**x**

393 ▶ *Quel est le pluriel des noms terminés par x ?*

Les noms terminés par **x** au singulier sont invariables.
la noi**x** ➙ les noi**x**   le pri**x** ➙ les pri**x**

c, p muets

394 ▶ *Où trouve-t-on le c et le p muets ?*

Le **c** et le **p** muets se trouvent à l'intérieur et à la fin des mots.
INTÉRIEUR : aspe**ct**, respe**ct**, prom**pt**, (il) rom**pt**.
FIN : beaucou**p**, cham**p**, cou**p**, dra**p**, lou**p**, siro**p**, tro**p**, ban**c**, blan**c**, flan**c**, fran**c**.

395 ▶ *Comment savoir s'il faut écrire c ou p ?*

On peut s'aider de mots de la même famille.
cham**p**être ➙ cham**p**   respe**c**ter ➙ respe**c**t

les consonnes muettes b, d, g, l

396 ▶ *Où trouve-t-on les consonnes muettes b, d, g, l ?*

On les trouve à la fin des mots.
B : aplom**b**, plom**b**.
D : crapau**d**, ni**d**, nœu**d**, pie**d**, bon**d**, accor**d**, bor**d**, brouillar**d**, canar**d**, épinar**d**, hasar**d**, lézar**d**, lour**d**, recor**d**, sour**d**.
G : étan**g**, lon**g**, poin**g**.
L : fusi**l**, genti**l**, outi**l**.

397 ▶ *Comment savoir s'il faut écrire b, d, g, l ?*

On peut s'aider de mots de la même famille ou bien du féminin.
bon**d**ir → bon**d**   lon**g**ue → lon**g**   plom**b**ier → plom**b**

398 ▶

La place des consonnes muettes

	DÉBUT	INTÉRIEUR	FIN
voyelle + s			repa**s**
consonne + s			velour**s**
voyelle + t			clima**t**
consonne + t			respe**ct**
x			noi**x**
d			pie**d**
p			dra**p**
c			ban**c**
g			étan**g**
b			plom**b**
l			outi**l**

À la découverte des mots

399 ▶ **D'où viennent les lettres muettes ?**

La plupart des mots français viennent du latin ; les lettres muettes sont des lettres qui se trouvaient déjà dans le mot latin. On les a gardées en français, mais on ne les prononce plus.

Le mot latin vi**n**um a donné en français le mot vi**n**.
Le mot latin vi**g**in**t**i a donné en français le mot vin**gt**.
Vingt se prononce comme **vin**, mais il a gardé les lettres **g** et **t** qui existaient en latin.

Le mot latin cur**s**us a donné le mot français cour**s**.
Le mot latin cur**t**us a donné le mot français cour**t**.
Cours et **court** se prononcent de la même manière, mais on continue à les écrire avec les lettres **s** et **t** qui existaient en latin.

400 ▶ *Apprenez les homophones*

la boue	le bout
le cou	le coup
le lait	laid (adj.)
une roue	roux (adj.)

ÉCRIRE LE DÉBUT DES MOTS

401 ► *Comment choisir entre ad- ou add- ?*

On écrit le plus souvent **ad-**.
adieu   **ad**orable   **ad**ulte

Exception : Le nom **addition** s'écrit avec **dd**.

402 ► *Comment choisir entre aff- ou af- ?*

On écrit le plus souvent **aff-**.
affaire   **aff**ection   **aff**iche   **aff**irmation

Exceptions : a**f**in, a**f**ricain, A**f**rique.

Attention : Les mots qui commencent par **eff-** ou **off-** s'écrivent toujours avec **ff**.
e**ff**icace   e**ff**ort   e**ff**rayant
o**ff**ense   o**ff**icier   o**ff**rir

403 ► *Comment choisir entre ag- ou agg- ?*

On écrit le plus souvent **ag-**.
agrafe   **ag**randir   **ag**réable   **ag**ressif   **ag**riculture

Exceptions : **agg**lomération, **agg**lutiner, **agg**raver.

404 ▶ *Comment choisir entre am- ou amm- ?*

On écrit presque toujours **am-**.

amarre	**am**i	**am**our
amateur	**am**ont	**am**user

405 ▶ *Comment choisir entre il- ou ill- ?*

On écrit le plus souvent **ill-**.

illisible   **ill**uminé   **ill**usion   **ill**ustrer

Exceptions : **il**, **île**.

406 ▶ *Comment choisir entre ir- ou irr- ?*

On écrit le plus souvent **irr-**.

irréalisable	**irr**emplaçable	**irr**espirable	**irr**igation
irréductible	**irr**éparable	**irr**esponsable	**irr**iter

Exceptions : **ir**anien   **ir**is   **ir**onie

ÉCRIRE LA FIN DES MOTS

407▶ *Comment choisir entre -ail ou -aille ?*

- On écrit **-ail** à la fin des noms masculins.
un trav**ail**   un gouvern**ail**
- On écrit toujours **-aille** à la fin des noms féminins.
la p**aille**   une m**aille** (de tricot)

408▶ *Comment choisir entre -ciel ou -tiel ?*

- On écrit **-ciel** après **i** et **an**.
Après **i** : logi**ciel**, superfi**ciel**
Après **an** : circonstan**ciel**
- On écrit **-tiel** après **en**.
essen**tiel**

409▶ *Comment choisir entre -cien, -tien ou -ssien ?*

- On écrit souvent **-cien** dans des noms de métiers.
électri**cien**   magi**cien**   pharma**cien**
- On écrit **-tien** quand le mot est formé à partir de noms propres contenant un **t** dans la dernière syllabe.
Çapet → capé**tien**   Haïti → haï**tien**
Égypte → égyp**tien**   Tahiti → tahi**tien**
- Dans quelques mots, on écrit aussi **-sien** et **-ssien**.
le **sien**   paroi**ssien** (paroisse)   pru**ssien** (Prusse)

410 ▶ *Comment choisir entre -cière ou -ssière ?*

● Les noms et les adjectifs féminins s'écrivent **-cière** ou **-ssière**.
- cière : poli**cière**, sor**cière**
- ssière : pâti**ssière**, pou**ssière**
● Les noms et adjectifs masculins terminés par **-cier** et **-ssier**
forment leur féminin en **-cière** et **-ssière**.
épicier → épi**cière**   caissier → cai**ssière**

411 ▶ *Comment choisir entre -é ou -ée ?*

● Tous les noms de genre féminin, terminés par [e] et non
par [te] ou [tje], s'écrivent **-ée**.
ann**ée**   matin**ée**   pens**ée**   rentr**ée**

Exception : la clé

● On trouve souvent la finale **-ée** dans des mots qui désignent des contenus.
bouche → une bouch**ée**   gorge → une gorg**ée**
bras → une brass**ée**   pince → une pinc**ée**
cuiller → une cuiller**ée**   poing → une poign**ée**
four → une fourn**ée**   rang → une rang**ée**
● Il existe quelques noms masculins en **-ée.**
un apog**ée**   un lyc**ée**   un pygm**ée**   un scarab**ée**

412 ▶ *Comment choisir entre -eil ou -eille ?*

● On écrit **-eil** à la fin des noms masculins.
le sol**eil**
● On écrit **-eille** à la fin des noms féminins.
une ab**eille**

413▶ *Comment choisir entre -euil, -euille ou -ueil ?*

● On écrit toujours **-euille** à la fin des noms féminins.
une f**euille**

● On écrit le plus souvent **-euil** à la fin des noms masculins.
un faut**euil**

🅐ttention : Les noms masculins formés sur **feuille** s'écrivent
-euille, sauf **cerfeuil**.
du chèvre**feuille**   un mille**feuille**   un porte**feuille**

Exception : un œ**il**

● Après les consonnes **c** et **g**, on doit écrire **-ueil**.
un acc**ueil**   un cerc**ueil**   l'org**ueil**   un rec**ueil**

🅐ttention à la conjugaison de **cueillir** et de ses composés.

414▶ *Comment choisir entre -eur, -eure, -eurs et -œur ?*

● On écrit le plus souvent **-eur** à la fin des noms.
le bonh**eur**   le malh**eur**   la p**eur**   la terr**eur**

Exceptions : le b**eurre**, la dem**eure**, une h**eure**.

● La finale **-eur** permet de former des noms.
blanc   → la blanch**eur**   mince   → la minc**eur**
dessiner → le dessinat**eur**   profond → la profond**eur**
explorer → l'explorat**eur**   voyager → le voyag**eur**

● Certains mots invariables se terminent par **-eurs**.
aill**eurs**   d'aill**eurs**   plusi**eurs**

● Certains noms se terminent par **-œur**.
c**œur**   ch**œur**   ranc**œur**   s**œur**

415 ▶ *Comment choisir entre -ie ou -i ?*

Tous les noms féminins terminés par le son [i] s'écrivent **-ie**.

bougie   librairie   modestie   pharmacie
écurie   loterie   nostalgie   pluie
jalousie   mairie   ortie   prairie ⌒

> Exceptions : la nu**it**, la fourm**i**, la breb**is**, la sour**is**, la perdr**ix**.

• À la fin des noms masculins, on écrit **-i**, **-is**, **-id** ou **-ix**.
un abr**i**   un part**i**   un ni**d**   un pri**x**   un tapi**s**

416 ▶ *Comment choisir entre -oire ou -oir ?*

• On écrit **-oire** à la fin des noms féminins.
une balanç**oire**   une f**oire**   une hist**oire**
la mém**oire**   une nage**oire**

• On écrit **-oir** à la fin de la plupart des noms masculins.
un compt**oir**   un coul**oir**   un esp**oir**   un réserv**oir**

> Exceptions : Certains noms masculins se terminent par **-oire**.
> un pourb**oire**   un conservat**oire**   un interrogat**oire**
> un laborat**oire**   un réfect**oire**   un territ**oire**

• On écrit **-oire** à la fin des adjectifs, au masculin comme au féminin.
un exercice obligat**oire**
la sieste obligat**oire**

> Exception : noir
> un pantalon **noir**   une chemise **noire**

417▶ *Comment choisir entre -té ou -tée ?*

● Presque tous les noms terminés par [te] s'écrivent **-té**.

la qual**ité**   l'original**ité**   l'Antiqu**ité**   la c**ité**   la spécial**ité**

> Exceptions :
> ● Les noms indiquant un contenu : une pelle**tée**...
> ● Les cinq noms suivants : la dic**tée**, la je**tée**, la mon**tée**,
> la pâ**tée**, la por**tée**.

● Les noms terminés par **-té** sont presque tous féminins.

> Exceptions : un é**té**, un cô**té**, un doig**té**, un trai**té**.

● La finale **-té** permet de former des noms désignant des qualités ou des défauts à partir d'adjectifs.

ADJECTIFS	NOMS	ADJECTIFS	NOMS
beau	beau**té**	méchant	méchance**té**
clair	clar**té**	rapide	rapid**ité**
généreux	générosi**té**	timide	timid**ité**

418▶ *Comment choisir entre -tié ou -tier ?*

● Les noms de genre féminin s'écrivent **-tié**.

une moi**tié**   l'ami**tié**

● Les noms de genre masculin s'écrivent **-tier**.

un bijou**tier**   un charcu**tier**   un po**tier**
un boî**tier**   un coco**tier**   un quar**tier**
un chan**tier**   un coll**ier**   un sen**tier**

419 ▶ Comment choisir entre -tion ou -(s)sion ?

- Après les consonnes **c** et **p**, on écrit toujours -**tion**.
a**ction**   se**ction**   inscri**ption**
- Après la voyelle **a**, on trouve le plus souvent -**tion**.
aliment**ation**   éduc**ation**   explic**ation**

Exceptions : p**assion**, comp**assion**.

- Après la consonne **l**, on écrit toujours -**sion**.
expul**sion**

420 ▶ Comment choisir entre -ule ou -ul ?

Presque tous les noms, masculins ou féminins, terminés par le son [yl], s'écrivent -**ule**.
NOMS MASCULINS : crépus**cule**, glob**ule**, scrup**ule**, véhi**cule**.
NOMS FÉMININS : bas**cule**, cell**ule**, libell**ule**, pil**ule**, rot**ule**.

Exceptions :
- Les trois mots **calcul, consul** et **recul** s'écrivent -**ul**.
- Une **bulle** et le **tulle** s'écrivent -**ulle**.
- Un **pull**, d'origine anglaise, s'écrit avec deux **l**.

421 ▶ Comment choisir entre -ur ou -ure ?

Presque tous les noms, masculins ou féminins, terminés par le son [yr], s'écrivent **ure** (ou, rarement, **ûre**).
NOMS MASCULINS : merc**ure**, murm**ure**.
NOMS FÉMININS : avent**ure**, brûl**ure**, engel**ure**, érafl**ure**, nourrit**ure**, piq**ûre**, sculpt**ure**, tent**ure**.

Exceptions : az**ur**, fém**ur**, fut**ur** et m**ur**.

CONJUGAISON

On appelle conjugaison d'un verbe l'ensemble des formes que peut prendre ce verbe.

ANALYSER UN VERBE

422 ▶ *Qu'est-ce qu'un verbe ?*

> Les verbes permettent de désigner des **actions** *(demander, courir...)* ou des **états** *(être, devenir...)*.

Un vieil oreiller
S'écria pitié !
Je **suis** tout fripé
Ma peau est trouée
J'en ai par-dessus la tête
D'être sous les têtes
Je **préfère** encore les pieds
Les sabots les souliers
Les chaussettes et les chaussons
Je veux être paillasson
                                              ▪Pavé

▮ *Je   suis   tout   fripé.*
  sujet   verbe d'état   qualité

On attribue la qualité *fripé* au sujet *je*. ▮

▮ *Un vieil oreiller   s'écria   : « pitié ! »* ▮
         sujet   verbe d'action

▮ *Je   préfère   encore les pieds.* ▮
  sujet   verbe d'action

423 ▶ *Comment reconnaître un verbe ?*

Le verbe est le seul élément de la phrase qui porte les **marques** de la **personne** et du **temps**.

● *Les marques de la personne*

1ʳᵉ PERSONNE DU SINGULIER	je chant**e**
1ʳᵉ PERSONNE DU PLURIEL	nous chant**ons**

● *Les marques du temps*

PRÉSENT DE L'INDICATIF	je chant**e**
IMPARFAIT DE L'INDICATIF	je chant**ais**

424 ▶ *De quels éléments se compose le verbe ?*

Le verbe se compose de deux parties : un **radical** et une **terminaison**.

● *Infinitif*
chant   er
radical terminaison

● *Imparfait de l'indicatif*
je   chant   ais
       radical terminaison

nous chant   ions
       radical terminaison

Le radical indique le **sens** du verbe. La terminaison indique la **personne** et le **temps** auxquels un verbe est conjugué.

425 ▸ Qu'est-ce que la voix active ?

> Un verbe est à la voix active quand le sujet fait l'action exprimée par le verbe.

Si **je laisse** mon chien seul avec Béryl sur la rive pendant que je **porte** les airelles de l'autre côté, il va se précipiter sur elle pour la lécher de fond en comble : je n'**arrive** pas à le convaincre qu'elle n'est pas couverte de crème glacée et il **veut** savoir si c'est de l'ice-cream à la vanille ou du sorbet au citron.

La princesse Hoppy

I *je*   *laisse*   *mon chien seul avec Béryl...* **I**
le sujet   le verbe est
fait l'action   à la voix active

426 ▸ Qu'est-ce que la voix passive ?

> Un verbe est à la voix passive quand le sujet subit l'action exprimée par le verbe.

À ce moment, on entendit un fracas de tonnerre et un cavalier apparut dans le lointain. Il **était revêtu** d'une armure noire. Son cheval était noir. La lance qu'il tenait dans sa main droite était noire. Sa main gauche **était gantée** de noir.

La princesse Hoppy

I *Il*   *était revêtu*   *d'une armure noire.* **I**
le sujet subit l'action   le verbe est à la voix passive

I *Sa main gauche*   *était gantée*   *de noir.* **I**
le sujet subit l'action   le verbe est à la voix passive

427 ▶ *Qu'est-ce que la voix pronominale ?*

Un verbe est à la voix pronominale quand le sujet exerce l'action sur lui-même.

Hier, on a eu un nouveau professeur de gymnastique.
- **Je m'appelle** Hector Duval, il nous a dit, et vous ?
- Nous pas, a répondu Fabrice, et ça, ça nous a fait drôlement rigoler.

▪Les vacances du petit Nicolas

▎ <u>Je</u>   <u>m'appelle</u>   *Hector Duval.* ▎
sujet   verbe à la voix pronominale

428 ▶ *Quels sont les modes du verbe ?*

Les modes **qui se conjuguent** sont l'indicatif, le subjonctif, le conditionnel et l'impératif.

Conversation

(Sur le pas de la porte, avec bonhomie.)

Comment ça **va** sur la terre ?
- Ça **va** ça **va**, ça **va** bien.
Les petits chiens **sont**-ils prospères ?
- Mon Dieu oui merci bien.
Et les nuages ?
- Ça **flotte**.
Et les volcans ?
- Ça **mijote**.

▪Le fleuve caché

▎ Les verbes *va*, *sont*, *flotte* et *mijote* sont au mode indicatif. ▎

- Moi, j'aime mieux téléphoner, j'ai dit.

Parce que c'est vrai, écrire, c'est embêtant, mais téléphoner c'est rigolo, et à la maison on ne me laisse jamais téléphoner, sauf quand c'est Mémé qui appelle et qui veut que **je vienne** lui faire des baisers.

▪ Joachim a des ennuis

▌ *que je vienne lui faire des baisers* ▐

mode subjonctif

Il est venu un jardin cette nuit
qui n'avait plus d'adresse
Un peu triste il tenait poliment
ses racines à la main
Pourriez-vous me donner
un jardin où j'**aurais**
le droit d'être jardin ?

▪ À la lisière du temps

▌ *Pourriez-vous me donner un jardin où j'aurais le droit d'être jardin ?* ▐

mode conditionnel   mode conditionnel

Retenez-vous de rire
dans le petit matin !
N'écoutez pas les arbres
qui gardent les chemins !
Ne dites votre nom
à la terre endormie
qu'après minuit sonné !
À la neige, à la pluie
ne tendez pas la main !

▪ Le fleuve caché

▌ Les verbes *retenez, écoutez, dites* et *tendez* sont au mode impératif. ▐

Les deux modes **qui ne se conjuguent pas** sont l'infinitif et le participe.

Avez-vous essayé quelquefois
de **regarder** une araignée
les yeux dans les yeux ?

Le fleuve caché

I *Avez-vous essayé quelquefois de <u>regarder</u> une araignée ?* I
infinitif

Odile, **assise** au bord d'une île,
Croque en riant un crocodile
Qui flottait, **dormant** sur le Nil.

Au clair de la lune

I *Odile, <u>assise</u> au bord d'une île...* I
participe passé

I *un crocodile... <u>dormant</u> sur le Nil* I
participe présent

429 ▶ *Quels sont les temps simples du verbe ?*

● Il existe des temps simples et des temps composés.

● Les temps simples du mode indicatif sont le présent, l'imparfait, le passé simple et le futur.

● Le mode subjonctif comprend deux temps simples seulement : le présent et l'imparfait.

● **Présent de l'indicatif**

- Tu **as** un timbre qui me **manque**, a dit Rufus à Clotaire, je te le **change**.
- D'accord, a dit Clotaire. Je te **change** mon timbre contre deux timbres.
- Et pourquoi je te donnerais deux timbres pour ton timbre, je vous **prie** ? a demandé Rufus. Pour un timbre, je te **donne** un timbre.

Le petit Nicolas et les copains

● **Imparfait de l'indicatif**

C'**était** un beau matin de mai et les oiseaux **chantaient** délicieusement dans quatre arbres. Les uns **chantaient** en celte (en irlandais, en scottish-gaélique, en gallois, cornique ou breton), les autres en langue romane (en oïl, en oc, en si, en catalan, espagnol ou gallego-portugais). Aucun ne **chantait** en *chien*.

La princesse Hoppy

● **Passé simple de l'indicatif**

Le Roi **pensa** que le vieux se moquait de lui et **voulut** essayer les lunettes. Oh ! prodige ! Lorsqu'il **eut** les verres devant les yeux, il lui **sembla** qu'il retrouvait un monde perdu. Il **vit** un moucheron sur la pointe d'un brin d'herbe ; il **vit** un pou dans la barbe du vieillard et il **vit** aussi la première étoile trembler sur le ciel pâlissant.

Les lunettes du lion

● **Futur de l'indicatif**

Maman et papa vont avoir beaucoup de peine, je **reviendrai** plus tard, quand ils **seront** très vieux, comme mémé, et je **serai** riche, j'**aurai** un grand avion, une grande auto et un tapis à moi, où je **pourrai** renverser de l'encre et ils **seront** drôlement contents de me revoir.

Le petit Nicolas

430 ▶ *Quels sont les temps composés du verbe ?*

> Les temps composés de l'indicatif sont le passé composé, le plus-que-parfait, le futur antérieur et le passé antérieur. On les appelle ainsi parce qu'ils sont constitués de l'auxiliaire **avoir** ou **être** et du **participe passé**.

Je suis monté dans ma chambre, **j'ai fermé** les persiennes pour qu'il fasse bien noir et puis **je me suis amusé** à envoyer le rond de lumière partout : sur les murs, au plafond, sous les meubles et sous mon lit, où, tout au fond, **j'ai trouvé** une bille que je cherchais depuis longtemps et que je n'aurais jamais retrouvée si **je n'avais pas eu** ma chouette lampe de poche.

Joachim a des ennuis

▮ je ___suis___ ___monté___ ▮
auxiliaire *être*   participe passé
└────── PASSÉ COMPOSÉ ──────┘

▮ j' ___ai___ ___fermé___ ▮
auxiliaire *avoir*   participe passé
└────── PASSÉ COMPOSÉ ──────┘

▮ je ___n'avais___ pas ___eu___ ▮
auxiliaire *avoir*   participe passé
└────── PLUS-QUE-PARFAIT ──────┘

Une partie de ma matinée **s'était passée** à conjuguer un nouveau temps du verbe être - car on venait d'inventer un nouveau temps du verbe être.

Clair de terre

▮ une partie de ma matinée s'était ___passée___ à conjuguer ▮
auxiliaire *être* participe passé
└────────── PLUS-QUE-PARFAIT ──────────┘

311

431 ▸ *Qu'est-ce que le premier groupe ?*

Le **premier groupe** rassemble les verbes dont l'**infinitif** est en **-er**. Ce groupe est le plus important. Il comporte plus de 10 000 verbes. Quand on a besoin de créer un verbe nouveau, c'est sur le modèle de ce groupe qu'on le bâtit : *téléviser, informatiser...*

chanter	jouer	laver
manger	rouler	nager

432 ▸ *Qu'est-ce que le deuxième groupe ?*

Le **deuxième groupe** rassemble les verbes dont l'**infinitif** est en **-ir** et le **participe présent** en **-issant**. Ce groupe est beaucoup plus réduit que le premier (300 verbes environ).

finir (finissant)
désobéir (désobéissant)
jaillir (jaillissant)
haïr (haïssant)

433 ▸ *Qu'est-ce que le troisième groupe ?*

Le **troisième groupe** rassemble tous les autres verbes (environ 300). Ces verbes sont appelés **verbes irréguliers**, car la forme de leur radical change en cours de conjugaison.

● *Verbes en* -oir

apercevoir	devoir	pleuvoir
pouvoir	recevoir	savoir
valoir	voir	vouloir

● **Verbes en** -oire
boire   croire

● **Verbes en** -re

craindre	écrire	dire
entendre	lire	mettre
prendre	sourire	suivre

● **Verbes en** -ir *(participe présent en* -ant*)*
dormir (dormant)
sortir (sortant)
tenir (tenant)
sentir (sentant)

Attention : Le verbe **aller**, malgré son infinitif en **-er**, fait partie du 3ᵉ groupe.

434 ▶ *Qu'est-ce qu'un auxiliaire ?*

On appelle **auxiliaires** les verbes **être** et **avoir** quand ils servent à conjuguer un verbe aux temps composés.

j'<u>ai</u>   <u>aimé</u>
auxiliaire   participe passé

j'<u>avais</u>   <u>aimé</u>
auxiliaire   participe passé

je <u>suis</u>   <u>parti</u>
auxiliaire   participe passé

j'<u>étais</u>   <u>parti</u>
auxiliaire   participe passé

313

ÉCRIRE LES VERBES

▷ *Tableaux 461 à 478*

435 ▶ *Comment écrire les verbes en -cer ?*

Les verbes du premier groupe comme **placer** prennent une **cédille** sous le **c** devant les voyelles **a** et **o**. ▷ *paragraphe 352*

Je pla**c**e   nous pla**ç**ons   je pla**ç**ais

Verbes du type placer

annoncer	bercer	effacer	grincer
avancer	commencer	enfoncer	lancer
balancer	divorcer	glacer	prononcer

▷ *tableau 468*

436 ▶ *Comment écrire les verbes en -ger ?*

Les verbes du premier groupe comme **manger** prennent un **e** après le **g** devant les voyelles **a** et **o**.   ▷ *paragraphe 368*

je man**g**e   nous man**geo**ns   tu man**gea**is

Verbes du type manger

allonger	encourager	loger	prolonger
arranger	engager	mélanger	ranger
changer	exiger	nager	rédiger
charger	figer	neiger	ronger
corriger	interroger	partager	venger
diriger	juger	plonger	voyager

▷ *tableau 469*

437 ▶ Comment écrire les verbes en é + consonne + er ?

Le **é** des verbes comme **céder** se change en **è** (accent grave) au singulier et à la 3e personne du pluriel, au **présent** de l'**indicatif** et du **subjonctif**.

PRÉSENT DE L'INDICATIF	PRÉSENT DU SUBJONCTIF
je cède	que je cède
tu cèdes	que tu cèdes
il cède	qu'il cède
nous cédons	que nous cédions
vous cédez	que vous cédiez
ils cèdent	qu'ils cèdent

Verbes du type céder

accélérer	ébrécher	opérer	protéger
célébrer	espérer	pécher	régler
compléter	lécher	pénétrer	répéter
digérer	libérer	préférer	sécher

438 ▶ Comment écrire les verbes en e + consonne + er ?

Les verbes du premier groupe comme **semer** changent le **e** du radical en **è** (accent grave) devant une syllabe muette.

PRÉSENT DE L'INDICATIF	FUTUR DE L'INDICATIF
je sème	je sèmerai
tu sèmes	tu sèmeras
il sème	il sèmera
nous semons	nous sèmerons
vous semez	vous sèmerez
ils sèment	ils sèmeront

Verbes du type semer

achever	emmener	peser	semer
crever	enlever	lever	promener

439 ▶ *Comment écrire les verbes en -eter et -eler ?*

Les verbes du premier groupe comme **jeter** et **appeler** doublent leur consonne **t** ou **l** devant un **e** muet.

PRÉSENT DE L'INDICATIF
je jette
tu jettes
il jette
nous jetons
vous jetez
ils jettent

PRÉSENT DE L'INDICATIF
j'appelle
tu appelles
il appelle
nous appelons
vous appelez
ils appellent

Verbes du type jeter *et* appeler

appeler	chanceler	épousseter	jeter
atteler	ensorceler	grommeler	voleter

Les verbes du premier groupe comme **acheter** et **peler** s'écrivent avec **è** devant un **e** muet.

PRÉSENT DE L'INDICATIF
j'achète
tu achètes
il achète
nous achetons
vous achetez
ils achètent

PRÉSENT DE L'INDICATIF
je pèle
tu pèles
il pèle
nous pelons
vous pelez
ils pèlent

440 ▶ *Comment écrire les verbes en -uyer et -oyer ?*

Les verbes du premier groupe comme **nettoyer** et **essuyer** changent le **y** du radical en **i** devant un **e** muet.

▷ *paragraphe 377*

PRÉSENT DE L'INDICATIF
j'essuie
tu essuies
il essuie
nous essuyons
vous essuyez
ils essuient

FUTUR DE L'INDICATIF
j'essuierai
tu essuieras
il essuiera
nous essuierons
vous essuierez
ils essuieront

Verbes du type essuyer et nettoyer

aboyer	ennuyer
appuyer	nettoyer
employer	noyer

Les verbes **envoyer** et **renvoyer** forment leur futur et leur conditionnel présent en **-err-**.

FUTUR DE L'INDICATIF
j'enverrai
tu enverras
il enverra
nous enverrons
vous enverrez
ils enverront

CONDITIONNEL PRÉSENT
j'enverrais
tu enverrais
il enverrait
nous enverrions
vous enverriez
ils enverraient

Au singulier du présent de l'indicatif, les verbes du troisième groupe comme **entendre** et **répondre** se terminent par : **ds, ds, d**. Ils conservent le **d** de l'infinitif.

j'enten**ds**	je répon**ds**
tu enten**ds**	tu répon**ds**
il enten**d**	il répon**d**

Verbes du type **entendre** *et* **répondre**

apprendre	mordre
confondre	perdre
correspondre	pondre
descendre	répondre
entendre	tordre

▷ *tableau 475*

Au singulier du présent de l'indicatif, les verbes comme **craindre** et **peindre** ne conservent pas le **d** de l'infinitif. Mais ils le gardent au futur et au conditionnel présent.

PRÉSENT	FUTUR	CONDITIONNEL PRÉSENT
je crain**s**	je crain**d**rai	je crain**d**rais
tu crain**s**	tu crain**d**ras	tu crain**d**rais
il crain**t**	il crain**d**ra	il crain**d**rait

PRÉSENT	FUTUR	CONDITIONNEL PRÉSENT
je pein**s**	je pein**d**rai	je pein**d**rais
tu pein**s**	tu pein**d**ras	tu pein**d**rais
il pein**t**	il pein**d**ra	il pein**d**rait

Verbes du type **craindre** *et* **peindre**

contraindre	éteindre	peindre	rejoindre
craindre	joindre	plaindre	teindre

442 ▶ *Comment écrire les verbes en -ttre ?*

Aux trois premières personnes du singulier du présent de l'indicatif, les verbes du troisième groupe comme **battre** et **mettre** s'écrivent avec **un seul t.**

je bats	je mets
tu bats	tu mets
il bat	il met

Aux autres personnes du présent et à tous les autres temps, ces verbes s'écrivent avec **2 t.**

PRÉSENT		IMPARFAIT	FUTUR
nous battons	nous mettons	je battais	je mettrai
vous battez	vous mettez	tu battais	tu mettras
ils battent	ils mettent	il battait	il mettra

Verbes du type **battre** *et* **mettre**

admettre	commettre	promettre	soumettre
combattre	permettre	rabattre	transmettre

443 ▶ *Comment écrire les verbes en -aître ?*

Les verbes du troisième groupe comme **connaître** prennent un accent circonflexe sur le **i** du radical s'il est suivi d'un **t.**

PRÉSENT	FUTUR
je connais	je connaîtrai
tu connais	tu connaîtras
il connaît	il connaîtra

Verbes du type **connaître**

apparaître   disparaître   paître   paraître   reconnaître

RECONNAÎTRE
LES TERMINAISONS

444 ▶ *Comment écrire les terminaisons*
de l'imparfait et du passé simple ?

À la première personne de l'imparfait et du passé simple, les terminaisons des verbes du premier groupe **se prononcent** de la **même** façon, mais **s'écrivent différemment**.

Passé simple	Imparfait
j'arriv**ai**	j'arriv**ais**

● *Un conseil !*

Pour savoir si le verbe est à l'imparfait ou au passé simple, conjuguez-le à une personne différente.

	Passé simple	Imparfait
1re personne	j'arrivai	j'arrivais
3e personne	il arriv**a**	il arriv**ait**

445 ▶ *Comment écrire les terminaisons*
du futur et du conditionnel ?

Les terminaisons du futur et du conditionnel présent **se prononcent** de la **même** façon à la 1re personne du singulier, mais s'écrivent différemment.

	1er groupe	2e groupe	3e groupe
Futur	je sauterai	je finirai	je dormirai
Conditionnel	je sauterais	je finirais	je dormirais

● *Un conseil !*
Pour savoir si le verbe est au futur ou au conditionnel, conjuguez-le à une personne différente.

	Futur	Conditionnel
1re personne	je sauterai	je sauterais
2e personne	tu sauteras	tu sauterais

446 ▶ Comment écrire la terminaison de l'impératif ?

Verbes	Terminaison de la 2e personne du singulier	Exemples
1er groupe	e	marche ! chante ! joue ! nettoie !
2e groupe	s	finis ! atterris ! applaudis !
3e groupe	s	dors ! tiens ! cours ! fuis ! couds !
	Exceptions : cueillir aller savoir	cueille ! va ! sache !

321

EMPLOYER LES TEMPS

447 ▶ *À quoi servent les temps du verbe ?*

> ● Les temps du verbe permettent d'indiquer si les événements ont lieu **avant, pendant ou après le moment où on les raconte.**
>
> ● Le verbe permet aussi de **situer dans le temps** les actions, les pensées **les unes par rapport aux autres.** Elles peuvent se dérouler au même instant (elles sont simultanées) ou avoir lieu les unes après les autres.

Le lendemain, le Grand Méchant Cochon **vint** rôder dans les parages et **découvrit** la maison en briques que les petits loups venaient de se construire.
Les trois petits loups jouaient gentiment au croquet dans le jardin. Quand ils **aperçurent** le Grand Méchant Cochon, ils **coururent** s'enfermer dans la maison.

▪ *Les trois petits loups et le grand méchant cochon*

▎ *Le Grand Méchant Cochon* <u>*vint*</u> *rôder dans les parages et*
                                verbe
<u>*découvrit*</u> *la maison en briques :* ces actions sont successives. ▎
  verbe

▎ *Quand ils* <u>*aperçurent*</u> *le Grand Méchant Cochon, ils* <u>*coururent*</u>
              verbe   verbe
s'enfermer dans la maison : ces actions sont simultanées. ▎

448 ▸ *Quand emploie-t-on le présent ?*

> Lorsqu'un événement se déroule **au moment où** l'on parle, on le situe dans le **présent**.

À l'enterrement d'une feuille morte
Deux escargots s'en vont ▪Paroles

449 ▸ *Quand emploie-t-on le passé ?*

> Lorsqu'un événement s'est déroulé **avant** le moment où l'on parle, on le situe dans le **passé**.

Et d'ailleurs il m'est arrivé si rarement de tuer un ours, que le lecteur m'excusera de m'étendre longuement peut-être sur cet exploit. Notre rencontre **fut** inattendue de part et d'autre. Je ne **chassais** pas l'ours, et je n'ai aucune raison de supposer que l'ours me **cherchait**. La vérité est que nous **cueillions** des mûres, chacun de notre côté, et que nous nous **rencontrâmes** par hasard, ce qui arrive souvent. ▪Comment j'ai tué un ours

❚ *Notre rencontre fut inattendue.* ❚

❚ *Je ne chassais pas l'ours.* ❚

❚ *Nous cueillions des mûres.* ❚

TEMPS ————————— passé | présent | futur

323

450 ▶ *Quand emploie-t-on le futur ?*

Lorsque l'on pense qu'un événement se déroulera **après** le moment où l'on parle, on le situe dans le **futur**.

Quand je **serai** grande, il **faudra** que tout soit éclairé. Et je **mangerai** de la confiture et du pâté de foie sur des tartines de pain que j'aurai auparavant recouvertes de beurre. Et je me **tiendrai** sur le toit de la maison d'où je **lancerai** des navets dans toutes les directions quand on m'en **apportera** et que je n'**aurai** pas envie de les préparer. ▪Quand je serai grande

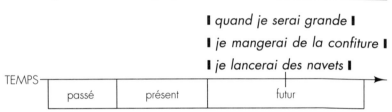

451 ▶ *Seul le verbe peut-il situer des actions dans le temps ?*

Non, les compléments circonstanciels de temps et les adverbes comme *hier, aujourd'hui, demain...* indiquent aussi à quel moment a lieu un événement.

De temps en temps, je m'arrêtais, me regardais, levais la tête le plus haut possible et beuglais :
- Je suis une vache ! ▪Mémoires d'une vache

Enfin, **au repas du soir**, le canard fut admis à manger à table entre les deux petites et s'y comporta aussi bien qu'une personne. ▪Les contes rouges du chat perché

452 ▶ *Qu'exprime le présent de l'indicatif ?*

Le présent peut exprimer une action qui se déroule **au moment où l'on parle** (sous les yeux de celui qui parle).

C'est un poème qui **appelle**
mais j'**entends** mal ce qu'il me **dit**

Nous ne **sommes** pas seuls sur la ligne
la voix du poème **est** lointaine

Raccrochez je vous **rappelle**
donnez-moi votre numéro

Je vous **appelle** d'une cabine
dit le poème qui **s'éloigne**

▪À la lisière du temps

Le présent peut aussi évoquer une action qui ne se déroule pas sous les yeux de celui qui parle mais qui est **habituelle**, qui se répète de façon régulière.

C'est papa qui m'a emmené à l'école aujourd'hui, après le déjeuner. Moi, j'aime bien quand papa m'**accompagne**, parce qu'il me **donne** souvent des sous pour acheter des choses.

▪Les récrés du petit Nicolas

On peut enfin utiliser le présent pour parler de **faits considérés comme vrais** quel que soit le moment où l'on se situe dans le temps.

- **Les vérités scientifiques**

Les têtards, ce sont des petites bêtes qui **grandissent** et qui **deviennent** des grenouilles ; c'est à l'école qu'on nous a appris ça.

Les récrés du petit Nicolas

- **Les maximes et les proverbes**

Comme les vers de terre mangent de la terre, pas de problème d'alimentation pour eux. Sophie ne s'intéressait qu'aux très gros spécimens, qu'elle mesurait avec une règle en bois. C'était une opération difficile, et elle demandait souvent à Mathieu ou à Marc de l'aider, car il vaut mieux être deux pour tendre un ver qui se tortille dans tous les sens.

L'escargot de Sophie

Et les petites se crurent obligées de mentir et de prendre un air étonné, ce qui ne manque jamais d'arriver quand on reçoit le loup en cachette de ses parents.

Les contes bleus du chat perché

453 ▶ Qu'exprime le passé composé ?

> Lorsque l'on constate les résultats d'un événement qui s'est déroulé **juste avant** que l'on prenne la parole, on utilise toujours le passé composé, jamais le passé simple.

L'escargot de Sophie prit le départ. Il était petit, mais il avait de la suite dans les idées. Allongée dans l'herbe au bord de l'allée, Sophie le regarda avancer, bon pied bon œil. Au bout d'une demi-heure, le petit escargot atteignit le poteau d'arrivée. Sophie sauta de joie.
- C'est mon escargot qui **a gagné** !

L'escargot de Sophie

❙ Sophie constate que son escargot vient de gagner la course. ❙

Je **suis devenue** porteuse de bacilles, parce que mon petit frère a la scarlatine.

Quand je serai grande

I Je constate que je suis porteuse de bacilles depuis que mon petit frère a la scarlatine. **I**

> Lorsqu'on **raconte une histoire**, si l'on évoque un événement passé, on peut utiliser le passé composé.

Le chef nous **a montré** comment il fallait faire pour mettre un ver au bout de l'hameçon. « Et surtout, il nous a dit, faites bien attention de ne pas vous faire de mal avec les hameçons ! » On **a** tous **essayé** de faire comme le chef, mais ce n'est pas facile, et le chef nous **a aidés**, surtout Paulin qui avait peur des vers et qui **a demandé** s'ils mordaient. Dès qu'il **a eu** un ver à son hameçon, Paulin, vite, vite, il **a jeté** la ligne à l'eau, pour éloigner le ver le plus possible.

Les vacances du petit Nicolas

454▶ *Qu'exprime le passé simple ?*

> On emploie le passé simple lorsqu'on écrit un **conte**, ou lorsqu'on raconte des **événements historiques**.

La poule brune **tendit** le cou et **becqueta** la potion. Une pleine becquée de potion.
L'effet **fut** électrique.
- *Ouiche !* **caqueta** la poule, en bondissant droit dans le ciel comme une fusée.

La potion magique de Georges Bouillon

455 ▶ *Comment employer le passé simple et l'imparfait ?*

> L'imparfait et le passé simple servent tous les deux à exprimer des événements situés dans le passé. L'imparfait présente des actions qui donnent l'impression de **se prolonger**. Il peut aussi **dresser un décor** qui sert de fond aux actions exprimées par le passé simple.

Le bruit des sabots **décrut** dans le lointain. Ils **laissaient** derrière eux, ces sabots, une scène de désolation : les devoirs **étaient** éparpillés sur le sol ; les canards **pleuraient** de grosses larmes ; la princesse **restait** muette de saisissement ; le chien **aboyait** courageusement sous la table.   ▪La princesse Hoppy

I Le verbe *décrut* est au passé simple. Les verbes *laissaient, étaient, pleuraient, restait, aboyait* sont à l'imparfait et permettent de décrire la scène. **I**

456 ▶ *Comment employer le plus-que-parfait avec les autres temps du passé ?*

> Le **plus-que-parfait** sert à exprimer des faits qui se sont produits dans le passé **avant** ceux qui sont évoqués par l'imparfait, le passé simple ou le passé composé.

Dimanche dernier, l'oncle Halmdach m'a offert un lièvre en chocolat, il était si mignon, une vraie petite bête avec de joyeuses oreilles. Je ne voulais pas lui manger la tête, ni les pieds ni la queue, parce que c'était une bonne petite bête. Et alors, je l'ai porté partout avec moi et il **a ressemblé** tout d'un coup à un cochon, parce que le chocolat **avait coulé**.

▪Quand je serai grande

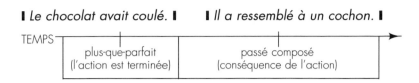

Le chocolat avait coulé. **Il a ressemblé à un cochon.**

TEMPS

plus-que-parfait
(l'action est terminée)

passé composé
(conséquence de l'action)

457 ▶ *Comment exprimer le futur ?*

On emploie la tournure : **aller + infinitif** lorsqu'on veut dire qu'un événement est **sur le point de** se produire, ou que l'on va immédiatement se mettre à faire quelque chose.

- Petits loups poltrons, tremblotants du menton, laissez-moi entrer, voyons !
- Non, non et non, répondirent les petits loups. Par les poils de notre barbiche-barbichette-et-barbichou, tu n'entreras pas chez nous, pas pour toutes les feuilles de thé de notre plus belle théière de Chine !
- Puisque c'est ça, je **vais souffler, pouffer, pousser mille bouffées,** et je démolirai votre maison ! dit le cochon.

Les trois petits loups et le grand méchant cochon

Lorsqu'on veut parler de ses projets ou faire des prévisions, on utilise soit la tournure **aller + infinitif**, soit le **futur**.

C'était un cadeau de Mémé. Un cadeau terrible et vous ne devinerez jamais ce que c'était : une montre-bracelet ! Ma mémé et ma montre sont drôlement chouettes, et les copains **vont faire** une drôle de tête.

Les récrés du petit Nicolas

Peut-être y a-t-il aussi de bons bacilles, peut-être l'un d'eux m'**apparaîtra** et m'**offrira** trois caniches nains.

Quand je serai grande

329

EMPLOYER LES MODES

458 ▸ *Quand utilise-t-on le subjonctif ?*

> On est obligé d'utiliser le subjonctif **après** les **verbes** qui expriment ce que quelqu'un **ressent**, **veut** ou **pense** à propos d'une action : *il faut que, il est possible que, aimer que, exiger que, défendre que, détester que, souhaiter que, vouloir que...*

- Supposons que tu **veuilles** élever des vaches. As-tu pensé à ce que coûte un grand troupeau ?
- Je ne tiens pas à avoir un grand troupeau de vaches, déclara Sophie.
- Combien en auras-tu ? demanda Marc.
- Une seule. Je l'appellerai Fleur. ▎L'escargot de Sophie

❚ *Supposons que tu <u>veuilles</u> élever des vaches.* ❚
           subjonctif présent

> On est obligé d'employer le subjonctif **après** les **conjonctions** de subordination de **temps** *(avant que, jusqu'à ce que, en attendant que)*, de **concession** *(bien que, quoique)*, de **but** *(afin que, pour que)*, de **condition** *(à condition que)*.

● *La concession*

Bien qu'il s'y **appliquât** de tout son cœur, le pauvre bœuf n'arrivait pas à pleurer. ▎Les contes rouges du chat perché

❚ *Bien qu'il s'y <u>appliquât</u> de tout son cœur...* ❚
        subjonctif imparfait

● **Le but**

Je connais un truc que j'ai vu dans un film, où des bandits envoyaient des messages, et pour qu'on ne **reconnaisse** pas leur écriture, ils écrivaient les messages avec des lettres découpées dans des journaux et collées sur des feuilles de papier, et personne ne les découvrait jusqu'à la fin du film !

Joachim a des ennuis

▌ *pour qu'on ne <u>reconnaisse</u> pas leur écriture...* ▌
subjonctif présent

● **La condition**

Blanche-Neige nous sourit avec gentillesse :
« Votre ballon a cassé quelques-uns de mes jouets ; je veux bien vous le rendre quand même, mais à condition que vous **appreniez** la géographie à mes nains.

L'académie de M. Tachedencre

▌ *à condition que vous <u>appreniez</u> la géographie à mes nains...* ▌
subjonctif présent

● **Le temps**

- Ce matin pourtant, le toast de mon petit déjeuner était grignoté sur les bords ! continua Grand-mère, impitoyable. Et pire, il avait un sale goût de rat ! Si vous ne faites pas attention, les fonctionnaires de la santé publique ordonneront la fermeture de votre hôtel avant que quelqu'un **n'attrape** la fièvre typhoïde !

Sacrées sorcières

▌ *avant que quelqu'un <u>n'attrape</u> la fièvre typhoïde...* ▌
subjonctif présent

Attention ! Avec **après que** on doit employer l'**indicatif.**

- Tu sais bien que les sirènes, cela n'existe pas.
- Je te demande pardon, dit le prince, mais moi, j'en connais une. Tous les matins, je me baigne avec elle.
Le roi ne répondit pas, mais après qu'il **eut pris** le café il s'en alla trouver l'aumônier de la Cour :
- Dites-moi, Père, est-ce vrai que ça existe, les sirènes ?

▪ Le gentil petit diable

I *après qu'il eut pris le café...* **I**
        passé antérieur de l'indicatif

> On peut rencontrer le subjonctif dans des propositions **indépendantes** exprimant le **souhait**, l'**ordre**, la **prière.**

● **Le souhait**

LA SENTINELLE. - Qui vive ?
LA VOIX. - **Vive** la vie !

▪ Fatras

● **L'ordre**

Tant pis pour ceux qui n'aiment pas la boue
Qui ne comprennent pas
Qui ne savent pas le chien
Qui ne savent pas la boue
Faites entrer le chien
Et **qu'il se secoue**

▪ Fatras

> Le subjonctif est aussi utilisé dans des propositions indépendantes pour exprimer une **supposition**, par exemple dans des énoncés de mathématiques.

Soient trois rois parmi nous quatre : le premier roi, le deuxième roi, le troisième roi. Le premier roi est n'importe quel roi, le deuxième roi est n'importe quel roi, le troisième roi est n'importe quel roi.

▪ La princesse Hoppy

459▶ *Comment utiliser le conditionnel dans une proposition subordonnée ?*

Le conditionnel marque une action qui ne se réalisera que si une **condition** est **d'abord remplie**. Cette condition est introduite par la conjonction **si** et exprimée par un verbe à l'**imparfait** de l'indicatif.

Si j'étais millionnaire, je **pourrais** acheter tous les châtaigniers et donner à manger aux chevreuils du jardin zoologique. Je **pourrais** aussi acheter le jardin zoologique et entrer dans toutes les cages avec le gardien. Je **pourrais** aussi acheter tous les adultes qui me mettent en colère, les mettre dans un bateau et les faire naviguer sur des mers déchaînées pour qu'ils ne puissent jamais débarquer nulle part.

Quand je serai grande

460▶ *Qu'exprime le conditionnel quand il ne dépend pas d'une condition ?*

Le conditionnel présent permet d'exprimer des actions que l'on **imagine**, que l'on **souhaite** ou auxquelles on rêve.

Elle pensa que [le brontosaure] **serait** très facile à domestiquer et **ferait** un délicieux animal familier. J'eus beau lui dire qu'un animal familier haut de sept mètres et long de trente **serait** un peu encombrant, si on voulait le prendre sur les genoux pour le caresser, et que, d'ailleurs, avec les meilleures intentions du monde, il **risquerait** à chaque instant d'écraser notre maison sous son pied, car il avait l'air plutôt distrait…

La célèbre grenouille sauteuse

▌Les verbes *serait*, *ferait* et *risquerait* permettent d'exprimer ce qu'« elle » souhaite et ce que moi, j'imagine. ▌

> Le conditionnel présent présente aussi des **informations** que l'on n'a pas pu vérifier, dont **on n'est pas sûr**.

- Quelle est votre date de naissance ?
- Le lundi 31 octobre 1693.
- Mais c'est impossible ! Cela vous **ferait** cent quatre-vingts ans d'âge. Comment expliquez-vous cela ?
- Je ne l'explique pas du tout.

La célèbre grenouille sauteuse

> Enfin, le conditionnel présent permet de formuler **avec politesse** une demande, un conseil ou un reproche.

● *Une demande*

- Je ne crains rien des tigres, mais j'ai horreur des courants d'air. Vous n'**auriez** pas un paravent ?
« Horreur des courants d'air… ce n'est pas de chance, pour une plante, avait remarqué le petit prince. Cette fleur est bien compliquée… »

Le petit prince

● *Un conseil*

Ils **devraient** construire des livres en matière d'assiette, ce serait mieux, vraiment mieux. J'aurais des piles de livres en porcelaine, des livres qui seraient tellement ébréchés que maman finirait bien par les jeter.

Halte aux livres

334

LIRE
LES TABLEAUX DE CONJUGAISON

Verbe sentir

je sens,
tu ne sens pas ?
il ne sent pas bon,
nous savons,
vous vous savonnez,
ils sentent bon.

Pef, *L'ivre de français*, Éditions Gallimard.

INDICATIF

──── **Temps simples** ────

Présent

j'	ai
tu	as
il, elle	a
nous	avons
vous	avez
ils, elles	ont

Futur simple

j'	aurai
tu	auras
il, elle	aura
nous	aurons
vous	aurez
ils, elles	auront

Imparfait

j'	avais
tu	avais
il, elle	avait
nous	avions
vous	aviez
ils, elles	avaient

Passé simple

j'	eus
tu	eus
il, elle	eut
nous	eûmes
vous	eûtes
ils, elles	eurent

──── **Temps composés** ────

Passé composé

j'	ai	eu
tu	as	eu
il, elle	a	eu
nous	avons	eu
vous	avez	eu
ils, elles	ont	eu

Plus-que-parfait

j'	avais	eu
tu	avais	eu
il, elle	avait	eu
nous	avions	eu
vous	aviez	eu
ils, elles	avaient	eu

SUBJONCTIF

Présent

que j'	aie
que tu	aies
qu'il, qu'elle	ait
que nous	ayons
que vous	ayez
qu'ils, qu'elles	aient

CONDITIONNEL

Présent

j'	aurais
tu	aurais
il, elle	aurait
nous	aurions
vous	auriez
ils, elles	auraient

IMPÉRATIF

Présent

aie
ayons
ayez

INFINITIF

Présent

avoir

Passé

avoir eu

PARTICIPE

Présent

ayant

Passé

eu, eue, eus, eues

462 ▶ Être

────── **Temps simples** ──────

Présent		**Futur simple**	
je	suis	je	serai
tu	es	tu	seras
il, elle	est	il, elle	sera
nous	sommes	nous	serons
vous	êtes	vous	serez
ils, elles	sont	ils, elles	seront

Imparfait		**Passé simple**	
j'	étais	je	fus
tu	étais	tu	fus
il, elle	était	il, elle	fut
nous	étions	nous	fûmes
vous	étiez	vous	fûtes
ils, elles	étaient	ils, elles	furent

────── **Temps composés** ──────

Passé composé			**Plus-que-parfait**		
j'	ai	été	j'	avais	été
tu	as	été	tu	avais	été
il, elle	a	été	il, elle	avait	été
nous	avons	été	nous	avions	été
vous	avez	été	vous	aviez	été
ils, elles	ont	été	ils, elles	avaient	été

SUBJONCTIF

Présent

que je	sois
que tu	sois
qu'il, qu'elle	soit
que nous	soyons
que vous	soyez
qu'ils, qu'elles	soient

CONDITIONNEL

Présent

je	serais
tu	serais
il, elle	serait
nous	serions
vous	seriez
ils, elles	seraient

IMPÉRATIF

Présent

sois
soyons
soyez

INFINITIF

Présent	**Passé**
être	avoir été

PARTICIPE

Présent	**Passé**
étant	été

— VOIX ACTIVE - FORME AFFIRMATIVE —

INDICATIF

— Temps simples —

Présent

j'	aime
tu	aimes
il, elle	aime
nous	aimons
vous	aimez
ils, elles	aiment

Futur simple

j'	aimerai
tu	aimeras
il, elle	aimera
nous	aimerons
vous	aimerez
ils, elles	aimeront

Imparfait

j'	aimais
tu	aimais
il, elle	aimait
nous	aimions
vous	aimiez
ils, elles	aimaient

Passé simple

j'	aimai
tu	aimas
il, elle	aima
nous	aimâmes
vous	aimâtes
ils, elles	aimèrent

— Temps composés —

Passé composé

j'	ai	aimé
tu	as	aimé
il, elle	a	aimé
nous	avons	aimé
vous	avez	aimé
ils, elles	ont	aimé

Plus-que-parfait

j'	avais	aimé
tu	avais	aimé
il, elle	avait	aimé
nous	avions	aimé
vous	aviez	aimé
ils, elles	avaient	aimé

INFINITIF

Présent

aimer

Passé

avoir aimé

SUBJONCTIF

Présent

que j'	aime
que tu	aimes
qu'il, qu'elle	aime
que nous	aimions
que vous	aimiez
qu'ils, qu'elles	aiment

CONDITIONNEL

Présent

j'	aimerais
tu	aimerais
il, elle	aimerait
nous	aimerions
vous	aimeriez
ils, elles	aimeraient

IMPÉRATIF

Présent

aime
aimons
aimez

PARTICIPE

Présent **Passé**

aimant aimé, aimée,
  aimés, aimées

464 Aimer

1er GROUPE

VOIX ACTIVE - FORME NÉGATIVE

INDICATIF

Temps simples

Présent

je	n'aime pas
tu	n'aimes pas
il, elle	n'aime pas
nous	n'aimons pas
vous	n'aimez pas
ils, elles	n'aiment pas

Futur simple

je	n'aimerai pas
tu	n'aimeras pas
il, elle	n'aimera pas
nous	n'aimerons pas
vous	n'aimerez pas
ils, elles	n'aimeront pas

Imparfait

je	n'aimais pas
tu	n'aimais pas
il, elle	n'aimait pas
nous	n'aimions pas
vous	n'aimiez pas
ils, elles	n'aimaient pas

Passé simple

je	n'aimai pas
tu	n'aimas pas
il, elle	n'aima pas
nous	n'aimâmes pas
vous	n'aimâtes pas
ils, elles	n'aimèrent pas

Temps composés

Passé composé

je	n'ai pas	aimé
tu	n'as pas	aimé
il, elle	n'a pas	aimé
nous	n'avons pas	aimé
vous	n'avez pas	aimé
ils, elles	n'ont pas	aimé

Plus que parfait

je	n'avais pas	aimé
tu	n'avais pas	aimé
il, elle	n'avait pas	aimé
nous	n'avions pas	aimé
vous	n'aviez pas	aimé
ils, elles	n'avaient pas	aimé

SUBJONCTIF

Présent

que je	n'aime pas
que tu	n'aimes pas
qu'il, qu'elle	n'aime pas
que nous	n'aimions pas
que vous	n'aimiez pas
qu'ils, qu'elles	n'aiment pas

CONDITIONNEL

Présent

je	n'aimerais pas
tu	n'aimerais pas
il, elle	n'aimerait pas
nous	n'aimerions pas
vous	n'aimeriez pas
ils, elles	n'aimeraient pas

IMPÉRATIF

Présent

n'aime pas
n'aimons pas
n'aimez pas

INFINITIF

Présent

ne pas aimer

Passé

n'avoir pas aimé

PARTICIPE

Présent

n'aimant pas

■─────────── **VOIX ACTIVE - FORME INTERROGATIVE** ───────────■

| **INDICATIF** | | **CONDITIONNEL** |

■─────── **Temps simples** ───────■

Présent

aimé-je ?
aimes-tu ?
aime-t-il ?
aime-t-elle ?
aimons-nous ?
aimez-vous ?
aiment-ils ?
aiment-elles ?

Futur simple

aimerai-je ?
aimeras-tu ?
aimera-t-il ?
aimera-t-elle ?
aimerons-nous ?
aimerez-vous ?
aimeront-ils ?
aimeront-elles ?

Présent

aimerais-je ?
aimerais-tu ?
aimerait-il ?
aimerait-elle ?
aimerions-nous ?
aimeriez-vous ?
aimeraient-ils ?
aimeraient-elles ?

Imparfait

aimais-je ?
aimais-tu ?
aimait-il ?
aimait-elle ?
aimions-nous ?
aimiez-vous ?
aimaient-ils ?
aimaient-elles ?

Passé simple

aimai-je ?
aimas-tu ?
aima-t-il ?
aima-t-elle ?
aimâmes-nous ?
aimâtes-vous ?
aimèrent-ils ?
aimèrent-elles ?

■─────── **Temps composés** ───────■

Passé composé

ai-je	aimé ?
as-tu	aimé ?
a-t-il	aimé ?
a-t-elle	aimé ?
avons-nous	aimé ?
avez-vous	aimé ?
ont-ils	aimé ?
ont-elles	aimé ?

Plus-que-parfait

avais-je	aimé ?
avais-tu	aimé ?
avait-il	aimé ?
avait-elle	aimé ?
avions-nous	aimé ?
aviez-vous	aimé ?
avaient-ils	aimé ?
avaient-elles	aimé ?

466 ▶ Aimer

— VOIX PASSIVE —

INDICATIF

— Temps simples —

Présent

je	suis	aimé(e)
tu	es	aimé(e)
il, elle	est	aimé(e)
nous	sommes	aimé(e)s
vous	êtes	aimé(e)s
ils, elles	sont	aimé(e)s

Futur simple

je	serai	aimé(e)
tu	seras	aimé(e)
il, elle	sera	aimé(e)
nous	serons	aimé(e)s
vous	serez	aimé(e)s
ils, elles	seront	aimé(e)s

Imparfait

j'	étais	aimé(e)
tu	étais	aimé(e)
il, elle	était	aimé(e)
nous	étions	aimé(e)s
vous	étiez	aimé(e)s
ils, elles	étaient	aimé(e)s

Passé simple

je	fus	aimé(e)
tu	fus	aimé(e)
il, elle	fut	aimé(e)
nous	fûmes	aimé(e)s
vous	fûtes	aimé(e)s
ils, elles	furent	aimé(e)s

— Temps composés —

Passé composé

j'	ai	été	aimé(e)
tu	as	été	aimé(e)
il, elle	a	été	aimé(e)
nous	avons	été	aimé(e)s
vous	avez	été	aimé(e)s
ils, elles	ont	été	aimé(e)s

Plus-que-parfait

j'	avais	été aimé(e)
tu	avais	été aimé(e)
il, elle	avait	été aimé(e)
nous	avions	été aimé(e)s
vous	aviez	été aimé(e)s
ils, elles	avaient	été aimé(e)s

INFINITIF

Présent

être aimé

Passé

avoir été aimé

SUBJONCTIF

Présent

que je	sois	aimé(e)
que tu	sois	aimé(e)
qu'il, qu'elle	soit	aimé(e)
que nous	soyons	aimé(e)s
que vous	soyez	aimé(e)s
qu'ils, qu'elles	soient	aimé(e)s

CONDITIONNEL

Présent

je	serais	aimé(e)
tu	serais	aimé(e)
il, elle	serait	aimé(e)
nous	serions	aimé(e)s
vous	seriez	aimé(e)s
ils, elles	seraient	aimé(e)s

IMPÉRATIF

Présent

sois aimé(e)
soyons aimé(e)s
soyez aimé(e)s

PARTICIPE

Présent

étant aimé

Passé

aimé, aimée,
aimés, aimées

■————————— **VOIX PRONOMINALE** —————————■

| **INDICATIF** | | **SUBJONCTIF** |

■————————— **Temps simples** —————————■

Présent

je m'	amuse
tu t'	amuses
il, elle s'	amuse
nous nous	amusons
vous vous	amusez
ils, elles s'	amusent

Futur simple

je m'	amuserai
tu t'	amuseras
il, elle s'	amusera
nous nous	amuserons
vous vous	amuserez
ils, elles s'	amuseront

Subjonctif — Présent

que je m'	amuse
que tu t'	amuses
qu'il, qu'elle s'	amuse
que nous nous	amusions
que vous vous	amusiez
qu'ils, qu'elles	s'amusent

Imparfait

je m'	amusais
tu t'	amusais
il, elle s'	amusait
nous nous	amusions
vous vous	amusiez
ils, elles s'	amusaient

Passé simple

je m'	amusai
tu t'	amusas
il, elle s'	amusa
nous nous	amusâmes
vous vous	amusâtes
ils, elles s'	amusèrent

CONDITIONNEL

Présent

je m'	amuserais
tu t'	amuserais
il, elle s'	amuserait
nous nous	amuserions
vous vous	amuseriez
ils, elles s'	amuseraient

■————————— **Temps composés** —————————■

Passé composé

je me	suis	amusé(e)
tu t'	es	amusé(e)
il, elle s'	est	amusé(e)
nous nous	sommes	amusé(e)s
vous vous	êtes	amusé(e)s
ils, elles se	sont	amusé(e)s

Plus-que-parfait

je m'	étais	amusé(e)
tu t'	étais	amusé(e)
il, elle s'	était	amusé(e)
nous nous	étions	amusé(e)s
vous vous	étiez	amusé(e)s
ils, elles s'	étaient	amusé(e)s

IMPÉRATIF

Présent

amuse-toi
amusons-nous
amusez-vous

| **INFINITIF** | | **PARTICIPE** |

Présent

s'amuser

Passé

s'être amusé

Participe — Présent

s'amusant

468 ▶ **Placer**

INDICATIF

— Temps simples —

Présent

je	place
tu	places
il, elle	place
nous	plaçons
vous	placez
ils, elles	placent

Futur simple

je	placerai
tu	placeras
il, elle	placera
nous	placerons
vous	placerez
ils, elles	placeront

Imparfait

je	plaçais
tu	plaçais
il, elle	plaçait
nous	placions
vous	placiez
ils, elles	plaçaient

Passé simple

je	plaçai
tu	plaças
il, elle	plaça
nous	plaçâmes
vous	plaçâtes
ils, elles	placèrent

— Temps composés —

Passé composé

j'	ai	placé
tu	as	placé
il, elle	a	placé
nous	avons	placé
vous	avez	placé
ils, elles	ont	placé

Plus-que-parfait

j'	avais	placé
tu	avais	placé
il, elle	avait	placé
nous	avions	placé
vous	aviez	placé
ils, elles	avaient	placé

INFINITIF

Présent

placer

Passé

avoir placé

SUBJONCTIF

Présent

que je	place
que tu	places
qu'il, qu'elle	place
que nous	placions
que vous	placiez
qu'ils, qu'elles	placent

CONDITIONNEL

Présent

je	placerais
tu	placerais
il, elle	placerait
nous	placerions
vous	placeriez
ils, elles	placeraient

IMPÉRATIF

Présent

place
plaçons
placez

PARTICIPE

Présent

plaçant

Passé

placé, placée,
placés, placées

INDICATIF

■———————— Temps simples ————————■

Présent

je	mange
tu	manges
il, elle	mange
nous	mangeons
vous	mangez
ils, elles	mangent

Futur simple

je	mangerai
tu	mangeras
il, elle	mangera
nous	mangerons
vous	mangerez
ils, elles	mangeront

Imparfait

je	mangeais
tu	mangeais
il, elle	mangeait
nous	mangions
vous	mangiez
ils, elles	mangeaient

Passé simple

je	mangeai
tu	mangeas
il, elle	mangea
nous	mangeâmes
vous	mangeâtes
ils, elles	mangèrent

■———————— Temps composés ————————■

Passé composé

j'	ai	mangé
tu	as	mangé
il, elle	a	mangé
nous	avons	mangé
vous	avez	mangé
ils, elles	ont	mangé

Plus-que-parfait

j'	avais	mangé
tu	avais	mangé
il, elle	avait	mangé
nous	avions	mangé
vous	aviez	mangé
ils, elles	avaient	mangé

INFINITIF

Présent
manger

Passé
avoir mangé

SUBJONCTIF

Présent

que je	mange
que tu	manges
qu'il, qu'elle	mange
que nous	mangions
que vous	mangiez
qu'ils, qu'elles	mangent

CONDITIONNEL

Présent

je	mangerais
tu	mangerais
il, elle	mangerait
nous	mangerions
vous	mangeriez
ils, elles	mangeraient

IMPÉRATIF

Présent
mange
mangeons
mangez

PARTICIPE

Présent
mangeant

Passé
mangé, mangée,
mangés, mangées

470▶ **Finir**

INDICATIF

━━━━━ **Temps simples** ━━━━━

Présent

je	finis
tu	finis
il, elle	finit
nous	finissons
vous	finissez
ils, elles	finissent

Futur simple

je	finirai
tu	finiras
il, elle	finira
nous	finirons
vous	finirez
ils, elles	finiront

Imparfait

je	finissais
tu	finissais
il, elle	finissait
nous	finissions
vous	finissiez
ils, elles	finissaient

Passé simple

je	finis
tu	finis
il, elle	finit
nous	finîmes
vous	finîtes
ils, elles	finirent

━━━━━ **Temps composés** ━━━━━

Passé composé

j'	ai	fini
tu	as	fini
il, elle	a	fini
nous	avons	fini
vous	avez	fini
ils, elles	ont	fini

Plus-que-parfait

j'	avais	fini
tu	avais	fini
il, elle	avait	fini
nous	avions	fini
vous	aviez	fini
ils, elles	avaient	fini

INFINITIF

Présent
finir

Passé
avoir fini

SUBJONCTIF

Présent

que je	finisse
que tu	finisses
qu'il, qu'elle	finisse
que nous	finissions
que vous	finissiez
qu'ils, qu'elles	finissent

CONDITIONNEL

Présent

je	finirais
tu	finirais
il, elle	finirait
nous	finirions
vous	finiriez
ils, elles	finiraient

IMPÉRATIF

Présent
finis
finissons
finissez

PARTICIPE

Présent
finissant

Passé
fini, finie,
finis, finies

345

INDICATIF

— Temps simples —

Présent

je	veux
tu	veux
il, elle	veut
nous	voulons
vous	voulez
ils, elles	veulent

Futur simple

je	voudrai
tu	voudras
il, elle	voudra
nous	voudrons
vous	voudrez
ils, elles	voudront

Imparfait

je	voulais
tu	voulais
il, elle	voulait
nous	voulions
vous	vouliez
ils, elles	voulaient

Passé simple

je	voulus
tu	voulus
il, elle	voulut
nous	voulûmes
vous	voulûtes
ils, elles	voulurent

— Temps composés —

Passé composé

j'	ai	voulu
tu	as	voulu
il, elle	a	voulu
nous	avons	voulu
vous	avez	voulu
ils, elles	ont	voulu

Plus-que-parfait

j'	avais	voulu
tu	avais	voulu
il, elle	avait	voulu
nous	avions	voulu
vous	aviez	voulu
ils, elles	avaient	voulu

INFINITIF

Présent

vouloir

Passé

avoir voulu

SUBJONCTIF

Présent

que je	veuille
que tu	veuilles
qu'il, qu'elle	veuille
que nous	voulions
que vous	vouliez
qu'ils, qu'elles	veuillent

CONDITIONNEL

Présent

je	voudrais
tu	voudrais
il, elle	voudrait
nous	voudrions
vous	voudriez
ils, elles	voudraient

IMPÉRATIF

Présent

veux (veuille)
voulons
voulez (veuillez)

PARTICIPE

Présent

voulant

Passé

voulu, voulue,
voulus, voulues

472 ▶ Pouvoir

INDICATIF

— Temps simples —

Présent

je	peux
tu	peux
il, elle	peut
nous	pouvons
vous	pouvez
ils, elles	peuvent

Futur simple

je	pourrai
tu	pourras
il, elle	pourra
nous	pourrons
vous	pourrez
ils, elles	pourront

Imparfait

je	pouvais
tu	pouvais
il, elle	pouvait
nous	pouvions
vous	pouviez
ils, elles	pouvaient

Passé simple

je	pus
tu	pus
il, elle	put
nous	pûmes
vous	pûtes
ils, elles	purent

— Temps composés —

Passé composé

j'	ai	pu
tu	as	pu
il, elle	a	pu
nous	avons	pu
vous	avez	pu
ils, elles	ont	pu

Plus-que-parfait

j'	avais	pu
tu	avais	pu
il, elle	avait	pu
nous	avons	pu
vous	avez	pu
ils, elles	avaient	pu

SUBJONCTIF

Présent

que je	puisse
que tu	puisses
qu'il, qu'elle	puisse
que nous	puissions
que vous	puissiez
qu'ils, qu'elles	puissent

CONDITIONNEL

Présent

je	pourrais
tu	pourrais
il, elle	pourrait
nous	pourrions
vous	pourriez
ils, elles	pourraient

IMPÉRATIF

Présent

pas d'impératif

INFINITIF

Présent

pouvoir

Passé

avoir pu

PARTICIPE

Présent	**Passé**
pouvant	pu

INDICATIF

■───────── Temps simples ─────────■

Présent

je	vois
tu	vois
il, elle	voit
nous	voyons
vous	voyez
ils, elles	voient

Futur simple

je	verrai
tu	verras
il, elle	verra
nous	verrons
vous	verrez
ils, elles	verront

Imparfait

je	voyais
tu	voyais
il, elle	voyait
nous	voyions
vous	voyiez
ils, elles	voyaient

Passé simple

je	vis
tu	vis
il, elle	vit
nous	vîmes
vous	vîtes
ils, elles	virent

■───────── Temps composés ─────────■

Passé composé

j'	ai	vu
tu	as	vu
il, elle	a	vu
nous	avons	vu
vous	avez	vu
ils, elles	ont	vu

Plus-que-parfait

j'	avais	vu
tu	avais	vu
il, elle	avait	vu
nous	avions	vu
vous	aviez	vu
ils, elles	avaient	vu

INFINITIF

Présent

voir

Passé

avoir vu

SUBJONCTIF

Présent

que je	voie
que tu	voies
qu'il, qu'elle	voie
que nous	voyions
que vous	voyiez
qu'ils, qu'elles	voient

CONDITIONNEL

Présent

je	verrais
tu	verrais
il, elle	verrait
nous	verrions
vous	verriez
ils, elles	verraient

IMPÉRATIF

Présent

vois
voyons
voyez

PARTICIPE

Présent	**Passé**
voyant	vu, vue,
	vus, vues

474 Faire

3e GROUPE

INDICATIF

Temps simples

Présent		*Futur simple*	
je	fais	je	ferai
tu	fais	tu	feras
il, elle	fait	il, elle	fera
nous	faisons	nous	ferons
vous	faites	vous	ferez
ils, elles	font	ils, elles	feront

Imparfait		*Passé simple*	
je	faisais	je	fis
tu	faisais	tu	fis
il, elle	faisait	il, elle	fit
nous	faisions	nous	fîmes
vous	faisiez	vous	fîtes
ils, elles	faisaient	ils, elles	firent

Temps composés

Passé composé			*Plus-que-parfait*		
j'	ai	fait	j'	avais	fait
tu	as	fait	tu	avais	fait
il, elle	a	fait	il, elle	avait	fait
nous	avons	fait	nous	avions	fait
vous	avez	fait	vous	aviez	fait
ils, elles	ont	fait	ils, elles	avaient	fait

INFINITIF

Présent	*Passé*
faire	avoir fait

SUBJONCTIF

Présent

que je	fasse
que tu	fasses
qu'il, qu'elle	fasse
que nous	fassions
que vous	fassiez
qu'ils, qu'elles	fassent

CONDITIONNEL

Présent

je	ferais
tu	ferais
il, elle	ferait
nous	ferions
vous	feriez
ils, elles	feraient

IMPÉRATIF

Présent

fais
faisons
faites

PARTICIPE

Présent	*Passé*
faisant	fait, faite, faits, faites

INDICATIF

────── Temps simples ──────

Présent

je	prends
tu	prends
il, elle	prend
nous	prenons
vous	prenez
ils, elles	prennent

Futur simple

je	prendrai
tu	prendras
il, elle	prendra
nous	prendrons
vous	prendrez
ils, elles	prendront

Imparfait

je	prenais
tu	prenais
il, elle	prenait
nous	prenions
vous	preniez
ils, elles	prenaient

Passé simple

je	pris
tu	pris
il, elle	prit
nous	prîmes
vous	prîtes
ils, elles	prirent

────── Temps composés ──────

Passé composé

j'	ai	pris
tu	as	pris
il, elle	a	pris
nous	avons	pris
vous	avez	pris
ils, elles	ont	pris

Plus-que-parfait

j'	avais	pris
tu	avais	pris
il, elle	avait	pris
nous	avions	pris
vous	aviez	pris
ils, elles	avaient	pris

INFINITIF

Présent
prendre

Passé
avoir pris

SUBJONCTIF

Présent

que je	prenne
que tu	prennes
qu'il, qu'elle	prenne
que nous	prenions
que vous	preniez
qu'ils, qu'elles	prennent

CONDITIONNEL

Présent

je	prendrais
tu	prendrais
il, elle	prendrait
nous	prendrions
vous	prendriez
ils, elles	prendraient

IMPÉRATIF

Présent
prends
prenons
prenez

PARTICIPE

Présent
prenant

Passé
pris, prise,
pris, prises

476 ▶ **Dormir**

INDICATIF

Temps simples

Présent

je	dors
tu	dors
il, elle	dort
nous	dormons
vous	dormez
ils, elles	dorment

Futur simple

je	dormirai
tu	dormiras
il, elle	dormira
nous	dormirons
vous	dormirez
ils, elles	dormiront

Imparfait

je	dormais
tu	dormais
il, elle	dormait
nous	dormions
vous	dormiez
ils, elles	dormaient

Passé simple

je	dormis
tu	dormis
il, elle	dormit
nous	dormîmes
vous	dormîtes
ils, elles	dormirent

Temps composés

Passé composé

j'	ai	dormi
tu	as	dormi
il, elle	a	dormi
nous	avons	dormi
vous	avez	dormi
ils, elles	ont	dormi

Plus-que-parfait

j'	avais	dormi
tu	avais	dormi
il, elle	avait	dormi
nous	avions	dormi
vous	aviez	dormi
ils, elles	avaient	dormi

INFINITIF

Présent
dormir

Passé
avoir dormi

SUBJONCTIF

Présent

que je	dorme
que tu	dormes
qu'il, qu'elle	dorme
que nous	dormions
que vous	dormiez
qu'ils, qu'elles	dorment

CONDITIONNEL

Présent

je	dormirais
tu	dormirais
il, elle	dormirait
nous	dormirions
vous	dormiriez
ils, elles	dormiraient

IMPÉRATIF

Présent
dors
dormons
dormez

PARTICIPE

Présent
dormant

Passé
dormi

INDICATIF

— Temps simples —

Présent

je	viens
tu	viens
il, elle	vient
nous	venons
vous	venez
ils, elles	viennent

Futur simple

je	viendrai
tu	viendras
il	viendra
nous	viendrons
vous	viendrez
ils	viendront

Imparfait

je	venais
tu	venais
il, elle	venait
nous	venions
vous	veniez
ils, elles	venaient

Passé simple

je	vins
tu	vins
il, elle	vint
nous	vînmes
vous	vîntes
ils, elles	vinrent

— Temps composés —

Passé composé

je	suis	venu(e)
tu	es	venu(e)
il, elle	est	venu(e)
nous	sommes	venu(e)s
vous	êtes	venu(e)s
ils, elles	sont	venu(e)s

Plus-que-parfait

j'	étais	venu(e)
tu	étais	venu(e)
il, elle	était	venu(e)
nous	étions	venu(e)s
vous	étiez	venu(e)s
ils, elles	étaient	venu(e)s

INFINITIF

Présent

venir

Passé

être venu

SUBJONCTIF

Présent

que je	vienne
que tu	viennes
qu'il, qu'elle	vienne
que nous	venions
que vous	veniez
qu'ils, qu'elles	viennent

CONDITIONNEL

Présent

je	viendrais
tu	viendrais
il, elle	viendrait
nous	viendrions
vous	viendrions
ils, elles	viendraient

IMPÉRATIF

Présent

viens
venons
venez

PARTICIPE

Présent

venant

Passé

venu, venue,
venus, venues

478 ▶ Aller

3ᵉ GROUPE

INDICATIF

———— Temps simples ————

Présent

je	vais
tu	vas
il, elle	va
nous	allons
vous	allez
ils, elles	vont

Futur simple

j'	irai
tu	iras
il, elle	ira
nous	irons
vous	irez
ils, elles	iront

Imparfait

j'	allais
tu	allais
il, elle	allait
nous	allions
vous	alliez
ils, elles	allaient

Passé simple

j'	allai
tu	allas
il, elle	alla
nous	allâmes
vous	allâtes
ils, elles	allèrent

———— Temps composés ————

Passé composé

je	suis	allé(e)
tu	es	allé(e)
il, elle	est	allé(e)
nous	sommes	allé(e)s
vous	êtes	allé(e)s
ils, elles	sont	allé(e)s

Plus-que-parfait

j'	étais	allé(e)
tu	étais	allé(e)
il, elle	était	allé(e)
nous	étions	allé(e)s
vous	étiez	allé(e)s
ils, elles	étaient	allé(e)s

INFINITIF

Présent
aller

Passé
être allé

SUBJONCTIF

Présent

que j'	aille
que tu	ailles
qu'il, qu'elle	aille
que nous	allions
que vous	alliez
qu'ils, qu'elles	aillent

CONDITIONNEL

Présent

j'	irais
tu	irais
il, elle	irait
nous	irions
vous	iriez
ils, elles	iraient

IMPÉRATIF

Présent
va
allons
allez

PARTICIPE

Présent
allant

Passé
allé, allée,
allés, allées

353

VOCABULAIRE

La langue française comprend un grand nombre de mots (noms, adjectifs, verbes...) : leur ensemble forme le vocabulaire français.

UTILISER UN DICTIONNAIRE

Le dictionnaire vous permet de connaître les définitions précises des mots.

479▶ Qu'est-ce que l'alphabet ?

C'est l'ensemble des **lettres** de la langue. Parmi les **26** lettres de l'alphabet, on distingue :
- 6 **voyelles** : a, e, i, o, u, y
- 20 **consonnes** : b, c, d, f, g, h, j, k, l, m, n, p, q, r, s, t, v, w, x, z

480▶ À quoi sert l'alphabet ?

Connaître l'alphabet permet de chercher un mot dans un dictionnaire parce que les mots y sont classés par ordre alphabétique.

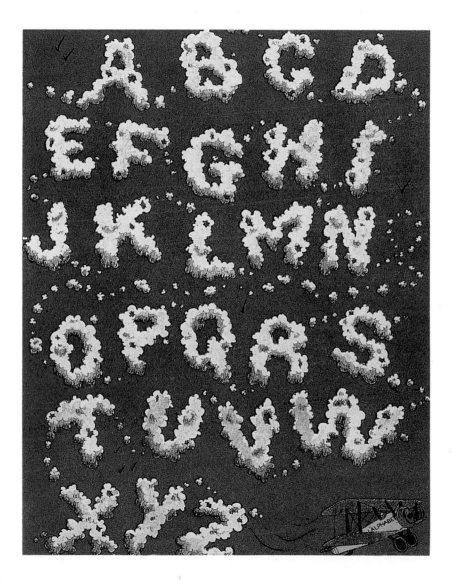

357

481 ▶ Quelles formes peut avoir une lettre ?

On peut écrire les lettres en **minuscules**.

a, b, c, d, e, f, g, h, i, j, k, l, m, n, o, p, q, r, s, t, u, v, w, x, y, z.

On peut aussi les écrire en **majuscules**.

A, B, C, D, E, F, G, H, I, J, K, L, M, N, O, P, Q, R, S, T, U, V, W, X, Y, Z.

On peut aussi employer d'autres écritures.

a, b, c, d, e, f, g, h, i, j, k, l, m, n, o, p, q, r, s, t, u, v, w, x, y, z.

a, b, c, d, e, f, g, h, i, j, k, l, m, n, o, p, q, r, s, t, u, v, w, x, y, z.

A, B, C, D, E, F, G, H, I, J, K, L, M, N, O, P, Q, R, S, T, U, V, W, X, Y, Z.

482 ▶ Qu'est-ce qu'un dictionnaire ?

C'est un recueil de mots classés par ordre alphabétique. Chaque mot est suivi d'une définition ou de sa traduction dans une autre langue.

- *Dans un dictionnaire de langue*

orang-outan [ɔʀɑ̃utɑ̃] n. m. Grand singe d'Asie, à longs poils d'un brun roux et aux bras très longs. *Les orangs-outans vivent dans les arbres.* — On écrit aussi *orang-outang.*

Le Robert Junior, 1993

358

● *Dans un dictionnaire encyclopédique*

AYMÉ (Marcel), écrivain français (Joigny 1902 - Paris 1967), auteur de nouvelles (*Le Passe-Muraille*) et romans où la fantaisie et la satire se mêlent au fantastique (*La Jument verte*), de pièces de théâtre (*Clérambard*) et de contes (*Les contes du chat perché*).

Le Petit Larousse illustré, 1989

● *Dans un dictionnaire bilingue*

calepin [kalpɛ̃], *s.m.* note-book, memorandum-book ; *F :* **mettez ça sur votre c.** ! let this be a lesson to you!

Harrap's New Standard
dictionnaire français-anglais

483 ▶ *Comment chercher les mots dans le dictionnaire ?*

Pour trouver un mot dans un dictionnaire, il faut chercher d'abord la **première lettre du mot.**

● *Antenne*

Le son [ɑ̃] peut s'écrire **an** ou **en.** On commence par chercher : à la lettre **a**... puis **an**... enfin **ant**...

Si vous ne trouvez pas le mot que vous cherchez, c'est que vous lui attribuez une mauvaise orthographe.

● *Horaire*

Pensez aux mots de la même famille : une **h**eure, une **h**orloge. Le mot commence par **ho.**

Il est important de connaître l'alphabet dans les deux sens.

● *Un petit jeu*

Choisissez une lettre et indiquez le plus vite possible :
- la lettre qui la **précède** (celle qui vient **avant**),
- la lettre qui lui **succède** (celle qui vient **après**).
Exemple : ... **T**... S... U... ou encore : ... **G**... F... H...

● La plupart des dictionnaires peuvent être divisés en quatre parties :
- le **1ᵉʳ quart** contient A, B, C, D ;
- le **2ᵉ quart** contient E, F, G, H, I, J, K ;
- le **3ᵉ quart** contient L, M, N, O, P, Q ;
- le **4ᵉ quart** contient R, S, T, U, V, W, X, Y, Z.

● Si vous cherchez un mot commençant par **M**, il est inutile d'ouvrir votre dictionnaire au début et de le feuilleter de **A** à **M**. Ouvrez-le plutôt vers le milieu.

485 ▶ *Que nous apprend un dictionnaire ?*

Une entrée de dictionnaire nous donne trois informations : la **nature**, le **genre** et le **sens** du mot.

continent n. m. Grande étendue de terre comprise entre deux océans. *L'Europe, l'Asie, l'Afrique, l'Amérique, l'Océanie et l'Antarctique sont les six continents.*

Le Robert Junior, 1993

I La lettre **n**. indique que le mot *continent* est un nom. La lettre **m**. indique qu'il s'agit d'un nom **masculin**. Le dictionnaire donne ensuite le **sens** du mot, puis des **exemples**. **I**

486▶ *Quelles sont les différentes abréviations du dictionnaire ?*

Certaines abréviations (n., v. ...) nous renseignent sur la nature du mot.

n. : nom	adv. : adverbe	conj. : conjonction
v. : verbe	art. : article	
adj. : adjectif	prép. : préposition	

Les abréviations **m**. et **f**. donnent le genre du mot.

m. : masculin   f. : féminin

Des numéros indiquent les différents sens du mot.

pomme n. f. 1. Fruit du pommier, rond et contenant des pépins. *Elle croque une pomme.* 2. *La pomme de pin,* c'est le fruit du pin. 3. *Une pomme d'arrosoir,* c'est le bout percé de trous qui s'adapte au bec d'un arrosoir. 4. *La pomme d'Adam,* c'est la petite bosse que les hommes ont à l'avant du cou.

Le Robert Junior, 1993

I Le sens **1** est le **sens propre** du mot. Les autres sens (2, 3, 4) sont souvent des **sens figurés**. ▷ *paragraphes 491 et 492* **I**

361

drôle adj. **1.** Qui fait rire. *Mon cousin nous raconte souvent des histoires drôles. C'est un garçon très drôle.* (syn. amusant, comique). **2.** Qui étonne, surprend. *C'est drôle, je ne retrouve pas le livre que je viens de poser sur la table* (syn. bizarre, étrange, curieux).

Dictionnaire Larousse
Super Major CM1- 6ᵉ

gratuit adj. **1.** Que l'on a sans payer. *La parfumeuse m'a donné des échantillons de parfum gratuits.* ‖contr. **payant**‖ **2.** Qui est fait sans preuves. *Cette accusation est purement gratuite.* ‖contr. **fondé**‖·

Le Robert Junior, 1993

seau n. m. Récipient plus haut que large, muni d'une anse. *La serpillière est dans un seau en plastique.* – **Au pl.** *des seaux.* ◊ homonymes : saut, sceau, sot.

Le Robert Junior, 1993

487▶ Qu'est-ce que l'étymologie ?

C'est l'origine des mots. Les mots français viennent le plus souvent du latin et du grec.

❙ Le mot *pomme* vient du mot latin *poma*. ❙

488▶ Pourquoi l'étymologie est-elle importante ?

L'étymologie renseigne sur l'**orthographe** des mots. Ainsi, les mots qui viennent du grec contiennent souvent les groupes de consonnes **ph, th, ch** et la lettre **y**.

pharmacie **th**éâtre **ch**ronomètre **ly**cée

Elle permet aussi de trouver le **sens** d'un mot.

❙ *Chronomètre* vient du grec *chronos* (le temps) et *metron* (mesure). C'est donc un instrument qui sert à mesurer le temps. ❙

résumé

Le dictionnaire

■ Un dictionnaire donne de nombreux renseignements sur les mots (nature, genre, sens, synonymes, contraires, homonymes) et sur leur histoire.

■ Pour se servir d'un dictionnaire, il faut connaître l'alphabet et les abréviations les plus courantes.

RECONNAÎTRE LES DIFFÉRENTS SENS D'UN MOT

Le dictionnaire donne très souvent plusieurs significations pour un mot.

489▶ Un mot peut-il avoir plusieurs sens ?

Oui ! Le plus souvent, un même mot a plusieurs sens diffé-rents. On dit qu'il est **polysémique**.

un chemin droit = une route rectiligne
un côté droit = par opposition au côté gauche

490▶ Comment déterminer le sens d'un mot ?

Le contexte, c'est-à-dire les mots ou les phrases qui se trou-vent autour d'un mot, peuvent vous aider à comprendre le sens de celui-ci.

Le surveillant, on l'appelle le Bouillon, quand il n'est pas là, bien sûr. On l'appelle comme ça, parce qu'il dit tout le temps : « Regardez-moi dans les **yeux** », et dans le bouillon il y a des **yeux**. Moi non plus je n'avais pas compris tout de suite, c'est des grands qui me l'ont expliqué.

Le petit Nicolas

I *Regardez-moi dans les yeux :* le verbe *regarder* indique que le mot *yeux* désigne l'organe de la vue. **I**

I ... *dans le bouillon il y a des yeux* : le complément circonstanciel *dans le bouillon* indique que le mot *yeux* désigne les petits ronds de graisse qui se forment dans la soupe. **I**

491▶ *Qu'est-ce que le sens propre d'un mot ?*

Les différents sens d'un mot polysémique ont toujours un point commun : c'est le sens **propre**, le **premier** sens du mot.

montagne (sens propre) : Importante élévation de terrain. *Les Pyrénées sont des montagnes.*

492▶ *Qu'est-ce que le sens figuré d'un mot ?*

Le sens **figuré** d'un mot est dérivé de son sens propre.

montagne (sens figuré) : Importante quantité d'objets. *Il y a une montagne de jouets par terre.*

I Ce sens figuré est obtenu par comparaison avec le sens propre : il y a tellement de jouets par terre qu'ils ressemblent à une montagne, qu'ils ont la hauteur d'une montagne. **I**

résumé

La polysémie

■ La plupart des mots sont polysémiques.

■ Le sens propre d'un mot est son sens le plus habituel. Le sens figuré est un sens imagé du sens propre.

EMPLOYER DES SYNONYMES

Certains mots ont presque le même sens : ce sont des synonymes.

493 ▶ Qu'est-ce qu'un synonyme ?

On appelle synonymes des mots de même nature qui ont le même sens ou des sens très voisins.

• **Noms**
une maison = une villa = un pavillon = une résidence

• **Adjectifs**
beau = joli = mignon

• **Verbes**
trouver = découvrir = rencontrer

• **Adverbes**
aussi = également

494 ▶ Des synonymes ont-ils toujours le même sens ?

Non ! On **ne peut pas** toujours remplacer un mot par son synonyme.

Un chat *saute* ou *bondit* sur sa balle.
Un enfant *saute* à la corde (il ne *bondit* pas).

495 ▶ *Un mot a-t-il toujours le même synonyme ?*

Non ! Un mot peut avoir plusieurs synonymes. Selon le contexte, il ne pourra être remplacé que par l'un de ses synonymes.

donner un cadeau = offrir un cadeau
donner une punition = infliger une punition

une fourrure douce = une fourrure agréable au toucher
une personne douce = une personne gentille
de l'eau douce = de l'eau non salée

496 ▶ *Quels sont les niveaux de langue ?*

● Certains mots ont exactement le même sens, mais ils appartiennent à des niveaux de langue **différents** (soutenu, courant, familier).

● On emploie les différents niveaux de langue selon la situation où l'on se trouve (à l'écrit ou à l'oral, avec quelqu'un que l'on connaît bien ou peu ou pas du tout).

● *Niveau soutenu*
se divertir

● *Niveau courant*
s'amuser

● *Niveau familier*
s'éclater

Quels sont les synonymes du verbe faire ?

> Le verbe **faire** est très souvent employé. Connaître quelques-uns de ses synonymes permet de s'exprimer avec plus de précision.

faire un mètre de haut	**mesurer** un mètre de haut
faire cinquante kilos	**peser** cinquante kilos
faire trente litres	**contenir** trente litres
faire cent francs	**coûter** cent francs
faire des photos	**prendre** des photos
faire un sport	**pratiquer** un sport
faire un château	**construire** un château
faire un gâteau	**préparer** un gâteau
faire un tableau	**peindre** un tableau
faire un dessin	**dessiner**
faire un livre	**écrire** un livre
faire un travail	**effectuer, exécuter** un travail
faire son devoir	**accomplir** son devoir
faire un métier	**exercer** un métier
faire des études	**étudier**
faire une erreur	**commettre** une erreur
faire des dégâts	**occasionner** des dégâts
faire de la peine	**peiner, affliger**
faire le bonheur de quelqu'un	**rendre heureux**

498 ▶ *Quels sont les synonymes du verbe mettre ?*

Le verbe **mettre** a lui aussi de très nombreux sens. Voici quelques-uns de ses synonymes.

mettre un vase sur la table	**placer** un vase sur la table
mettre le vase ailleurs	**déplacer** le vase
mettre ses jouets dans un placard	**ranger** ses jouets dans un placard
mettre de l'eau dans une bouteille	**verser** de l'eau dans une bouteille
mettre une chaise près de la table	**approcher** une chaise de la table
mettre un pull	**enfiler** un pull
mettre en colère	**fâcher**
se mettre à	**commencer à**
se mettre à rire	**éclater** de rire

résumé

Les synonymes

■ Les synonymes ont plus ou moins le même sens, mais on ne peut pas les utiliser dans toutes les situations : il faut tenir compte des nuances de sens et des registres de langue.

Complainte de l'homme exigeant

*Au milieu de la nuit
il **demandait** le soleil
il **voulait** le soleil
il **réclamait** le soleil.
Au milieu au plein milieu
de la nuit (voyez-vous
ça ?)
le soleil ! (il criait)
le soleil ! (il **exigeait**)
le soleil ! le soleil !*

Jean Tardieu,
Le fleuve caché,
Éditions Gallimard

EMPLOYER DES ANTONYMES

Les antonymes ont des sens qui s'opposent entre eux.

499▶ Qu'est-ce qu'un antonyme ?

Lorsque deux mots de même nature ont des **sens contraires**, on dit qu'ils sont antonymes.

● *Noms*

un ami ≠ un ennemi

● *Adjectifs*

ancien ≠ moderne   gentil ≠ méchant
beau ≠ laid   propre ≠ sale
courageux ≠ lâche   vrai ≠ faux

● *Verbes*

accepter ≠ refuser   monter ≠ descendre

● *Adverbes*

lentement ≠ rapidement

500▶ Comment trouver des antonymes ?

Les **dictionnaires** donnent un ou plusieurs antonymes à la fin de chaque entrée. Presque tous les adjectifs ont des antonymes.

501 ▶ Un mot peut-il avoir plusieurs antonymes ?

Oui ! Un mot peut avoir plusieurs sens : il peut donc avoir un antonyme différent pour chacun de ses sens.

doux = sucré ≠ **amer**   doux = gentil ≠ **méchant**
doux = satiné ≠ **rugueux**   doux = faible ≠ **fort**

doucement = lentement ≠ **rapidement**
doucement = légèrement ≠ **violemment**

502 ▶ Comment se forment les antonymes ?

Les antonymes peuvent avoir des formes complètement différentes *(grand ≠ petit)*, mais ils peuvent aussi être formés à partir d'un **mot commun** et des préfixes **in-** et **dé-**.

▷ *paragraphes 509 et 510*

soumis ≠ **in**soumis   monter ≠ **dé**monter

---

résumé

Les antonymes

■ Les antonymes sont des mots (adjectifs, noms, verbes et adverbes) qui s'opposent par le sens.

■ Un mot peut avoir plusieurs antonymes.

EMPLOYER DES HOMONYMES

*Certains mots se prononcent ou
s'écrivent de la même manière, mais
n'ont pas le même sens : ce sont les
homonymes.*

503▶ Qu'est-ce qu'un homonyme ?

Lorsque des mots ont la **même forme**, écrite ou orale, mais des **sens différents**, on dit qu'ils sont homonymes.

un **comte** et une comtesse
le **conte** du « Petit Poucet »
un **compte** en banque

I Les mots *comte*, *conte* et *compte* se prononcent de la même manière, mais ont des sens différents. I

un **compte** en banque
Il **compte** son argent.

I Le mot *compte* se prononce et s'écrit de la même manière, mais a des sens différents. I

504▶ Qu'est-ce qu'un homophone ?

Les homophones sont les homonymes qui se prononcent de la même façon, mais ont une **orthographe différente**.

une **chaîne** de vélo   les feuilles du **chêne**

505 ▶ *Comment trouver l'orthographe d'un homonyme ?*

C'est le **contexte** qui permet de comprendre le sens d'un homonyme, et donc de l'écrire correctement. On peut aussi s'aider de **synonymes**.

J'écoute un **chant** mélodieux.

❙ Contexte : Peut-on écouter un *champ* ? Non.
Synonyme : J'écoute une *chanson* mélodieuse. ❙

Elle traversa un **champ**.

❙ Contexte : Peut-on traverser un *chant* ? Non.
Synonyme : Elle traversa un *pré*. ❙

résumé

Les homonymes

■ Les homonymes se prononcent ou s'écrivent de la même manière, mais ils ont des sens différents, qu'il faut connaître.

Quelques homonymes

a

air	au grand air
aire	l'aire du carré (= sa surface)
ère	l'ère tertiaire

| amande | manger une amande |
| amende | payer une amende |

| ancre | l'ancre du bateau |
| encre | une tache d'encre |

| aussi tôt | Je ne t'attendais pas aussi tôt. |
| aussitôt | Aussitôt après, l'orage éclata. |

| autel | l'autel de la cathédrale |
| hôtel | l'hôtel de la plage |

| auteur | l'auteur de cette poésie |
| hauteur | le saut en hauteur |

b

| bal | le bal du village |
| balle | une balle en tissu |

| balade | une balade en montagne |
| ballade | chanter une ballade |

| balai | donner un coup de balai |
| ballet | danser un ballet |

| bar | le comptoir du bar |
| barre | une barre de fer |

| bien tôt | L'école a fermé bien tôt aujourd'hui. (= très tôt) |
| bientôt | Le match va bientôt commencer. |

| boue | la boue du chemin |
| bout | un bout de pain |

| but | marquer un but |
| butte | monter sur une butte |

C

camp	le camp romain
quand	quand il fera jour
quant	quant à toi

| cane | la cane et ses canetons |
| canne | la canne du vieillard |

| canot | un canot de sauvetage |
| canaux | les canaux hollandais |

| cap | franchir un nouveau cap |
| cape | la cape de Zorro |

car	Je me couvre, car il fait froid.
quart	un quart d'heure
cent	cent francs
sang	une goutte de sang
sans	sans peur
cep	le cep de la vigne
cèpe	cueillir des cèpes (= champignons)
cerf	chasser le cerf
serf	Le serf obéissait au seigneur.
chaîne	une chaîne stéréo
chêne	les grands chênes de la forêt
chair	la chair de poule
cher	cher oncle
chère	chère cousine
chaud	Il fait chaud.
show	un show télévisé
cœur	les battements du cœur
chœur	les chœurs de l'opéra
coin	rester dans son coin
coing	de la confiture de coings

col	un col de montagne
	un col de chemise
colle	un tube de colle
comte	le comte et la comtesse
compte	un compte en banque
	il compte sur ses doigts
conte	un conte de fées
coq	la poule et le coq
coque	La coque du navire ne prend pas l'eau.
cor	sonner du cor
corps	un corps musclé
cou	un foulard autour du cou
coud	Le couturier coud.
coup	éviter un coup
coût	le coût de la vie
cour	la cour de récréation
cours	le cours de musique
court	le chemin le plus court
crin	un crin de cheval
crains	Je crains la chaleur.

d

danse	la danse de la pluie
dense	un brouillard très dense
dent	perdre une dent
dans	dans le brouillard
do	la note *do* en musique
dos	un mal de dos

e

elle	elle et lui
aile	l'aile de l'oiseau
encre	une tache d'encre
ancre	l'ancre du bateau
étain	un plat en étain
éteint	un feu éteint
être	un être humain
	le verbe être
hêtre	une forêt de hêtres
eux	à eux et à elles
œufs	une douzaine d'œufs

f

faim	avoir très faim
fin	la fin du film
	un tissu fin

fausse	une fausse note
fosse	la fosse aux lions

fête	la fête de la musique
faite	une rédaction bien faite

fil	un fil de laine
file	une file d'attente

flan	un flan aux œufs et à la vanille
flanc	le flanc de la colline

foi	la foi des croyants
foie	un foie de veau
fois	une fois de plus

g

gaz	le gaz de la cuisinière
gaze	de la gaze pour un pansement

goal	le goal de l'équipe
gaule	la gaule du pêcheur (= longue perche)
Gaule	la Gaule

golf		jouer au golf
golfe		le golfe de Gascogne
grasse		30 % de matière grasse
grâce		la grâce d'une danseuse
guère		Il n'a guère de succès.
guerre		la guerre et la paix

h

hockey		le hockey sur glace
hoquet		avoir le hoquet
O. K		C'est O.K. !
hutte		une hutte de trappeur
ut		*ut* en musique (= *do*)

i

j'ai		j'ai aperçu
geai		le chant du geai
jet		un jet d'eau

l

lac		les bords du lac
laque		la laque des meubles
laid		un dessin très laid
lait		le lait de vache

m

ma	ma tante
m'a	il m'a plu
mas	un mas provençal
mai	le 1ᵉʳ mai
mais	Mais que fais-tu ?
mets	un mets délicieux
maître	le maître d'escrime
mètre	un mètre de tissu
mettre	mettre la charrue avant les bœufs
mal	mal au ventre
malle	une vieille malle
mâle	le mâle et la femelle
mère	la mère et l'enfant
maire	le maire du village
mer	le bord de mer
mi	do, ré, mi
mie	de la mie de pain
mis	Où l'as-tu mis ?
moi	toi et moi
mois	le mois de juillet
mon	mon frère
mont	un mont dans le Jura

| mot | apprendre de nouveaux mots |
| maux | des maux de tête |

mur	un mur élevé
mûr	un fruit mûr
mûre	cueillir des mûres

n

ni	ni queue, ni tête
nid	un nid d'aigle
n'y	Je n'y peux rien.

o

| or | un bracelet en or |
| hors | Le joueur est hors jeu. |

os	les os du crâne
eau	une eau pure
haut	là-haut
au	aller au bal

ou	la mer ou la montagne
où	Où allez-vous ?
août	au mois d'août
houx	une branche de houx

| oui | Il a dit « Oui ». |
| ouïe | avoir l'ouïe fine |

p

pain	une tranche de pain
pin	une pomme de pin
peint	des murs peints
	Il peint un tableau.

pan	un pan de chemise
paon	les belles plumes de paon

par	Passe par ici.
part	une part de gâteau
	Elle part demain.

parti	un parti politique
partie	une partie de cartes

pâte	une pâte à tarte
patte	la patte du chat

peau	une peau de renard
pot	un pot de fleurs

père	un bon père de famille
pair	*Deux* est un nombre pair.
paire	une paire de chaussures

pie	La pie jacasse.
pis	le pis de la vache
π [pi]	Le nombre π est proche de 3, 14.

piton	un piton rocheux
python	le serpent python

plaine	une plaine fertile
pleine	une journée pleine de surprises
plutôt	plutôt froid que chaud
plus tôt	Le soleil se couche plus tôt en hiver.
poids	un poids lourd
pois	écosser des petits pois
poil	le poil du chien
poêle	une poêle à frire
	un poêle à mazout
poing	un coup de poing
point	le point, le point-virgule, les deux-points
porc	une grillade de porc
port	un petit port de pêche
pou	vexé comme un pou
pouls	prendre le pouls d'un malade
poux	une lotion contre les poux
puits	tirer l'eau du puits
puis	ajouter l'eau, puis la farine

q

quel que	Quel que soit le jour de son arrivée, nous irons la chercher.
quelle que	Quelle que soit votre décision, je la respecterai.
quelque	Cette ville fut construite il y a quelque deux cents ans. (= environ)
quelques	Prête-moi quelques livres.

r

ras	un animal à poils ras
rat	un rat et une souris
raz	un raz-de-marée
reine	la reine et le roi
renne	les rennes du Père Noël
rêne	tenir les rênes de la diligence
roc	solide comme un roc
rock	danser le rock
roue	les roues d'une voiture
roux	des enfants roux, blonds, bruns

s

sain	sain et sauf
sein	le sein de la mère
saint	un saint homme

sale	une chemise sale
salle	une salle à manger
saut	le saut en hauteur
seau	un seau d'eau
sot	Tu n'es qu'un sot !
selle	la selle du cheval
celle	Cette maison est celle que je préfère.
sel	le sel et le poivre
serre	des plantes de serre
serres	les serres de l'aigle
si	Si tu veux !
six	six francs
scie	une scie à bois
s'y	s'y baigner
ci	celui-ci
signe	un signe de reconnaissance
cygne	les cygnes et les canards
si tôt	Il est si tôt que le soleil n'est pas encore levé.
sitôt	Sitôt son travail terminé, il allait jouer sur la plage.
soi	ne penser qu'à soi
soie	un foulard de soie
soit	quoi qu'il en soit

sol	le carrelage du sol
	do, ré, mi, fa, sol
sole	une sole au beurre blanc

sou	sans le sou
sous	sous la table
saoul, soûl	être saoul = être ivre

sur	sur la table
sûr	sûr de lui

t

ta	ta sœur
t'a	Il t'a écrit.
tas	un tas de feuilles

tache	une tache d'encre
tâche	confier une tâche difficile à quelqu'un

tant	tant pis
temps	le beau temps
taon	la piqûre du taon (= grosse mouche)

tante	l'oncle et la tante
tente	une tente de camping

teint	un tissu teint en jaune
thym	du thym et du laurier

toi		toi et moi
toit		un toit d'ardoises
tribu		une tribu indienne
tribut		payer un lourd tribut
trop		un vêtement trop petit
trot		le trot du cheval

V

vain		attendre en vain
vingt		vingt siècles
vin		du vin rouge
vaine		une tentative vaine (= sans résultat)
veine		le sang des veines
ver		un ver de terre
verre		un verre d'orangeade
vers		le vers d'un poème
		vers la gare
vert		un maillot vert
voie		une route à trois voies
voit		Il voit très bien.
voix		la voix du chanteur
vos		vos yeux
veau		une vache et son veau

EMPLOYER DES PARONYMES

*Certains mots ont une prononciation
presque semblable mais un sens bien
différent : ce sont les paronymes.*

506 ▶ Qu'est-ce qu'un paronyme ?

Lorsque deux mots se prononcent **presque** de la même façon mais possèdent des sens différents, on dit qu'ils sont paronymes. Ces mots se confondent facilement et il faut les connaître pour les employer correctement.

Quelques paronymes

affluence	l'affluence des touristes en été
influence	avoir de l'influence sur quelqu'un
altitude	L'altitude du mont Blanc est de 4 807 m.
attitude	Juliette a une attitude rêveuse.
apporter	Nos invités apporteront le dessert.
emporter	Tu peux emporter ce livre chez toi.
bise	Une bise glaciale souffle en hiver.
brise	La brise marine est douce et agréable.

désinfecter	Il faut désinfecter cette plaie.
désaffecter	Ce hangar ne sert plus ; il a été désaffecté.
effraction	Le voleur est entré dans une maison par effraction : on a retrouvé deux vitres brisées.
infraction	une infraction au code de la route
émigrer	En hiver, les hirondelles émigrent vers l'Afrique.
immigrer	Il a quitté l'Australie pour la France : il a immigré en France.
éruption	l'éruption des volcans
irruption	l'irruption des élèves dans la cour
évasion	L'évasion de ce prisonnier a échoué.
invasion	l'invasion de la Gaule par les Romains
excès	L'automobiliste a commis un excès de vitesse.
accès	L'accès du parc est interdit aux animaux.
gourmand	Le gourmand aime la bonne cuisine, et en mange souvent.
gourmet	Le gourmet apprécie et savoure les mets particulièrement raffinés.
infecter	Cette blessure est infectée : elle doit être nettoyée.
infester	Cette région est infestée de mouches.

justice	La justice veut que le coupable soit puni.
justesse	Ils ont eu leur train de justesse : les portes se fermaient quand ils sont arrivés.
location	une voiture de location
locution	*Parce que* est une locution conjonctive.
passager	Un orage est passager, il ne dure pas.
passant	une rue passante, très fréquentée
portion	un morceau de nourriture ou de territoire
potion	un remède, un médicament qui se boit
préposition	*À, de, pour, sans* sont des prépositions.
proposition	Il y a des propositions indépendantes, des propositions principales et des propositions subordonnées.
vénéneux	un champignon vénéneux
venimeux	un serpent venimeux

résumé

Les paronymes

■ Les paronymes sont des mots qui se ressemblent sans être identiques : il ne faut pas les confondre avec les homonymes.

Le sire de Mont-Tordu

Charlemagne inventa les colles pour obliger les enfants à rester tranquilles, le temps qu'ils apprennent à lire et à écrire.

Pef, *Les belles lisses poires de France*, Éditions Gallimard.

IDENTIFIER LES FAMILLES DE MOTS

Les mots peuvent se regrouper en familles de mots.

507 ▶ Qu'est-ce qu'une famille de mots ?

Tous les mots formés à partir d'un même mot constituent la **famille** de ce mot.

● *La famille du mot* terre

en**terr**er, **terr**ain, **terr**itoire, **terr**estre, **terr**asse, at**terr**ir

508 ▶ Qu'est-ce qu'un radical ?

Le **radical** est le mot ou la partie du mot qui se retrouve dans tous les mots de la même famille.

I Le radical du mot *terre* est **terr-** : en**terr**er, **terr**ain... **I**

résumé

Les familles de mots

■ Une famille de mots comprend tous les mots formés à partir d'un même radical.

La famille des pompiers

*Car, bien entendu, nos pompiers
n'avaient pas de sous pour acheter
l'essence.
    Et même s'ils en avaient eu,
ils n'auraient pas pu mettre en route
leur camion de pompiers. Il était en
panne et la réparation aurait coûté
les yeux de la tête.
    Alors, les pauvres pompiers
poussaient leur fourgon.
    Ou plutôt, ils le faisaient pousser par
leurs femmes, les pompières, et leurs
enfants, les pompioux.*

Pef, *Aux fous les pompiers !*
Éditions Gallimard.

Savez-vous

RECONNAÎTRE LES PRÉFIXES
ET LES SUFFIXES

*Les préfixes et les suffixes, ajoutés
au radical, servent à former des mots.*

509▶ Qu'est-ce qu'un préfixe et un suffixe ?

Ce sont des éléments de deux ou trois lettres que l'on ajoute au radical d'un mot.
Les **préfixes** sont placés **avant le radical**, les **suffixes après** le radical.
Ils permettent de former de nouveaux mots et de constituer des familles de mots.

parasol = préfixe **para-** + radical **sol**
fleur**iste** = radical **fleur-** + suffixe **-iste**
défavor**able** = préfixe **dé-** + radical **fav-** + suffixe **-able**

510▶ Quel est le sens des préfixes ?

Tous les préfixes n'ont pas un sens précis. Mais certains permettent de **modifier le sens du radical**. Connaître le sens de ces préfixes peut vous aider à comprendre le sens d'un mot.

PRÉFIXE	SENS	EXEMPLES
ad-	indiquent que l'action est en train de se réaliser	**ad**joindre
ac-		**ac**courir
af-		**af**faiblir
ag-		**ag**randir, **ag**graver
al-		**al**longer
archi-	indique le superlatif	**archi**plein
dé-	indiquent le contraire	**dé**faire
dés-		**dé**sordre, **dé**sobéissant
extra-	indique le superlatif	**extra**ordinaire
il-	indiquent le contraire	**il**lisible, **il**légal
im-		**im**battable, **im**pair, **im**patient, **im**possible
in-		**in**attendu, **in**correct, **in**oubliable
ir-		**ir**responsable, **ir**réel
mal-	indique le contraire	**mal**heureux, **mal**chance
para-	indique l'action de protéger (contre)	**para**pluie, **para**sol
pré-	indique que l'action s'est passée avant	**pré**histoire, **pré**venir
re-	indique que l'action se produit à nouveau	**re**commencer, **re**lire

511 ▶ *Quel est le rôle des suffixes ?*

Un suffixe modifie la nature et le sens d'un mot : il sert à créer de nouveaux mots, ayant un sens différent et appartenant à une autre catégorie grammaticale.

▷ *paragraphes 31 et 32*

mang**er** : verbe qui signifie *se nourrir*.
mange**able** : adjectif qui signifie *qui peut être mangé*.

Les suffixes peuvent former des adjectifs, des noms ou des verbes.

● *Des adjectifs*
vérit**able**   illis**ible**   poss**ible**

● *Des noms*
gliss**ade**   orange**ade**   feuill**age**   Paris**ien**

● *Des verbes*
mang**er**   noirc**ir**   chat**ouiller**   vol**eter**

512 ▶ *Quel est le sens des suffixes ?*

Certains suffixes ont un sens précis. Le connaître peut vous aider à deviner le sens d'un mot.

LES SUFFIXES DES ADJECTIFS	SENS	EXEMPLES
-able	marque la possibilité	lav**able**
-ible		lis**ible**
-ard	indique un aspect désagréable	vant**ard**, chauff**ard**
-âtre	indique la ressemblance, tout en marquant un aspect désagréable	verd**âtre**, roug**eâtre**
-elet	sert à former des diminutifs	aigr**elet**
-elette		maigr**elette**
-eux	indique une qualité ou un défaut	courag**eux**
-euse		orgueill**euse**
-if	indique un défaut	craint**if**, plaint**if**
-ive		tard**ive**
-ot	sert à former des diminutifs	pâl**ot**
-otte		vieill**otte**
-u	indique une qualité ou un défaut	feuill**u**, poil**u**

LES SUFFIXES DES NOMS	SENS	EXEMPLES
-ade	indique un ensemble d'objets ou une action	colonn**ade** fusill**ade**
-age	indique un ensemble, une action ou son résultat	feuill**age** dérap**age**
-aie	indique une plantation	chên**aie,** châtaigner**aie**, fut**aie**
-ail	indique des noms d'instruments	épouvant**ail,** évent**ail**
-ais	servent à former les noms d'habitants	Lyonn**ais**
-ois		Lill**ois**
-aison	indiquent une action ou son résultat	inclin**aison**
-ison		trah**ison**, guér**ison**
-ance	indique une action ou son résultat	insist**ance**, puiss**ance**
-ée	indique le contenu, la durée	poign**ée**, pinc**ée**, journ**ée**
-et	sert à former des diminutifs	garçonn**et**, jou**et**
-ette		suc**ette**
-eur	désigne celui ou celle qui agit	imprim**eur**
-euse		maquill**euse**
-ie	indique une qualité ou une région	modest**ie**
		Normand**ie**
-ure	indique une action ou un résultat	brûl**ure**, mors**ure**

Les préfixes et les suffixes

■ Les préfixes et les suffixes permettent de former des mots nouveaux à partir d'un radical commun.

■ Les préfixes modifient le sens du radical qu'ils précèdent. Les suffixes modifient le sens et très souvent la nature du radical qu'ils suivent.

La femme de l'empereur

- J'ai compris, fit un élève, un empereur au féminin devient une empereuse !
- Pas du tout, s'écria le prince, il devient une impératrice.

Pef, *L'ivre de français,*
Éditions Gallimard.

Bibliographie

A

- *À dos d'oiseau*, M. Fombeure, coll. « Poésie », Éd. Gallimard, 1945 : 200
- *À la lisière du temps*, C. Roy, coll. « Poésie », Éd. Gallimard, 1984 : 428, 452
- *Alice au pays des merveilles*, Lewis Carroll, coll. « Folio Junior », Éd. Gallimard, © Société Nouvelle des Éditions J.-J. Pauvert, 1961 : 4, 5, 18, 19, 21, 24, 80, 92, 96, 122, 130, 138, 141, 165, 173, 210, 215
- *Au clair de la lune*, M. Carême, coll. « Le Livre de Poche Jeunesse », Éd. Hachette, 1993, © Fondation M. Carême, 1993 : 111, 134
- *Aux fous les pompiers*, Pef, coll. « Folio Benjamin », Éd. Gallimard, 1995 : 68

B

- *Benoît le diplodocus et autres histoires*, H. Bichonnier, Éd. G.P., 1982 : 106
- *Bulle ou la voix de l'océan*, R. Fallet, coll. « Folio Junior », Éd. Gallimard, 1987, © Éd. Denoël, 1970 : 23, 33, 77, 85

C

- *Cent comptines*, Éd. Mémo, 1994 : 53
- *Cent sonnets*, B. Vian, © Héritiers Vian et Christian Bourgois Éditeur,1984, Éd. G.P., 1973 : 213
- *Cet endroit-là dans la taïga*, Contes du Grand Nord, Luda, coll. « Fées et Gestes », Éd. Hatier, 1986 : 210
- *Chansons*, B. Vian, © Héritiers Vian et Christian Bourgois Éditeur, 1984 : 41
- *Chantefables et Chantefleurs*, R. Desnos, Éd. Gründ, 1970 : 8, 92, 142, 157
- *Charlie et le grand ascenseur en verre*, R. Dahl, coll. « Folio Junior », Éd. Gallimard, 1978 : 66
- *Chichois et la rigolade*, N. Ciravégna, Éd. Pocket, 1996 : 38, 52, 114
- *Chichois et les histoires de France*, N. Ciravégna, coll. « Aux Quatre Coins du Temps », Éd. Bordas, 1993 : 133, 144, 207

- *Cinq Contes*, Ch. Andersen, Éd. Hatier, 1988 : 215
- *Clair de terre*, A. Breton, coll. « Poésie », Éd. Gallimard, 1966 : 430
- *Comment j'ai tué un ours*, M. Twain, coll. « Enfantimages », Éd. Gallimard, © Le Mercure de France, 1979 : 449
- *Contes d'Afrique noire*, A. Bryan, coll. « Castor Poche Junior », Éd. Flammarion, 1987 : 15, 77, 80
- *Contes d'ailleurs et d'autre part*, P. Gripari, Éd. Grasset et Fasquelle, 1990 : 69
- *Contes de la Folie-Méricourt*, P. Gripari, Éd. Grasset-Jeunesse, 1983 : 4, 17, 20, 65, 66
- *Contes de la rue de Bretagne*, Y. Rivais, Éd. La Table Ronde, 1990 : 110, 161
- *Contes pour enfants pas sages*, J. Prévert, coll. « Folio Cadet », Éd. Gallimard, 1990 : 34, 68, 74, 84, 127, 128

D

- *De l'autre côté du miroir*, Lewis Carroll, coll. « Folio Junior », Éd. Gallimard, © Société Nouvelle des Éditions J.-J. Pauvert, 1961 : 17, 41, 104, 112, 140, 144
- *Desnos, un poète*, R. Desnos, coll. « Folio Junior », Éd. Gallimard, 1990 : 7
- *Dragon l'ordinaire*, X. Armange, coll. « Castor Poche Junior », Éd. Flammarion, 1985 : 36, 145, 196

E

- *Edgar n'aime pas les épinards*, F. David, coll. « Cascade Contes », Rageot-Éditeur, 1995 : 145
- *Encyclopédie des histoires drôles*, Éd. Marabout, 1992 : 163, 176
- *Enfantasques*, C. Roy, coll. « Folio Junior », Éd. Gallimard, 1993 : 7, 19, 44, 47, 56, 57, 68, 70, 101, 126, 130, 140, 155, 213
- *Exercices de style*, R. Queneau, coll. « Folio », Éd. Gallimard, 1947 : 203, 207

• *La vérité sur l'affaire des trois petits cochons*, J. Scieszka, Éd. Nathan : 114, 165, 201, 208
• *Le 35 mai*, E. Kastner, coll. « Le Livre de Poche jeunesse », Éd. Hachette, 1970 : 129
• *Le chat chinois et autres contes*, M. Waltari, coll. « Bibliothèque internationale », Éd. Nathan, 1991 : 17
• *Le chat qui parlait malgré lui*, C. Roy, coll. « Folio Junior », Éd. Gallimard, 1994 : 17, 25, 29, 38, 89, 129, 214
• *Le chevalier désastreux*, D. King-Smith, « Bibliothèque internationale », Éd. Nathan, 1990 : 97, 104, 139, 140, 144, 151, 156, 177, 195
• *Le cornet à dés*, Max Jacob, coll. « Poésie », Éd. Gallimard, 1967 : 109
• *Le dragon de poche*, C. Byrne, Éd. Rouge et Or, 1990 : 144
• *Le fantôme de Canterville*, O. Wilde, Hachette jeunesse, Le Livre de Poche, 1988 : 159, 162, 205
• *Le gentil petit diable*, P. Gripari, coll. « Folio Junior », Éd. Gallimard, 1988, © Éd. de la Table Ronde pour le texte, © Éd. Gallimard pour les illustrations : 13, 18, 26, 34, 119, 458
• *Le grand amour du petit vampire*, A. Sommer-Bodenburg, « Bibliothèque Rose », Éd. Hachette, 1986 : 165
• *Le livre de nattes*, Pef, coll. « Folio Junior », Éd. Gallimard, 1986 : 141, 154, 208
• *Le miroir aux alouettes*, M. Carême, Éd. Saint-Germain-des-Prés, 1982 : 5, 17
• *Le môme en conserve*, Ch. Nöstlinger, Éd. Hachette, 1982 : 480
• *Le monstre poilu*, H. Bichonnier, coll. « Folio Benjamin », Éd. Gallimard, 1982 : 18, 45, 55, 123, 165
• *Le mouton noir et le loup blanc*, B. Clavel, coll. « Castor Poche Junior », Éd. Flammarion, 1993 : 26, 81
• *Le parti pris des choses*, F. Ponge, coll. « Poésie », Éd. Gallimard, 1994 : 212, 213
• *Le petit homme de fromage et autres contes trop faits*, J. Scieszka , Éd. Seuil Jeunesse, 1995 : 120, 140, 141, 146
• *Le petit Nicolas*, Sempé/Goscinny, coll. « Folio Junior », Éd. Gallimard, 1988 © Éd. Denoël : 38, 46, 52, 54, 58, 61, 62, 90, 92, 93, 114, 163, 429
• *Le petit Nicolas et les copains*, Sempé/

Goscinny, coll. « Folio Junior », Éd. Gallimard, 1988 © Éd. Denoël, 1963 : 1, 16, 22, 78, 80, 86, 87, 93, 112, 176, 201, 211, 429
• *Le petit prince*, A. de Saint-Exupéry, coll. « Folio Junior », Éd. Gallimard, 1946 : 7, 32, 115, 133, 150, 460
• *Le quart livre*, F. Rabelais, coll. « Le Livre de Poche », L.G.F., 1994 : 61
• *Le rire en poésie*, coll. « Folio Junior - En poésie », Éd. Gallimard, 1981 : 106
• *Le roi des piranhas*, Y.-M. Clément, coll. « Cascade Contes », Rageot-Éditeur, 1993 : 81, 146
• *Le ver, cet inconnu*, J. et A. Alhberg, coll. « Folio Benjamin », Éd. Gallimard, 1980 : 71, 109, 120, 136, 155
• *Les animaux de tout le monde*, J. Roubaud, coll. « Liseron », Éd. Seghers, 1990 : 47, 105
• *Les animaux très sagaces*, C. Roy, Éd. Gallimard, 1983 : 103
• *Les contes bleus du chat perché*, M. Aymé, coll. « Folio Junior », Éd. Gallimard, 1987, © 1963 pour le texte, © 1979 pour les illustrations : 22, 26, 27, 30, 76, 88, 114, 134, 138, 168, 176, 177, 213, 452
• *Les contes rouges du chat perché*, M. Aymé, coll. « Folio Junior », Éd. Gallimard, 1987, © 1963 pour le texte, © 1979 pour les illustrations : 35, 52, 62, 63, 70, 90, 116, 119, 166, 169, 171, 196, 199, 202, 212, 214, 451, 458
• *Les coups en dessous*, C. Roy, Éd. Gallimard, 1987 : 3, 7, 79, 92
• *Les deux gredins*, R. Dahl, coll. « Folio Junior », Éd. Gallimard, 1980 : 77, 82
• *Les longs-museaux*, D. King-Smith, coll. « Gallimard Jeunesse », Éd. Gallimard, 1993 : 145, 147
• *Les lunettes du lion*, Ch. Vildrac, coll. « Rouge et Or », Éd. G.P., 1973 : 161, 429
• *Les meilleurs contes d'Astrapi*, Bayard Presse/Astrapi, Éd. Centurion, 1990 : 41, 77, 110, 133, 135
• *Les Minuscules*, R. Dahl, coll. « Folio cadet », Éd. Gallimard, 1993 : 69
• *Les pensées*, P. Dac, Pocket, 1992 : 160
• *Les plus beaux contes d'animaux*, Éd. Flammarion, 1994 : 125
• *Les récrés du petit Nicolas*, Sempé/Goscinny, coll. « Folio Junior »,

Éd. Gallimard, 1980 © Éd. Denoël, 1961 : 5, 8, 9, 17, 41, 54, 78, 90, 96, 101, 102, 104, 452, 457
• *Les sorcières sont NRV,* Y. Rivais, coll. « Neuf », Éd. L'École des loisirs, 1988 : 107, 196
• *Les temps sont durs pour les fantômes !,* W. J.M. Wippersberg, Kâthi Bhend-Zaugg, coll. « Folio Cadet », © Éditions Gallimard pour la traduction, 1985 : 157
• *Les trois petits loups et le grand méchant cochon,* E. Trivizas, Bayard Éditions : 164, 447, 457
• *Les vacances du petit Nicolas,* Sempé/Goscinny, coll. « Folio Junior », Éd. Gallimard, 1987 © Éd. Denoël, 1964 : 1, 26, 41, 44, 62, 85, 97, 101, 104, 113, 128, 129, 204, 427, 453

M

• *Marelles,* P. Gripari, Éd. Grasset-Jeunesse, 1996, © Éd. De Fallois/L'Âge d'Homme pour le texte, 1988 : 157, 158, 216
• *Mary Poppins,* P.-L. Travers, coll. « Idéal Bibliothèque », Éd. Hachette, 1963 : 135, 137, 206
• *Matilda,* R. Dahl, coll. « Folio Junior », Éd. Gallimard, 1989 : 171
• *Mémoires d'une vache,* B. Atxaga, coll. « Lecture Junior », Éd. Gallimard, © Éd. S.M., Madrid, 1992 : 37, 112, 162, 194, 451
• *Mon premier livre de devinettes,* J. Charpentreau, Les Éditions Ouvrières et P. Zeck Éditeur, 1986, © Éditions Petite Enfance Heureuse : 119

P

• *Paroles,* J. Prévert, coll. « Folio », Éd. Gallimard, 1972 : 143, 145, 213, 448
• *Petit-Féroce champion de la jungle,* P. Thiès, coll. « Cascade », Rageot-Éditeur, 1994 : 42, 147
• *Petit-Féroce est un génie,* P. Thiès, coll. « Cascade », Rageot-Éditeur, 1990 : 113
• *Petits contes nègres pour enfants blancs,* B. Cendrars, coll. « Folio Cadet », Éd. Gallimard, 1990, © Éd. Denoël, 1921 : 69
• *Poèmes et poésies,* Ph. Soupault, coll. « Les Cahiers Rouges », Éd. Grasset,

© Ph. Soupault, 1973 : 203
• *Poésies,* C. Roy, coll. « Poésie », Éd. Gallimard, 1970 : 196
• *Pourquoi le concombre ne chante-t-il pas ? Poésies polonaises pour enfants,* Z. Bobowicz, L'Enfant La Poésie, Éd. Saint-Germain-des-Prés, 1976 : 4

Q

• *Quand je serai grande,* I. Keun, coll. « Folio Cadet », Éd. Gallimard, © Éd. Balland, 1985 : 450, 453, 456, 457, 459
• *Queneau, un poète,* R. Queneau, coll. « Folio Junior », Éd. Gallimard, 1982 : 57, 59, 60, 61
• *Qui a volé les tartes ?,* J. et et A. Alhberg, coll. « Folio Cadet », Éd. Gallimard, 1990 : 121, 153

R

• *Réponses bêtes à des questions idiotes,* Pef, coll. « Folio Cadet », Éd. Gallimard, 1983 : 4, 38, 71, 81, 95, 131, 134, 138, 147, 209, 213

S

• *Sacrées sorcières,* R. Dahl, coll. « Folio Junior », Éd. Gallimard, 1990 : 4, 9, 39, 61, 72, 117, 151, 163, 211, 458
• *Sales bêtes !,* R. Dahl, coll. « Folio Cadet », Éd. Gallimard, 1984 : 65, 88

T

• *Tardieu, un poète,* J. Tardieu, coll. « Folio Junior », Éd. Gallimard, 1986 : 39, 133, 176
• *Topaze,* M. Pagnol, Éd. Presses Pocket © M. Pagnol, 1976 : 164
• *Toufdepoil,* C. Gutman, coll. « Aux Quatre Coins du Temps », Éd. Bordas, 1983 : 39
• *Tout est bien qui finit mieux,* J. Queval, coll. « Aux Quatre Coins du Temps », Éd. Bordas, 1984 : 138

U

• *Un métier de fantôme,* H. Monteilhet, Éd. Nathan, 1990 : 198
• *Un vilain petit loup,* Rageot-Éditeur, 1992 : 119, 204

INDEX

L'index recense tous les mots qui sont expliqués dans le livre.

Index

Les numéros renvoient aux numéros des paragraphes.

contexte : définition, 490 ; rôle, 490, 505
contraire : ▷ antonyme
coordonnée :
▷ proposition coordonnée
craindre : orthographe, 441

dans/d'en : 199
déclarative (phrase) : définition, 2 ; rôle, 1
défini/indéfini : ▷ article
démonstratif :
▷ adjectif démonstratif ;
▷ pronom démonstratif
derrière : 101
déterminant :
• tableau récapitulatif, 67 ; emploi avec un nom commun, 43, 66 ; emploi avec un nom propre, 44, 66 ; emploi avec une préposition, 66 ; place, 65 ; accord, 176 ;
• article défini, 68 ; article indéfini, 68 ; article partitif, 69 ; adjectif démonstratif, 71, 72 ; adjectif indéfini, 74 ; adjectif numéral, 73 ; adjectif possessif, 70
devant : 101
devenir : verbe d'état, 46, 117
dictionnaire : définition, 482 ; utilisation, 483 à 485 ; abréviations, 31, 486
dormir : conjugaison, 476

ë : emploi, 334
e muet : ▷ lettre muette

en : pronom COD, COI, 80 ; complément de lieu, 80
entendre : orthographe, 441
énumération : 17
épithète (adjectif) : définition, 56 ; place, 57, 58
essuyer : orthographe, 440
et/est : 200
être : auxiliaire, 148, 169 ; verbe d'état, 46, 117 ; conjugaison, 462
étymologie : définition, 487 ; rôle, 488
exclamative (phrase) : rôle, 12

faire : synonymes, 497 ; conjugaison, 474
famille de mots : définition, 507 ; emploi, 237, 275, 316 ; -il et -ill dans les mots d'une même famille (accueil, accueillir), 304
féminin : ▷ genre
figuré : ▷ sens
finir : conjugaison, 470
fonction : définition, 33 ;
• D'UN MOT : apposition, 60 ; épithète, 56 ; sujet, 109 à 115 ; attribut du sujet, 59, 116 à 120 ; COD, 121 à 129 ; COI, 130 à 135, 138 ; COS, 136, 137 ; CC, 139 à 146 ;
• D'UNE PROPOSITION : 161 à 163
forme négative : ▷ négative
futur : classement, 429 ; emploi, 450 ; formes, 457 ; terminaison, 445

genre : donné par le dictionnaire, 485 ; d'un adjectif qualificatif, 61,

m

majuscule : lettre majuscule, 481 ; emploi, 23, 38
manger : orthographe, 436 ; conjugaison, 469
manière : ▷ adverbe de manière ; ▷ complément de manière
masculin : ▷ genre
meilleur : 64
même/même (s) : 203
mettre : orthographe, 442 ; synonymes, 498
mille : 73
minuscule : 481
mise en relief : 17
mode : définition, 428 ; emploi du subjonctif, 458 ; emploi du conditionnel, 459, 460

n

nature (des mots) : donnée par le dictionnaire, 485 ; définition, 31, 32 ; modifiée par un suffixe, 511 ; groupe adjectival : 34 ; groupe nominal : 34
ne... jamais : 26, 47
ne... pas : 26, 47
ne... personne : 26
ne... plus : 26, 47
ne... que : 29
ne... rien : 26
négative (forme) : rôle, 26 ; place de la négation aux temps simples et composés, 27 ; place de la négation dans une phrase à l'impératif, 28 ; à l'infinitif, 28

nettoyer : orthographe, 440
ni : 30
ni/n'y : 204
niveaux de langue : définition, 496 ; emploi, 496
nom :
• rôle, 35 ; nom noyau : 34, 36 ; genre, 37, 239 ; pluriel, 178 à 184 ; groupe nominal : 34, 36 ;
• commun, 35, 37, 43, 66 ; propre, 38, 39, 44, 66 ; de nationalité, 238 ; abstrait : 35 ; concret, 35 ; animé, 40, 41 ; non animé, 40, 41 ; composé, 42 ; non dénombrable, 69 ;
• orthographe des noms en -é et -ée, 248, 249 ; en -er, 250 ; en -il, -ille, 305 ; en -oi, 295 ; en -oie, 296
nom composé : définition, 42, 190 ; pluriel, 191, 192
nombre : d'un adjectif qualificatif, 61 ; d'un nom commun, 37 ; d'un nom propre, 39
non animé : 40, 41
notre/nôtre : 205
numéral : ▷ adjectif numéral

on/ont : 206
orthographe :
• TABLEAUX RÉCAPITULATIFS : a, 222 ; è, 236 ; é, 247 ; i, 256 ; an, 274 ; o, 266 ; in, 286 ; oi, 293 ; y, 302 ; p, 308 ; t, 314 ; c, qu, k, 325 ; g, 332 ; f, 338 ; s, 349, 350 ; z, 359 ; j, 366 ; r, 372 ; e muet, 380 ; h muet, 384 ; autres consonnes muettes, 398 ;

TABLE D'ILLUSTRATION

Illustrations : San Millan
Conception graphique : Graphismes

Imprimé par Grafica Editoriale, Bologne (Italie)
Dépôt légal n° 16836 - Juillet 1998